Juan A. Jorge García–Reyes

Cristología

Volumen III:
La Redención de Jesucristo

Santiago
Chile – 2016

CATALOGING DATA

Author: Jorge García–Reyes, Juan Andrés 1957–
Title: Cristología.
    Volumen III: La Redención de Jesucristo
Library of Congress Control Number: 2016932102

ISBN–13: 978-0-9972194-5-6

**Published by
Shoreless Lake Press
P.O. Box 157
Stewartsville, New Jersey 08886**

III
CUR CHRISTUS?
La obra de Cristo: la Redención

"...Filius hominis non venit ministrari sed ministrare et dare animam suam redemptionem pro multis" (Mt 20:28).

12

Introducción general a la Redención

Una vez que se han respondido a las preguntas sobre *quién es Cristo* (su ser como el Hijo de Dios vivo, el Verbo encarnado, las dos naturalezas perfectas unidas hipostáticamente en la segunda Persona de la Trinidad) y *qué es Jesucristo* (su papel de Mediador), corresponde ahora profundizar en su obra respondiendo al *porqué de Jesucristo*, lo que nos lleva al estudio de la Redención. Como dice el Credo niceno–constantinopolitano:

> "...qui *propter nos homines et propter nostram salutem* descendit, incarnatus est et homo factus est et passus est, et resurrexit tertia die, et ascendit in cælos, venturus iudicare vivos et mortuos".[1]

12.1. Precisiones previas

Aunque la obra redentora de Cristo alcanza su culminación en el Misterio Pascual de su Pasión, Muerte, Resurrección y Ascensión, sin

---

[1] *D. S.* 125.

1

embargo, siendo Cristo el Mediador por antonomasia y el Nuevo Adán, toda su existencia terrena es también salvadora: desde su entrada en el mundo hasta su exaltación a los cielos. Es por eso que el momento de la Encarnación es considerado por la Carta a los Hebreos (Heb 10: 5–7) como un hecho salvador ("Ideo ingrediens mundum dicit: 'Hostiam et oblationem noluisti, corpus autem aptasti mihi; holocautomata et sacrificia pro peccato non tibi placuerunt'. Tunc dixi: 'Ecce venio, in capitulo libri scriptum est de me, ut faciam, Deus, voluntatem tuam'"); o que, por la misma razón, los llamados "Evangelios de la infancia" tengan una importancia singular. De hecho, la Iglesia celebra toda la vida del Señor a lo largo del año litúrgico. Y ésa es también la razón de que la teología clásica incluyera en los estudios de cristología un apartado extenso para la consideración de los diferentes aspectos de la vida de Jesús, que no son simplemente preparación para la Redención, sino que son ya realidad de esa salvación. Santo Tomás lo declara taxativamente:

"Omnia enim quæ in Christi carne facta sunt, nobis salutaria fuerunt virtute divinitatis unitæ. . ."[2]

*   *   *

La parte del tratado de cristología dedicado al tema presente es conocido como *soteriología*, es decir, "la ciencia de la salvación": Cristo es el Salvador (Σωτήρ) y el cristianismo es la salvación (σωτηρία). Aunque los contenidos de este tratado han existido siempre en la historia de la teología, estudiados desde perspectivas diferentes, sin embargo,

---

[2]Santo Tomás de Aquino: *Compend. Theol.*, lib. 1, cap. 239. Y así se comprueba en la *Suma Teológica*, en donde las cuestiones 31 al 45 de la tercera parte se dedican al estudio de los diferentes misterios de la vida de Cristo antes de la Pascua; y las cuestiones 46 a 59 al Misterio Pascual propiamente dicho.

el tratado nace como tal en el siglo XVIII, y alcanza un gran auge
en el periodo que va del Concilio Vaticano I al Vaticano II, donde se
cohesionan distintos temas y se expanden los problemas a tratar.[3] Así
por ejemplo, en el tema de la satisfacción se distinguen las diversas
formas complementarias de concebirla (penal, moral, expiación, reparación), y se intenta equilibrarla, a fin de evitar un enfoque de carácter
demasiado antropocéntrico, con la doctrina de la iniciativa redentora
del Padre, destacando como principal el elemento amor y no tanto el

---

[3]La bibliografía es inmensa. Son estudios básicos desde la perspectiva teológica
del presente manual, entre otros: J. Rivière: *Rédemption*, en DTC, vol. XIII, cols.
1912–2005, con una completa bibliografía hasta el año de su publicación, en cols.
1991–2003 (cfr. también su: *Le Dogme de la Rédemption dans la Théologie Contemporaine*, Albi, Chez M. le chanoine Lombard, aumônier au Bon-Sauveur, 1948;
Id.: *Le Dogme de la Rédemption. Essai d'Étude Historique*, Paris, Nabu Press,
2010; Id.: *Le Dogme de la Rédemption. Étude Théologique*, Paris, Lecoffre, 1931;
Id.: *Le Dogme de la Rédemption. Études Critiques et Documents*, Louvain, Bureau
de la Revue, 1931); I. Solano y J. A. Aldama: *Sacræ...*, cit., págs. 255–346; F.
Ocáriz – L. F. Mateo–Seco – J. A. Riestra: *El Misterio...*, cit., págs. 395–526, con
bibliografía actualizada (completar con bibliografía más moderna en J. A. Sayés:
Señor y Cristo..., cit., pág. 416, A. Fernández: *Dogmática...*, cit., pág. 293–295
y A. Ducay: *Examen de la Soteriología Contemporánea*, en "Annales Theologici"
25 (2011) 123–188); J. A. Sayés: *Cristología Dogmática*, cit., págs. 327–465; id:
Señor y Cristo..., cit., págs. 303–492; Reginald Garrigou–Lagrange: *Christ The
Saviour – A Commentary on the Third Part of St Thomas' Theological Summa*,
531–727, St. Louis, Herder, 1950 (reimpreso en ex fontibus Co., USA, 2012); A.
Colunga: *Introducciones al Tratado de la Vida de Cristo*, en "Suma Teológica de
Santo Tomás de Aquino", tomo XII, Madrid, BAC, 1955. Son de utilidad también,
L. Hardy: *La Doctrine de la Rédemption chez Saint Thomas*, Paris, Desclée de
Brouwer, 1936 (cfr. opiniones encontradas sobre el mismo en "Revue Thomiste" 43
(1937) 127–129 y en "Bulletin Thomiste", 5 (1937) 85–91); P. Galtier: *De Incarnatione ac Redemptione*, Paris, Gabriel Beauchesne, 1947; L. Richard: *Le Dogme de
la Rédemption*, Paris, Bloud et Gay, 1932.

de justicia mal entendida;[4] por otra parte proliferan los sistemas que intentan armonizar sus factores morales (amor y obediencia) con los físicos (sufrimiento de la pena); la devoción al Sagrado Corazón de Jesús desarrolla un movimiento espiritual de expiación, que provoca una serie de encíclicas pontificias encaminadas a ilustrar la satisfacción;[5] también abundan estudios sobre otros aspectos de la doctrina de la Redención como la razón final de la misma, la realeza de Cristo, el sacerdocio y el sacrificio del Señor, el valor de salvación de la Resurrección y de la Ascensión, la explicación de Santo Tomás sobre la causalidad eficiente, etc.; la profundización en la doctrina del Cuerpo Místico de Cristo lleva a algunos teólogos a preferir la explicación solidaria de la Redención de Cristo antes que la teoría de la sustitución vicaria; también se equilibra la doctrina del sacrificio de Cristo como expiación con su realidad como obra de su amor; se avanzan diversas teorías sobre el valor de la Muerte redentora; desde la Mariología, que en esos años tuvo una gran relevancia, se estudia el papel de la Virgen como corredentora y la aplicación preservativa de la gracia de la Redención de su Hijo; y, finalmente, desde el ámbito de la cristología, se desarrolla la relación entre el sacerdocio de Cristo y el de los fieles.[6]

---

[4]Contra algunas posiciones que proponían interpretaciones de la justicia divina y de la satisfacción que pervertían su genuino significado, advierte Pío XII en la encíclica *Humani Generis* (*D. S.* 3891).

[5]Desde León XIII hasta Pío XII, a las que se añadirían dos Constituciones de Pablo VI: *Pœnitemini* (1966) e *Indulgentiarum doctrina* (1967).

[6]Sobre la teología de la Redención entre los Concilios Vaticano I y II, cfr. Pedro de Alcántara Martínez: *Soteriología*, en GER, vol. XXI, págs. 632–637; N. Ladomerzsky: *Essai sur le dogme de la Rédemption dans la Théologie contemporaine*, en "Euntes Docete" 2 (1949) 321–348; P. Parente: *Redenzione*, en "Enciclopedia Cattolica", vol. X, págs. 615–624, Vaticano 1953.

12.2. Perspectiva neomodernista de la Redención

Al mismo tiempo se van incubando y extendiendo las ideas del movimiento neomodernista, que tendrá gran influencia en la intepretación heterodoxa de la Redención en nuestro tiempo, y que iremos exponiendo. Basta ahora con un breve resumen de las principales desviaciones en sus principales exponentes:

> "La Redención se define como el paso del estado de conciencia detenido al estado de conciencia no detenido. Ese paso se opera por la fe en Jesucristo (Schleiermacher). Puesto que todo hombre está llamado a vivir sobrenaturalmente, la acción misma que constituye fundamentalmente nuestra vida está como informada sobrenaturalmente por Dios. ¡Aun sin ser conocido, Dios está ahí! (Laberthonniere). Por una extensión del dogma de la comunión de los santos, aunque no estén en las condiciones normales de salvación, los infieles podrán salvarse porque forman parte integrante de la humanidad que se salvará (De Lubac). El ateo puede salvarse perfectamente como cristiano anónimo. Cualquiera que acepte totalmente su ser humano ha aceptado al Hijo del hombre por el hecho de que en Él Dios ha aceptado al hombre (Rahner). Dios salva a los infieles sin que ellos conozcan el Evangelio. Si no, todos deberíamos partir a la China (Congar)".[7]

Estas ideas se propagarán, por ejemplo, y se manifestarán en el famoso *Catecismo Holandés*, suyas evidentes deficiencias implicaron una intervención magisterial en torno a la doctrina de la satisfacción

---

[7]P. D. Bourmaud: *Cien Años...*, cit., pág. 434.

y del sacrificio.[8] Por su parte el *Credo del pueblo de Dios* de Pablo VI insistió en la doctrina de la Redención como sacrificio y como rescate.[9] Lamentablemente, las ideas neomodernistas inundan hoy en día el campo de la teología católica más conocida.[10]

La perspectiva neomodernista de la Redención podría ser sintetizada en los siguientes puntos:

1. Reinterpretación del dogma y del Magisterio de la Iglesia sobre la Redención en base al historicismo: lo que fue una explicación válida en su momento, ha de ser re–formulada hoy en día conforme a las categorías del mundo moderno. Los misterios de Dios son insondables e inexpresables en una sola categoría de pensamiento o paradigma. Caben múltiples explicaciones, según los parámetros de pensamiento de cada época.

2. Énfasis en el estudio de los textos bíblicos y de los Santos Padres desde esas coordenadas de pensamiento, sesgando los resultados, y olvidando o tergiversando el Magisterio de la Iglesia. En el estudio de los textos bíblicos se pierde la perspectiva del dogma de la inspiración, con sus lógicas consecuencias sobre la analogía de la fe bíblica, la armonía interna de los dos Testamentos, la interpretación de la Escritura según el mismo Espíritu que la inspiró, el desarrollo homogéneo y progresivo de la Revelación, la necesidad de seguir el Magisterio de la Iglesia como intérprete

---

[8]*A.A.S.*, 60, 1968, 688 680.

[9]*A.A.S.*, 60, 1968, 439.

[10]Cfr. más detalles en A. Ducay: *Examen...*, cit.; Id.: *Revelación y Salvación. Incidencia de la Noción de Revelación en la Orientación Actual de la Teología de la Cruz*, en "XVIII Simposio Internacional de Teología de la Universidad de Navarra (1997)", Pamplona, Eunsa, 1998, págs. 449–463; Id.: *Soteriología y Teología de la Redención. Una Revisión*; O. González de Cardenal: *La Soteriología Contemporánea*, en "Salmanticensis" 86 (1989) 56–74.

auténtico de la misma, la analogía de la fe católica, la unidad de toda la Biblia, etc. En cambio, se potencia el estudio de una cristología bíblica fragmentada, que muchas veces se asienta sobre la distinción entre un Jesús histórico y un Cristo de la fe de la comunidad primitiva (o de las diferentes sensibilidades de cada uno de los autores de los escritos neotestamentarios), que no pondera las verdades de que el Jesús de la Historia es el Cristo de la Fe, y de que el mismo Dios es el autor principal de toda la Sagrada Escritura.

3. Desplazamiento de la exposición del tratado desde una visión objetiva, conceptual y dogmática (que se considera obsoleta y desenfocada con respecto al verdadero mensaje revelado), hacia otra de tipo personalista y de "Historia Salutis".[11]

4. Influencia de la teología protestante de la salvación por la sola fe, declarativa y no objetiva, manifestativa más que performativa.

5. Preferencia de una exposición de la Redención desde una perspectiva "descendente" y de cumplimiento del plan de Dios tri-

---

[11]Cfr. A. Ducay: *Soteriología...*, cit., pág. 37. La teología clásica, tanto tomista como escotista, tendrían, en opinión de la nueva teología, una acentuación ontológica, orbitando en torno la grandeza de Dios Uno y a la gloria que Él recibe con su plan; se propone insistir en el don de Jesucristo como fundamento del plan de Dios, entendido desde su concreción histórica, esto es, a la luz de su Encarnación, vida y Pascua, buscando poner de relieve el movimiento de Dios hacia nosotros para revelarse y salvarnos; se subrayaría la importancia de la concepción de un Dios tri–personal, en el que las Personas divinas se donan recíprocamente que son el fundamento de un plan centrado en manifestar la pureza y gratuidad de su amor a través del sacrificio.

nitario (tripersonal);[12] plan que no estaría sujeto a la realidad
del pecado de los hombres, sino que sería la explicitación de su
eterno designio que busca engrandecer al hombre al máximo en
una relación interpersonal con cada una de las divinas Personas,
con independencia de lo que el ser humano haga. Se considera
que la teología clásica es de tipo "ascendente", centrada en los
conceptos de pecado y de reparación, es decir, que subraya la parte que el ser humano (a través de la mediación de Cristo) realiza
para recomponer el daño causado con su pecado, lo que supone
la aplicación de conceptos objetivos de justicia y de satisfacción
propios de nuestro mundo pero inadecuados para comprender el
amor y la misericordia divinos.[13]

6. Se presenta el misterio desde la perspectiva antropocéntrica en
   lugar de teocéntrica. Lo que importa no es la satisfacción de Dios

---

[12]Incluso algún autor propone introducir el acontecimiento de la Cruz, con su aspecto de sufrimiento y dolor, dentro de la Trinidad inmanente, poniendo en riesgo
la inmutabilidad divina. Es el caso de H. U. von Balthasar (cfr. su *Teodramáti-
ca*, III), quien critica la posición de Rahner, pero no acaba dando una solución
adecuada. Cfr. G. Mansini: *Rahner and Balthasar on the Efficacy of the Cross*, en
"The Irish Theological Quarterly" 63 (1998) 232–249; V. Holzer: *Le Dieu Trinité
dans l'Histoire. Le différend Théologique Balthasar–Rahner*, Paris, Cerf, 1995.

[13]Un buen ejemplo de lo que se dice es el artículo de K. Rahner: *Soteriología*, en
"Sacramentum Mundi" (vol. V, Barcelona, Herder, 1976–1978), donde se propone
la nueva perspectiva con su habitual modo ambiguo y críptico de expresión, pero
muy claro para el que entiende sus presupuestos. Entre los cambios que propone:
*Soteriología, doctrina de la salvación; Soteriología y cristología; Soteriología ha-
martológica; Soteriología cósmica; Soteriología de la humanidad una; Soteriología
como acción por la que la humanidad se libera activamente de su propia enajena-
ción; Soteriología como teología de la Muerte de Jesús.*

ofendido, sino la grandeza del ser humano que se libera de sus miserias y esclavitudes.[14]

7. Concepción de la Redención como evento universal tanto en su aspecto objetivo, es decir, que Cristo vino a salvar a todos los hombres, como en su aspecto subjetivo, por lo que no haría falta la aceptación personal y subjetiva de la salvación universal operada por Cristo: todos los seres humanos se salvan aunque no lo sepan o lo rechacen (teoría de los cristianos anónimos).

8. La salvación se opera desde la Encarnación, donde Cristo se une a todo ser humano. La Pasión, Muerte y Resurrección de Cristo es solo para proclamar o declarar lo que ya estaba conseguido desde la Encarnación. En este sentido, la causalidad salvífica de Cristo se considera como "causalidad sacramental" o "personal", y no como instrumental en el sentido de la teología clásica, pues se afirma que ésta supone una yuxtaposición entre la acción divina y la forma humana, y una cosificación (instrumentalización) del ser y de la obra de Cristo.[15]

9. Cristo no es el único Salvador o Mediador, ni la Iglesia es la única verdadera; sino que hay muchos salvadores e iglesias, que

---

[14]H. Küng (cfr. *Ser Cristiano*), por ejemplo, sostiene que la obra de Cristo supone una plena y radical humanización según los criterios de las modernas ideas de solidaridad y libertad, rechazando todo tradicionalismo dogmático y bíblico que pretendan someter al hombre a un control ajeno a sí mismo. Así también, J. L. González Faus: *La Humanidad Nueva. Ensayo de Cristología*, 2 vols., Madrid, EAPSA, 1974. Una crítica en J. L. Illanes: *La Nueva Humanidad. Análisis de un Ensayo Cristológico*, en "Burgense" 22 (1981) 265–304; J. A. Mateo García: *La Cristología de J. I. González Faus. Alcances y Límites de un Ensayo Cristológico*, Roma, PUG, 1998.

[15]Así, por ejemplo, E. Schillebeecks, K. Rahner y otros. Cfr. T. Citrini: *Gesù Cristo, Rivelazione di Dio : Il Tema Negli Ultimi Decenni della Teologia Cattolica*, Roma, diss. doct., La Scuola Cattolica, 1969, págs. 393–400.

sirven realmente para salvarnos. En algunos casos se interpreta que de alguna manera, todos los otros salvadores están unidos misteriosamente a Cristo. No es necesario convertirse a la Iglesia católica ni aceptar a Cristo.

10. El concepto de pecado se vacía de contenido sobrenatural. El pecado no puede ser ofensa a Dios, a quien no le pueden afectar las cosas mudables de nuestro mundo. El pecado se entiende como desorden de tipo social, intramundano, el "pecado del mundo", la injusticia de unos con otros, la pobreza, etc. La Redención ya no es de unos pecados que se hacen a Dios, sino liberación de las lacras humanas de nuestro mundo.

11. Más que en la Pasión y Muerte, que fueron accidentales o consecuencias de una justa sentencia religiosa o civil, la Redención se expresa en la Resurrección. Se eliminan los crucifijos para potenciar las imágenes del Resucitado.

Las raices de esta nueva perspectiva y algunas de sus manifestaciones son explicadas por E. Benavent:

"...en la reflexión teológica reciente encontramos distintos modos de acercarse al Misterio Pascual.[16] Las cuestiones que los teólogos se han planteado han sido diversas: ya en la época anterior al Concilio Vaticano II, pero sobre todo en el inmediato postconcilio, la teología, influida por la gran cantidad de estudios exegéticos publicados en ese tiempo,[17] acentuó la im-

---

[16]I. Oñatibia: *Nuevas aproximaciones al Misterio Pascual* en "Phase"146 (1985) 87–100; B. Rinaldi: *Studio bibliografico su il mistero pasquale*, en "La Scuola Cattolica" 99 (1971) 115–143.

[17]Para una visión panorámica de los problemas: P. Zarrella: *Rassegna bibliografica sulla risurrezione di Gesù* en "La Scuola Cattolica" 99 (1971) 89–114; AA.VV.: *La résurrection du Christ et l'exégèse moderne*, Paris, 1969; AA. VV. : *Resurrexit. Actes du Symposium international sur la résurrection de Jésus*, Città del Vaticano, Ed. E. Dhanis, 1974.

portancia de la Resurrección de Cristo. Se pretendía superar
algunos planteamientos del pasado, que entendían este acontecimiento como una prueba apologética de la Divinidad de Jesucristo, como el epílogo glorioso de una acción redentora pasada,
cuyo momento culminante sería la Muerte en Cruz, o como un
acontecimiento que pertenece al destino privado de Jesucristo.
Se quería poner de manifiesto que la Resurrección de Jesucristo
debe ser considerada en sí misma como un misterio de salvación.[18] En algunas obras se percibe un cierto acento polémico
en relación con la tendencia tradicional de la teología a presentar la obra salvífica de Cristo insistiendo casi exclusivamente en
el valor salvífico de la Cruz. Frente a esta orientación clásica,
las investigaciones sobre la Resurrección de Jesucristo insistieron en la dimensión gloriosa del Misterio Pascual, dejando en
un segundo plano el aspecto kenótico. Del primado de la Cruz
se pasó al primado de la Resurrección. Sin embargo, pronto se
vio que esta acentuación unilateral de la Resurrección no inte-
graba equilibradamente las dos caras del Misterio Pascual. Esta
constatación llevó a una nueva reflexión sobre el misterio de
la Cruz, en la que ésta es vista no solo como algo superado
por la Resurrección, sino como el fundamento de la vida nueva
del resucitado. Como reflejo de esta oscilación de la reflexión
teológica sobre el Misterio Pascual podemos citar la obra, ya
clásica, de H. U. von Balthasar *El Misterio Pascual*, integrada
originariamente en el conjunto de estudios sobre la cristología
de los misterios de la vida de Jesús del *Mysterium salutis*, los
congresos internacionales sobre la Resurrección de Jesucristo[19]
y sobre la teología de la Cruz[20] celebrados en Roma o la obra
de los padres Flick y Alszeghy sobre el misterio de la Cruz[21],
cuya primera edición se remonta al año 1978.

---

[18]En este tema tuvo una gran importancia, porque marcó el inicio de esta nueva
dirección en la teología católica, la obra de F. X. Durrwell: *La Résurrection de
Jésus, Mystère de Salut*, Le Puy, 1950. Cfr. A. López Amat: *Cristo Resucitado. La
Segunda Fase del Misterio de Cristo*, Valencia, 1982, págs. 19–71.

[19]AA.VV (Ed. E. Dhanis) *Resurrexit...*, cit.

[20]AA.VV., *La sapienza della croce oggi*, (3 vols), Torino, 1976.

[21]Flick-Alszeghy: *Il mistero della croce*, Brescia, 1990.

En un esfuerzo por superar este movimiento pendular, los teólogos se han planteado la necesidad de articular estos dos momentos del Misterio Pascual manteniendo la unidad fundamental de este acontecimiento de salvación. La Resurrección, vista desde esta óptica, no sería más que el fruto de la autoentrega amorosa de Jesucristo al Padre y a los pecadores a favor de todos los hombres o, como dice Rahner, la aparición de lo acontecido en la muerte: la entrega —operada y sufrida— de la realidad total del hombre corporal y uno al misterio del Dios misericordiosamente amante, por medio de la libertad aunada de Cristo que dispone de toda la vida y de toda la existencia.[22]

En este momento hay un acuerdo fundamental en la afirmación de la unidad fundamental de los dos momentos del Misterio Pascual, aunque no podemos decir que se haya llegado a una explicación unitaria sobre cómo articularlos".[23]

12. La Redención no es expiatoria, sino solo acto de amor de Dios a la humanidad. La Muerte de Cristo no fue un sacrificio en sentido estricto, sino un acto de solidaridad con los hombres. Como explica E. Benavent:

---

[22] A. López Amat: *Cristo resucitado...*, cit., pág. 93. Esta afirmación de Rahner se entiende desde su teología de la muerte no solo como algo padecido, sino como acción personal que supone la consumación y la plenitud de la existencia personal. Solo desde esta dialéctica de pasión (Cristo experimenta en su muerte las consecuencias del pecado) y acción (Cristo ha asumido estas consecuencias y ha hecho de su muerte entrega fiel a la voluntad del Padre), encierra la muerte de Cristo un significado salvífico que se muestra plenamente en la Resurrección. Por ella, la muerte de Cristo se nos muestra no solo como algo "sufrido" por Él, sino como entrega activa y superadora de los efectos del pecado en la experiencia humana de la muerte. Por ello era necesario que el Mesías sufriera para entrar en la gloria y que experimentara la muerte para que nosotros podamos llegar a la vida, porque la muerte es la consecuencia más dramática y evidente del pecado.

[23] E. Benavent Vidal: *El Misterio Pascual en la Teología Reciente*, en "Staurus", 37 (2002) 5–6; cfr. también el mismo título, en Asociación Española de Profesores de Liturgia: *El Misterio Pascual en la Liturgia*, Grafite, Bilbao 2002, págs 191–246.

"Estas inquietudes han llevado a que la teología de la Cruz se haya reformulado como una teología del amor.[24] En la soteriología clásica, centrada en los conceptos de satisfacción y de justicia, esta perspectiva estaba prácticamente ausente. La moderna teología de la Cruz parte del amor que el Padre y el Hijo comparten por los hombres. Este amor es lo que les ha llevado a vivir, en la kénosis del Hijo, una real solidaridad con la humanidad. La idea de solidaridad se ha convertido en una de las categorías más apreciadas por estos teólogos para explicar el misterio de la Redención, hasta el punto de dejar en un segundo plano las ideas clásicas de sustitución o representación'[25]. En la Cruz de Cristo se ha dado una profunda solidaridad de Dios con la humanidad,que no puede entenderse más que desde al amor.[26] Jesús es el hombre solidario, el hombre para los demás, aquel que por nosotros se ha entregado a nosotros mismos[27]. Solidaridad y proexistencia son dos conceptos que aparecen unidos[28]. Esta solidaridad con nosotros adquiere en Cristo la forma más radical que pudiéramos imaginar: Él ha cargado, de un modo absolutamente intrasferible, con toda la culpa del mundo[29]; Él no ha asumido una humanidad ideal, sino una humanidad tal

---

[24]P. Coda: *Acontecimiento pascual. Trinidad e historia*, Salamanca, 1994, pág. 35.

[25]H. U. von Balthasar: *El Misterio Pascual*, en AA.VV. "Mysterium salutis. Manual de teología como historia de la salvación", vol. III, Madrid, 1980, págs. 666–814. En la pág. 736 leemos: "Hacerse solidario con los perdidos es más que morir por ellos representándolos de forma puramente externa"; B. Sesboüé: *Jesucristo, el único mediador*, vol. I, Salamanca, 1990, págs. 383–404.

[26]J. Galot, *Il mistero della sofferenza di Dio*, pág. 42.

[27]H. Mühlen: *La mutabilità di Dio come orizzonte di una cristologia futura*, pág. 16.

[28]C. Nigro: *La Cruz de Cristo y su significado para el hombre moderno a la luz del misterio trinitario*, en AA.VV. "Cristo, Redentor del hombre, Estudios trinitarios" 18 (1984) 57–84. En la pág. 66 leemos: "proexistencia, que es total solidaridad de vida, hasta el extremo de la Muerte en Cruz".

[29]H. U. von Balthasar: *El Misterio Pascual*, pág. 736.

como nosotros no la queremos[30]; Él ha asumido y ha experimentado todas las formas del dolor humano[31], hasta el punto que se puede afirmar que no hay ningún sufrimiento humano que Cristo no haya vivido en sí mismo[32]. En esta solidaridad se nos muestra una comunión de Dios con los hombres que es el fundamento de nuestra salvación[33]. Por la Muerte de Cristo en la Cruz cualquier sufrimiento humano se ha convertido en sufrimiento suyo."[34]

13. La salvación de Cristo es intra–mundana y no sobrenatural. Es salvación de orden social y político para este mundo; el más allá se desconoce, o se interpreta como cielo para todos, donde el infierno o no existe o está vacío; y el purgatorio no se acepta como dogma.[35]

14. Aunque la nueva teología apela constantemente al concepto del amor de Dios para explicar la redención, hay que afirmar que sos-

---

[30] J. Moltmann: *El Dios crucificado*, pág. 284.

[31] J. Galot: *Il mistero della sofferenza...*, cit., pág. 36.

[32] H. U. von Balthasar: *¿Nos conoce Jesús? ¿Lo conocemos?*, Barcelona, 1986, págs. 51ss.

[33] B. Forte ha formulado esta comunión de Dios con los hombres y de los hombres con Dios en la que consiste nuestra salvación desde la unidad del Misterio Pascual: "la muerte en Dios por el mundo del viernes santo pasa el día de pascua a ser vida en Dios del mundo" (*Trinidad como historia*, Salamanca, 1988, pág. 43).

[34] E. Benavent Vidal: *El Misterio Pascual en la Teología Reciente*, en "Staurus", 37 (2002) 8–9.

[35] Se han propuesto ideas variadas, como las que sostiene la obra de Cristo como "emancipación" de la idea de un Dios omnipotente para aceptar el Dios de Jesucristo que concede espacio al hombre (Cfr. D. Bonhoeffer, *Cartas*, 30,IV,1944 y 5.V.1944; o las propuestas de H. Küng que se señalan un poco más abajo); o la llamada "teología política" (cfr. J. Moltmann y su "teología de la esperanza", o la "teología política" de J. B. Metz); o las "teologías de la liberación" que prenden en Sudamérica.

tiene unas ideas que están muy lejos de la verdadera naturaleza del amor. Por ejemplo, se subraya un amor de Dios unilateral, cuando el verdadero amor es bilateral, al menos bipersonal, donde es esencial que las dos partes de la relación amorosa entreguen y reciban el amor del otro; un amor al que, en realidad, no importa la respuesta del hombre, negando de hecho que el verdadero amor es entrega total y recíproca entre los amantes; un amor que no respeta la libertad verdadera del amante humano, que en realidad no puede sustraerse a la llamada del amor divino, olvidando que un amor impuesto a la fuerza en realidad lo destruye; un amor que, al menos por parte del hombre, es incapaz de "ultimidad", de rechazar la invitación divina, con la lógica consecuencia de la condenación eterna; etc.[36]

12.3. Conceptos básicos

La salvación operada por Jesucristo tiene un doble aspecto, en razón de la naturaleza del pecado del que fuimos liberados. En efecto, el pecado es al mismo tiempo *aversio a Deo* y *conversio ad creaturam*, luego el efecto de la salvación tiene que ser una *aversio a creatura* y una *conversio ad Deum*:

1. El primer aspecto, que podría considerarse como negativo, es la liberación de la esclavitud del pecado y de sus consecuencias. Recibe el nombre estrictamente de *redemptio* (ἀπολύπτωσις), como se ve en:

   - Ro 3:24, "...iustificati gratis per gratiam ipsius per redemptionem, quæ est in Christo Iesu".

---

[36]Todos estos aspectos han sido profundamente tratados por A. Gálvez, como veremos en detalle a lo largo de la exposición.

- 1 Cor 1:30, "Ex ipso autem vos estis in Christo Iesu, qui factus est sapientia nobis a Deo et iustitia et sanctificatio et redemptio".

- Ef 1:7, "...in quo habemus redemptionem per sanguinem eius, remissionem peccatorum, secundum divitias gratiæ eius".

- Col 1:14, "...in quo habemus redemptionem, remissionem peccatorum".

- Heb 9:15, "Et ideo novi testamenti mediator est, ut, morte intercedente in redemptionem earum prævaricationum, quæ erant sub priore testamento, repromissionem accipiant, qui vocati sunt æternæ hereditatis".

2. El segundo aspecto, desde la perspectiva positiva, es la reconciliación con Dios y consiguiente santificación (*reconciliatio*, καταλλαγή), que perdimos como consecuencia de nuestros pecados:

- Ro 5: 10ss, "Si enim, cum inimici essemus, reconciliati sumus Deo per mortem Filii eius, multo magis reconciliati salvi erimus in vita ipsius".

- 2 Cor 5: 18ss., "Omnia autem ex Deo, qui reconciliavit nos sibi per Christum et dedit nobis ministerium reconciliationis".

- Col 1:20, "...et per eum reconciliare omnia in ipsum, pacificans per sanguinem crucis eius, sive quæ in terris sive quæ in cælis sunt".

- Etc.

Conviene también recordar otra distinción sumamente importante, pues se olvida o desprecia hoy en día, sobre todo en la teología de tono neomodernista, como ya hemos señalado. En efecto, la Redención puede ser entendida en *sentido objetivo*, que es la obra del Redentor, y en *sentido subjetivo* (o justificación) que es la realización de la salvación en cada uno de los seres humanos, esto es la aplicación de los frutos de la Redención objetiva a cada hombre. Cristo dio satisfacción suficiente por todos los hombres sin excepción, pero la apropiación subjetiva de los frutos de la Redención está vinculada al cumplimiento de ciertas condiciones: a la fe (Mc 16:16, "Qui crediderit et baptizatus fuerit, salvus erit; qui vero non crediderit, condemnabitur") y a la guarda de los mandamientos (Heb 5:9, "...et, consummatus, factus est omnibus oboedientibus sibi auctor salutis æternæ"; 2 Pe 1:10, "Quapropter, fratres, magis satagite, ut firmam vestram vocationem et electionem faciatis. Hæc enim facientes non offendetis aliquando"). Se distingue pues, entre suficiencia y eficacia, pues Cristo dio satisfacción por todos los hombres en cuanto a la suficiencia, pero no en cuanto a la eficacia. Por eso decía Santo Tomás:

> "Nec oportuit propter hoc quod ex incarnatione divina omnes homines salvarentur: sed tantum illi qui prædictæ incarnationi adhærent per fidem et fidei sacramenta. Est siquidem incarnationis divinæ virtus sufficiens ad omnium hominum salutem: sed quod non omnes ex hoc salvantur, ex eorum indispositione contingit, quod incarnationis fructum in se suscipere nolunt, incarnato Deo per fidem et amorem non inhærendo. Non enim erat hominibus subtrahenda libertas arbitrii, per quam possunt vel inhærere vel non inhærere Deo incarnato: ne bonum hominis coactum esset, et per hoc absque merito et illaudabile redderetur."[37]

* * *

---

[37]Santo Tomás de Aquino: *Contra Gent.*, Lib. IV, 55, n. 9.

La naturaleza de la Redención ha sido profundizada con la ayuda de varios conceptos que intentan abarcar su riqueza. La Teología clásica señala los siguientes como más representativos:

1. *Satisfacción*: como dice el *Catecismo Romano*, "satisfactio nihil aliud est quam iniuriæ alteri illatæ compensatio",[38] es decir, la reparación de una ofensa, lo que tiene lugar por medio de una compensación voluntaria de la injusticia inferida, y que puede ser *de condigno* (cuando repara la gravedad de la culpa según las exigencias de toda justicia), o *de congruo* (cuando no es conforme a la gravedad de la culpa, pero es aceptada como suficiente por el ofendido). Cuando la satisfacción se ofrece por un representante y no por el mismo ofensor, se llama "vicaria". Pues bien, Cristo satisfizo vicariamente la ofensa inferida por la humanidad al Padre, por virtud de un amor y una obediencia de valor infinitos que compensa sobreabundantemente el desamor y la desobediencia de nuestros pecados.

2. *Expiación*: o sufrimientos de Cristo por las penas debidas a nuestros pecados.

3. *Mérito*: es una obra buena realizada en favor de otra persona y que nos da ante ella un título a su recompensa; también se entiende por mérito el derecho a la recompensa por una acción moralmente buena. Puede ser *de condigno* (si la recompensa se debe en justicia) o *de congruo* (si la recompensa se da por benevolencia). La obra de Cristo es meritoria en el sentido de que consigue para Sí, su glorificación; y para la humanidad, la gracia del perdón del pecado y de la reconciliación.

---

[38] *Catecismo Romano*, II, 5, 59.

4. *Causalidad eficiente* de la mencionada gracia meritoria. Por el mérito, Cristo consigue nuestra salvación; por la causalidad eficiente, Cristo la realiza de hecho.

La Redención del Señor es a la vez satisfactoria y meritoria, puesto que quita la culpa que los hombres habían contraído ante Dios y proporciona un título a la recompensa divina. Es también expiatoria y causa eficiente de nuestra salvación.

* * *

El sub–tratado de la Redención tiene tres partes:

1. La vida de Cristo desde la perspectiva de la salvación.

2. El contenido de la salvación operada por Cristo, como liberación del pecado y del mal y como reconciliación con Dios.

3. La naturaleza de la Redención: satisfacción al Padre, expiación por nuestros pecados, merecimiento de la gracia y causalidad eficiente de la gracia.

13

Las obras de Jesús para salvarnos

13.1. Significado salvífico de la vida de Cristo

Cualquier acto de la vida de Cristo hubiera bastado para salvarnos pues por la unión hipostática, esa acción tiene un valor infinito ("actiones sunt suppositorum").[1] Por eso decía la Bula *Unigenitus Dei Filius*:

> "*Non enim corruptibilibus auro et argento, sed sui ipsius agni incontaminati et immaculati pretioso sanguine nos redemit* (cfr. 1 Pe 1: 18ss.), quem in ara crucis innocens immolatus non guttam sanguinis modicam, quæ tamen propter unionem ad Verbum pro redemptione totius humani generis suffecisset, sed copiose velut quoddam profluvium noscitur effudisse ita, ut *a planta pedis usque*

---

[1]Se destaca de este modo la libertad, el amor y la generosidad de Dios al salvarnos por medio de todos los sufrimientos y muerte que padeció por nosotros.

ad verticem capitis nulla sanitas (cfr. Is 1:6) inveniretur in ipso".[2]

Sin embargo fue la voluntad de Dios el salvarnos a través del Misterio Pascual de Jesucristo: "Oportet Filium hominis multa pati et reprobari a senioribus et principibus sacerdotum et scribis et occidi et tertia die resurgere" (Lc 9:22). A ese punto culminante apunta toda la existencia terrena del Señor, por lo que toda su vida en la tierra fue una preparación y camino para la Muerte y Resurrección.

Con todo, el valor de todos los actos de la vida de Jesucristo es mucho mayor que el ser una simple preparación del acontecimiento pascual, pues son en sí mismos salvadores. Existe una unidad salvífica entre aquéllos y éste. En efecto:

1. Los textos de Heb 10: 5.7.10 testifican esta unidad salvífica desde la Encarnación misma: "Ideo ingrediens mundum dicit: 'Hostiam et oblationem noluisti, corpus autem aptasti mihi;... Tunc dixi: Ecce venio, in capitulo libri scriptum est de me, ut faciam, Deus, voluntatem tuam'... in qua voluntate sanctificati sumus per oblationem corporis Christi Iesu in semel".

2. La esencia del acto redentor (amor y obediencia totales al Padre) se dan en Cristo desde la Encarnación y durante toda su vida:

   - Jn 4:34, "Meus cibus est, ut faciam voluntatem eius, qui misit me, et ut perficiam opus eius".

   - Jn 8:29, "Et qui me misit, mecum est; non reliquit me solum, quia ego, quæ placita sunt ei, facio semper".

3. Por eso Santo Tomás concluía:

---

[2]Clemente VI: Bulla iubilæi "Unigenitus Dei Filius", 27 enero 1343 (*D. S.* 1025).

"Omnia enim quæ in Christi carne facta sunt, nobis salutaria fuerunt virtute divinitatis unitæ, unde et
apostolus resurrectionem Christi causam nostræ spiri-
tualis resurrectionis ostendens, dicit ad Rom. IV, 25,
quod traditus est propter delicta nostra, et resurrexit
propter iustificationem nostram. Quod autem Christi
resurrectio nostræ corporalis resurrectionis sit causa,
ostendit I ad Cor. XV, 12: si autem Christus prædicatur quod resurrexit, quomodo quidam dicunt in
vobis quoniam resurrectio mortuorum non est? Pul-
chre autem apostolus peccatorum remissionem Christi
attribuit morti, iustificationem vero nostram resurrec-
tioni, ut designetur conformitas et similitudo effectus
ad causam. Nam sicut peccatum deponitur cum re-
mittitur, ita Christus moriendo deposuit passibilem
vitam, in qua erat similitudo peccati. Cum autem
aliquis iustificatur, novam vitam adipiscitur: ita Christus resurgendo novitatem gloriæ consecutus est. Sic
igitur mors Christi est causa remissionis peccati nostri
et effectiva instrumentaliter, et exemplaris sacramentaliter et meritoria. Resurrectio autem Christi fuit
causa resurrectionis nostræ effectiva quidem instrumentaliter et exemplaris sacramentaliter, non autem
meritoria: tum quia Christus iam non erat viator, ut
sibi mereri competeret, tum quia claritas resurrectionis fuit præmium passionis, ut per apostolum patet
Philipp. II."[3]

---

[3]Santo Tomás de Aquino: *Compendium Theologiæ*, Lib. 1, cap. 239.

En consecuencia, toda la vida de Cristo tiene para los cristianos un triple valor:

1. Es Revelación del Padre: "Toda la vida de Cristo es Revelación del Padre: sus palabras y sus obras, sus silencios y sus sufrimientos, su manera de ser y de hablar. Jesús puede decir: 'Quien me ve a mí, ve al Padre' (Jn 14:9), y el Padre: 'Este es mi Hijo amado; escuchadle' (Lc 9:35). Nuestro Señor, al haberse hecho hombre para cumplir la voluntad del Padre (cfr. Heb 10: 5–7), nos 'manifestó el amor que nos tiene' (1 Jn 4:9) con los rasgos más sencillos de sus misterios".[4]

2. Es Redención: "Toda la vida de Cristo es misterio de Redención. La Redención nos viene ante todo por la sangre de la Cruz (cfr. Ef 1:7; Col 1: 13–14; 1 Pe 1: 18–19), pero este misterio está actuando en toda la vida de Cristo: ya en su Encarnación porque haciéndose pobre nos enriquece con su pobreza (cfr. 2 Cor 8:9); en su vida oculta donde repara nuestra insumisión mediante su sometimiento (cfr. Lc 2:51); en su palabra que purifica a sus oyentes (cfr. Jn 15:3); en sus curaciones y en sus exorcismos, por las cuales 'él tomó nuestras flaquezas y cargó con nuestras enfermedades' (Mt 8:17; cfr. Is 53:4); en su Resurrección, por medio de la cual nos justifica (cfr. Ro 4:25)".[5]

3. Es Recapitulación: "Toda la vida de Cristo es misterio de Recapitulación. Todo lo que Jesús hizo, dijo y sufrió, tuvo como finalidad restablecer al hombre caído en su vocación primera: Cuando se encarnó y se hizo hombre, recapituló en sí mismo la larga historia de la humanidad procurándonos en su propia historia la salvación de todos, de suerte que lo que perdimos en Adán,

---

[4] *Catecismo de la Iglesia Católica*, n. 516.

[5] *Catecismo de la Iglesia Católica*, n. 517.

es decir, el ser imagen y semejanza de Dios, lo recuperamos en Cristo Jesús.[6] Por lo demás, ésta es la razón por la cual Cristo ha vivido todas las edades de la vida humana, devolviendo así a todos los hombres la comunión con Dios[7]".[8]

13.2. La Encarnación y la vida oculta del Señor

La misma Encarnación del Logos tiene ya un valor salvífico. ¿Por qué? La salvación verdadera exige dos realidades:

- Un Mediador, un hombre, representante de la humanidad, que opere la unión con Dios.

- Un acto reparador de obediencia y de amor al Padre Dios que produzca la salvación.

Ambas realidades se encuentran ya en el mismo hecho de la Encarnación. En efecto:

- En primer lugar, Cristo *es el Mediador desde la Encarnación*, representando a toda la humanidad, como queda manifiesto por los siguientes datos:

  1. Se hace hombre de nuestra estirpe y se incrusta y asume nuestra historia: "at ubi venit plenitudo temporis, misit Deus Filium suum, factum ex muliere, factum sub lege" (Ga 4:4).

  2. Cristo es el "nuevo Adán" que reparará lo que el "primer Adán" había destruido: "Propterea, sicut per unum hominem peccatum in hunc mundum intravit, et per peccatum

---

[6]San Ireneo de Lyon: *Adversus Hæreses*, 3, 18, 1 (*P. G.*, 7, 932).

[7]*Ibídem*: 3, 18, 7 (*P. G.*, 7, 937); cfr. 2, 22, 4 (*P. G.*, 7, 784).

[8]*Catecismo de la Iglesia Católica*, n. 518.

mors, et ita in omnes homines mors pertransiit, eo quod omnes peccaverunt... Igitur sicut per unius delictum in omnes homines in condemnationem, sic et per unius iustitiam
in omnes homines in iustificationem vitæ; sicut enim per
inoboedientiam unius hominis peccatores constituti sunt
multi, ita et per unius oboeditionem iusti constituentur
multi" (Ro 5: 12.18–19).

3. El Señor también es el "primogénito de toda la creación"
(Col 1:15).

Por eso puede satisfacer por los pecados de toda la humanidad
aunque Él no los hubiera cometido. Es lo que expresa Santo Tomás cuando señala precisamente a la unión de la Cabeza del
Cuerpo Místico con sus miembros como la explicación de que
Cristo pueda satisfacer por sus hermanos, los hombres, realizando un sacrificio perfecto: a través del ofrecimiento de su carne
—que era como la nuestra, que era pasible y mortal para poder
ser ofrecida—, y que era sin pecado —para poder borrar nuestros pecados por la caridad inmensa con la que se ofreció—. En
efecto:

> "Primo quidem quia, ex eo quod est humanæ na-
> turæ caro, congrue pro hominibus offertur, et ab eis
> sumitur sub sacramento. Secundo quia, ex eo quod
> erat passibilis et mortalis, apta erat immolationi. Ter-
> tio quia, ex hoc quod erat sine peccato, efficax erat ad
> emundanda peccata. Quarto quia, ex eo quod erat ca-
> ro ipsius offerentis, erat Deo accepta propter caritatem
> suam carnem offerentis."[9]

---

[9]Santo Tomás de Aquino: *Summ. Theol.*, IIIª, q. 48, a. 3. ad. 1.

Este misterio es también la razón de que siendo Cristo la Cabeza de la humanidad, su Madre lo sea también de todos los cristianos. Por otro lado, está implicado también aquí el principio de la "gracia capital" de Cristo que ya examinamos.

■ En segundo lugar porque, además, *desde la Encarnación Cristo* cumple con el segundo requisito para salvarnos, a saber, que *ofrece un acto de amor y obediencia al Padre*, ya que:

   1. Siendo la iniciativa de la Encarnación y de la Redención del Padre:

      • El Hijo "obedece" desde toda la eternidad, como se estudia en el Tratado de Dios Trino.

      • Cristo hombre "obedece" al Padre desde el primer instante de su ser, desde la Encarnación. Así se puede comprobar en el Nuevo Testamento, cuando se manifiesta la íntima relación entre la Encarnación o la vida humana de Cristo y la obediencia al Padre:

         ○ Heb 10: 5–7, "Ideo ingrediens mundum dicit: 'Hostiam et oblationem noluisti, corpus autem aptasti mihi; holocautomata et sacrificia pro peccato non tibi placuerunt. Tunc dixi: Ecce venio, in capitulo libri scriptum est de me, ut faciam, Deus, voluntatem tuam' ".

         ○ Jn 17:8, "quia verba, quæ dedisti mihi, dedi eis; et ipsi acceperunt et cognoverunt vere quia a te exivi et crediderunt quia tu me misisti".

   2. Esa misma obediencia y amor aparecen en el concepto de "ser enviado" por el Padre.

3. Y, finalmente, también desde la perspectiva quedan más claras las razones de conveniencia de la Virginidad de María, como ya se estudió.

Cristo quiso asumir la vida ordinaria de tantos seres humanos, y le dio un valor de salvación, al llenarla de actos de obediencia y de amor al Padre —"he de ocuparme de las cosas de mi Padre" (Lc 2:49)—, manifestado en su amor y obediencia a San José y a la Virgen su madre —"y bajó con ellos y les estaba sujeto" (Lc 2:50)—. Por lo mismo, Cristo se constituyó en modelo y ejemplo para todos los miembros de su Cuerpo Místico (2 Cor 5: 14–15). Como recuerda el *Catecismo de la Iglesia Católica*:

"Jesús compartió, durante la mayor parte de su vida, la condición de la inmensa mayoría de los hombres: una vida cotidiana sin aparente importancia, vida de trabajo manual, vida religiosa judía sometida a la ley de Dios (cfr. Ga 4:4), vida en la comunidad. De todo este período se nos dice que Jesús estaba 'sometido' a sus padres y que 'progresaba en sabiduría, en estatura y en gracia ante Dios y los hombres' (Lc 2: 51–52).

Con la sumisión a su madre, y a su padre legal, Jesús cumple con perfección el cuarto mandamiento. Es la imagen temporal de su obediencia filial a su Padre celestial. La sumisión cotidiana de Jesús a José y a María anunciaba y anticipaba la sumisión del Jueves Santo: 'No se haga mi voluntad...' (Lc 22:42). La obediencia de Cristo en lo cotidiano de la vida oculta inauguraba ya la obra de restauración de lo que la desobediencia de Adán había destruido (cfr. Ro 5:19).

La vida oculta de Nazaret permite a todos entrar en comunión con Jesús a través de los caminos más ordinarios de la vida humana. . ."[10]

Podemos comprobar este carácter salvador en todos los acontecimientos concretos que nos relatan los Evangelios de la infancia y de vida oculta del Señor:

1. *El nacimiento del Hijo Dios en Belén*, en la pobreza y en su llegada al mundo como niño.[11] Jesús quiso vivir, en su propia vida humana, la realidad total del ser humano en este mundo para redimirla. Es también el adelanto de la salvación que nos trae Cristo y que nos devuelve la condición de verdaderos hijos de Dios. Y además, nos recuerda la condición para entrar en el reino de los Cielos, que es hacerse niño (Mt 18: 3–4). Como explica el *Catecismo de la Iglesia Católica*:

   ". . . para eso es necesario abajarse (cfr. Mt 23:12), hacerse pequeño; más todavía: es necesario 'nacer de lo alto' (Jn 3:7), 'nacer de Dios' (Jn 1:13) para 'hacerse hijos de Dios' (Jn 1:12). El misterio de Navidad se realiza en nosotros cuando Cristo 'toma forma' en nosotros (Ga 4:19). Navidad es el misterio de este 'admirable intercambio' ".[12]

Santo Tomás también vincula el nacimiento de Cristo a su misión redentora, al encontrar, por ejemplo, como razones de convenien-

---

[10] *Catecismo de la Iglesia Católica*, n. 531–533.

[11] La doctrina de A. Gálvez, entre otros, en: *Homilías*, New Jersey, Shoreless Lake Press, 2008. Cfr. las siguientes charlas: 1981.12.25M; 1983.12.25M; 1984.12.25M; 1990.12.25M; 1995.12.25M; 2004.12.25M; 2011.12.25H; 2011.12.25H2; 1012.12.25H; 2014.12.25H.

[12] *Catecismo de la Iglesia Católica*, n. 526.

cia para nacer en el tiempo en que lo hizo (bajo el yugo romano, con un solo emperador, en plena paz romana, y en medio de las tinieblas del error) porque venía a liberarnos de la esclavitud del pecado, como Rey del universo, a traer la verdadera paz y a inundarnos de su luz:

"Christus venerat nos in statum libertatis reducere de statu servitutis. Et ideo, sicut mortalitatem nostram suscepit ut nos ad vitam reduceret, ita, ut Beda dicit, eo tempore dignatus est incarnari quo, mox natus, censu Cæsaris adscriberetur atque, ob nostri liberationem, ipse servitio subderetur. Tempore etiam illo, quo totus orbis sub uno principe vivebat, maxime pax fuit in mundo. Et ideo decebat ut illo tempore Christus nasceretur, qui est pax nostra, faciens utraque unum, ut dicitur Ephes. II".[13]

"...quando lex Dei sub potestate regis iniqui tenebatur, nascitur Christus, quia magna et desperabilis infirmitas medicum artificiosiorem quærebat".[14]

"...ut ostenderetur quod ipse venerat ut homines crescerent in lucem divinam, secundum illud Luc. I, illuminare his qui in tenebris et umbra mortis sedent. Similiter etiam asperitatem hiemis elegit ad nativitatem, ut ex tunc carnis afflictionem pateretur pro nobis".[15]

---

[13]Santo Tomás de Aquino: *Summ. Theol.*, III^a, q. 35, a. 8, ad 1.

[14]Santo Tomás de Aquino: *Summ. Theol.*, III^a, q. 35, a. 8, ad 2.

[15]Santo Tomás de Aquino: *Summ. Theol.*, III^a, q. 35, a. 8, ad 3.

2. *La Epifanía* es la manifestación de Jesucristo,[16] por un lado, como Mesías y Salvador de Israel (a los pastores; a la corte de Herodes ante la visita de los Magos: "quia natus est vobis hodie Salvator, qui est Christus Dominus");[17] y, por otro lado, como Salvador del mundo (la adoración de los Magos de Oriente, Mt 2: 1–12).[18] Santo Tomás subraya la relación de la salvación universal que Cristo había venido a realizar, con el hecho de la diversidad de condición de los elegidos para recibir la manifestación (epifanía) de Dios en su entrada en el mundo:

> "...salus quæ erat futura per Christum, ad omnem diversitatem hominum pertinebat, quia, sicut dicitur Coloss. III, in Christo non est masculus et femina, gentilis et Iudæus, servus et liber, et sic de aliis huiusmodi. Et ut hoc in ipsa Christi nativitate præfiguraretur, omnibus conditionibus hominum est manifestatus. Quia, ut Augustinus dicit, in sermone de Epiphania, pastores erant Israelitæ, magi gentiles. Illi prope, isti longe. Utrique tanquam ad angularem lapidem concurrerunt. Fuit etiam inter eos alia diversitas, nam magi fuerunt sapientes et potentes, pastores autem simplices et viles. Manifestatus est etiam iustis, Simeoni et Annæ, et peccatoribus, scilicet magis; manifestatus est etiam et viris et mulieribus, scilicet

---

[16]Para la doctrina de A. Gálvez, cfr. entre otros: 1987.01.06M; 1989.01.06H; 1991.01.06M; 1998.01.06H; 2000.01.06H; 2002.01.06M; 2008.01.06H; 2012.01.06H; 2013.01.06H.

[17]Lc 2:11.

[18]*Catecismo de la Iglesia Católica*, n. 528.

Annæ; ut per hoc ostenderetur nullam conditionem hominum excludi a Christi salute".[19]

La vinculación de este episodio con la Redención, también es señalada por el Santo al justificar que no fuera anunciado su nacimiento a todos los seres humanos:

"...nativitas Christi non debuit omnibus communiter esse manifesta. Primo quidem, quia per hoc impedita fuisset humana redemptio, quæ per crucem eius peracta est, quia, ut dicitur I ad Cor. II, si cognovissent, nunquam dominum gloriæ crucifixissent. Secundo, quia hoc diminuisset meritum fidei, per quam venerat homines iustificare, secundum illud Rom. III, iustitia Dei per fidem Iesu Christi. Si enim manifestis indiciis, Christo nascente, eius nativitas omnibus appareret, iam tolleretur ratio fidei, quæ est argumentum non apparentium, ut dicitur Heb. XI".[20]

3. *La circuncisión* (Lc 2:21). Este rito inserta a Cristo como miembro del Pueblo elegido, al que va a salvar. Santo Tomás de Aquino aporta siete razones de conveniencia sobre la realización de este rito en el Señor. Dos de ellas apuntan directamente a su valor salvador:

"...Sexto, ut qui in similitudinem carnis peccati advenerat, remedium quo caro peccati consueverat mundari, non respueret. Septimo, ut, legis onus in se sustinens, alios a legis onere liberaret, secundum illud

---

[19]Santo Tomás de Aquino: *Summ. Theol.*, IIIª, q. 36, a. 3, co.
[20]Santo Tomás de Aquino: *Summ. Theol.*, IIIª, q. 36, a. 1, co.

> Galat. IV, misit Deus filium suum factum sub lege, ut
> eos qui sub lege erant redimeret".[21]

4. *La Presentación* en el Templo (Lc 2: 22–39). En este momento se reconoce la llegada del Salvador y se anuncia el medio por el que nos traería la salvación: la Cruz.[22] Manifiesta que Cristo quiso someterse a la Ley para salvar a todos los que estaban sometidos a la Ley.[23] Son ritos, que como Santo Tomás recuerda, están vinculados con el sacrificio de expiación de los pecados y el de la pascua liberadora de Egipto. Prefiguran y anuncian, así pues, la obra redentora del Señor:

> "Christus voluit sub lege fieri, ut eos qui sub lege
> erant redimeret, et ut iustificatio legis in suis membris
> spiritualiter impleretur. De prole autem nata duplex
> præceptum in lege traditur. Unum quidem generale
> quantum ad omnes, ut scilicet, completis diebus purifi-
> cationis matris, offerretur sacrificium pro filio sive pro
> filia, ut habetur Levit. XII. Et hoc quidem sacrificium
> erat et ad expiationem peccati, in quo proles erat con-
> cepta et nata, et etiam ad consecrationem quandam
> ipsius, quia tunc primo præsentabatur in templo. Et
> ideo aliquid offerebatur in holocaustum, et aliquid pro
> peccato. Aliud autem præceptum erat speciale in lege
> de primogenitis tam in hominibus quam in iumentis,
> sibi enim dominus deputaverat omne primogenitum

---

[21]Santo Tomás de Aquino: *Summ. Theol.*, IIIª, q. 37, a. 1. Cfr. q. 40, a. 4; *In Sent.*, Lib. IV, dist.1, q. 2, a. 2, q. 3.

[22]*Catecismo de la Iglesia Católica*, 529.

[23]Para la doctrina de A. Gálvez, cfr. entre otros: 2003.02.02M; 2012.12.30H; 2013.12.29H; 2014.12.28H.

in Israel, pro eo quod, ad liberationem populi Israel, percusserat primogenita Ægypti ab homine usque ad pecus, primogenitis filiorum Israel reservatis. Et hoc mandatum ponitur Exod. XIII. In quo etiam præfigurabatur Christus, qui est primogenitus in multis fratribus, ut dicitur Rom. VIII. Quia igitur Christus, ex muliere natus, erat primogenitus; et voluit fieri sub lege, hæc duo Evangelista Lucas circa eum fuisse observata ostendit".[24]

5. *La huída a Egipto y la matanza de los niños inocentes* (Mt 2: 13–18) manifiesta la realidad del mundo opuesto a Dios y necesitado de Redención:

> "...manifiestan la oposición de las tinieblas a la luz: 'Vino a su Casa, y los suyos no lo recibieron' (Jn 1:11). Toda la vida de Cristo estará bajo el signo de la persecución. Los suyos la comparten con él (cfr. Jn 15:20). Su vuelta de Egipto (cfr. Mt 2:15) recuerda el éxodo (cfr. Os 11:1) y presenta a Jesús como el liberador definitivo".[25]

6. *La pérdida de Jesús en el templo* (Lc 2: 41–52).[26] Jesús tiene como misión "ocuparse de las cosas de mi Padre", adelanto de sus acciones salvadoras por el amor y la obediencia al Padre: "...no se haga mi voluntad sino la tuya" (Mc 14:36; Lc 22:42).

---

[24]Santo Tomás de Aquino: *Summ. Theol.*, IIIª, q. 37 a. 3, co.

[25]*Catecismo de la Iglesia Católica*, n. 530.

[26]Para la doctrina de A. Gálvez, también en relación con la familia, cfr. entre otras: 1982.12.26M; 1991.12.29M; 1997.12.28M; 2009.01.11H; 2010.01.10H; 2012.01.08H; 2013.01.13H; 2014.01.12H; 2015.01.11H.

13.3.   Vida pública

Toda la vida pública del Señor tiene una dimensión salvadora indudable. Examinemos los hitos más importantes.

13.3.1.   Las tentaciones de Jesús en el desierto

Aunque ya se estudiaron las tentaciones al tratar de la santidad de Jesucristo,[27] subrayamos ahora el hecho de su vinculación con la misión redentora del Salvador. En efecto, al inicio de su vida pública, Jesús se somete a las tentaciones del demonio, que tratan de desviar y desfigurar la naturaleza y el carácter de la misión sobrenatural de Jesucristo; misión salvadora que tenía que ser lograda a través de la "locura" de la Cruz (1 Cor 1:23)..., de la kenosis del Verbo "haciéndose obediente hasta la muerte y una muerte de Cruz" (Fil 2:8). El demonio intenta apartar al Señor de su misión salvadora. Venciendo sobre la tentación, preanuncia su gran obra redentora:

> "Los evangelistas indican el sentido salvífico de este acontecimiento misterioso. Jesús es el nuevo Adán que permaneció fiel allí donde el primero sucumbió a la tentación. Jesús cumplió perfectamente la vocación de Israel: al contrario de los que anteriormente provocaron a Dios durante cuarenta años por el desierto (cfr. Sal 95:10), Cristo se revela como el Siervo de Dios totalmente obediente a la voluntad divina. En esto Jesús es vencedor del diablo; él ha 'atado al hombre fuerte' para despojarle de lo que se había apropiado (Mc 3:27). La victoria de Jesús en el desierto sobre el Tentador es un anticipo de la victoria de la Pasión, suprema obediencia de su amor filial al Padre".[28]

---

[27]Cfr. Vol. II, cap. 11.6.4.

[28]*Catecismo de la Iglesia Católica*, n. 539.

Esta conexión con el ministerio salvador de Cristo es señalada también por Santo Tomás:

> "Ad secundum dicendum quod Christus venerat dissolvere opera Diaboli, non potestative agendo, sed magis ab eo et eius membris patiendo, ut sic Diabolum vinceret iustitia, non potestate, sicut Augustinus dicit, XIII de Trin., quod Diabolus non potentia Dei, sed iustitia superandus fuit. Et ideo circa tentationem Christi considerandum est quod propria voluntate fecit, et quod a Diabolo passus fuit. Quod enim tentatori se offerret, fuit propriæ voluntatis. Unde dicitur Matth. IV, ductus est Iesus in desertum a spiritu, ut tentaretur a Diabolo, quod Gregorius intelligendum dicit de spiritu sancto, ut scilicet illuc eum spiritus suus duceret, ubi eum ad tentandum spiritus malignus inveniret".[29]

13.3.2.   El Bautismo del Señor

La importancia de este acontecimiento viene señalada por la teofanía trinitaria (Mt 3: 13–17) que se produce en el momento del Bautismo, que coincide, además, con el inicio de la vida pública del Señor (Lc 3:23). Es un hecho narrado por los tres sinópticos y al que, además, hacen referencia tanto San Juan (Jn 1: 32–34) como los Hechos de los Apóstoles (Hech 1:22; 10:38). Su trascendencia aparece clara cuando se considera que fue uno de los los criterios para ser Apóstol, como se aprecia en la elección de Matías para el puesto que dejó Judas al suicidarse (Hech 1:22). Ya desde el inicio, el Bautismo marca la íntima relación de toda la vida del Señor con la salvación de los pecados que iba a realizar.

---

[29]Santo Tomás de Aquino: *Summ. Theol.*, IIIª, q. 41, a. 1, ad 2.

El bautismo de San Juan el Bautista estaba relacionado con la conversión y el perdón de los pecados (Lc 3: 3.10–14; Mt 3:7). Cristo, que es señalado por el Bautista como "el cordero de Dios que quita el pecado del mundo" (Jn 1:29), quiere ser bautizado por Juan, sin ser pecador, como manifestación y en relación con su misión salvadora: Él habría de hacer suyos los pecados de toda la humanidad, y ofrecer su vida al Padre por amor y obediencia, para remisión de los mismos.

El Nuevo Testamento relaciona con frecuencia el Bautismo con la Cruz:[30]

1. Cristo llama a su Cruz, "el bautismo con el que he de ser bautizado" (cfr. Mc 10: 38–39; Lc 12:50).

2. San Pablo relaciona el bautismo de Cristo con su Misterio Pascual (cfr. Ro 6: 3–4).

3. Cristo entre los pecadores hace penitencia para reconciliarlos con Dios, del mismo modo como fue crucificado entre dos ladrones (cfr. Mc 15:27).

4. San Juan Bautista anuncia Cristo como "el Cordero de Dios que quita el pecado del mundo", en clara referencia la valor sacrificial de su vida y de su Muerte, que fue prefigurado en el "siervo doliente de las profecías de Isaías (cfr. Is 53, etc.), del cordero pascual del Éxodo o del sacrificio de Isaac, el hijo de la promesa de Abraham (Ge 22:1).

5. El Bautismo es preparación para la salvación que se va a operar, como se ve en el hecho del descenso del Espíritu sobre Jesucristo,

---

[30]cfr. F. Ocáriz – L. F. Mateo–Seco – J. A. Riestra: *El Misterio...*, cit., págs. 283–285; A. Feuillet: *Le Coupe et le Baptême de la Passion*, en "Revue Biblique" 74 (1976) 356–391; A. Legaut: *Le Baptême de Jésus et la Doctrine du Serviteur Souffrant*, en "Sciences Ecclésiastiques" 30 (1961), 147–166.

ungiéndolo para la misión de ser el Mesías Salvador (Jn 1: 32–33; cfr. Is 11:2).

Esta relación con la misión salvadora de Cristo también se comprueba al contrastar la relación entre el bautismo de Juan y el bautismo cristiano, por el que somos unidos a Cristo en una muerte como la suya para también resucitar con Él (Ro 6: 3–4).[31]

Por eso dice el *Catecismo de la Iglesia Católica*:

> "El bautismo de Jesús es, por su parte, la aceptación y la inauguración de su misión de Siervo doliente. Se deja contar entre los pecadores (cfr. Is 53:12); es ya 'el Cordero de Dios que quita el pecado del mundo' (Jn 1:29); anticipa ya el 'bautismo' de su muerte sangrienta (cfr. Mc 10:38; Lc 12:50). Viene ya a 'cumplir toda justicia' (Mt 3:15), es decir, se somete enteramente a la voluntad de su Padre: por amor acepta el bautismo de Muerte para la remisión de nuestros pecados (cfr. Mt 26:39). A esta aceptación responde la voz del Padre que pone toda su complacencia en su Hijo (cfr. Lc 3:22; Is 42:1)..."[32]

13.3.3. La predicación

La predicación de Jesús, en referencia a su misión, puede ser resumida en dos grandes temas:

1. La conversión, como requisito para aceptar la salvación que Jesucristo nos traía.

---

[31]Cfr. San Hilario de Poitiers: *In Evangelium Matth.*, 2, 6, en *P. L.*, 9, 927. Esta perspectiva está muy presente en todas las consideraciones que hace Santo Tomás sobre el bautismo del Señor, al que dedica los artículos 38–40 de la III parte de su *Suma Teológica*.

[32]*Catecismo de la Iglesia Católica*, n. 536.

2. El reino de Dios, como el reino de salvación instaurado por Cristo quien iba a expulsar al "Príncipe de este mundo".

Como dice Mateo–Seco:

> "Es aún más fácil captar el valor salvífico de la vida pública de Jesús: de su predicación, que anuncia el reino de Dios, llama a la conversión y libra las conciencias del error. . ."[33]

El Antiguo Testamento hablaba de Yahveh como rey. Dios se había proclamado rey y gobierna sobre Sión, el Señor es rey, el Señor reina, etc. (Sal 5:3; 24: 8–10; 44:5; 74:12; etc.). Sin embargo se pueden señalar rasgos muy característicos y originales del reino predicado por Cristo:[34]

1. El reino de Dios se centra en la figura de un Dios Padre misericordioso que ama a los hombres, como se ve, por ejemplo, en las parábolas de la misericordia que nos narra San Lucas (cap. 15).

2. Jesús no solo afirma la proximidad del reino como hace San Juan el Bautista, sino también su presencia: "el reino de Dios ha llegado a vosotros" (Mt 12:28; Lc 11:20; 17:21; etc.).

3. Es un bien que Jesucristo ofrece al hombre, sin que éste pueda forzarlo a venir o exigirlo (cfr. Mc 9:1; Mt 6:10).

4. Es el inicio de la salvación de la condición de miseria y pecado en que está el ser humano (cfr. infra).

---

[33] F. Ocáriz – L. F. Mateo–Seco – J. A. Riestra: *El Misterio. . .*, cit., pág. 283.

[34] Cfr. vol. II de esta obra, cap. 9.2 y 9.3. A. Ducay: *Soteriología. . .*, cit., págs. 10–11.

5. Con la llegada del reino se produce el cambio de la historia: el tiempo de las promesas de Dios ya ha pasado, y ha comenzado el tiempo definitivo, escatológico (Mt 12:28; Mc 9:1).

6. El reino de Dios es predicado con un sentido de urgencia y de inminencia, manifestado en la radicalidad del seguimiento de Cristo y en el abandono de todo por el reino (Mt 13: 44–45; Mc 9:47; 10: 23–24; etc.), Y, al mismo tiempo, es una realidad que se terminará de consumar en el futuro último, el juicio final y la consumación del mundo, en "aquel día" (Cfr. Mt 7:22; Mc 2:20; Lc 10:12; etc.; y las parábolas de Mt 25).

7. Etc.

El reino pertenece a los pobres y a los pequeños, que son bienaventurados y también los que reciben la luz de Dios para entender el mensaje de Cristo (Lc 4:18; Mt 5:3; etc.), quien "siendo rico, se hizo pobre por amor para que nosotros fuéramos ricos por su pobreza" (2 Cor 8:9; cfr. su identidad con ellos en Mt 25: 31–46). Santo Tomás vinculará también la vida pobre de Cristo con su misión salvadora:

> "...sicut mortem corporalem assumpsit ut nobis vitam largiretur spiritualem, ita corporalem paupertatem sustinuit ut nobis spirituales divitias largiretur, secundum illud II Cor. VIII, scitis gratiam domini nostri Iesu Christi, quoniam propter nos egenus factus est, ut illius inopia divites essemus".[35]

Entre los pobres están los pecadores arrepentidos, a los que había venido a llamar y a salvar (Mc 2:17; 1 Tim 1:15; Lc 15: 11–32; etc.), porque los amaba "hasta el fin" y por los que daba su vida "para

---

[35]Santo Tomás de Aquino: *Summ. Theol.*, IIIª, q. 40, a. 3, co.

remisión de los pecados" (Mt 26:28). La predicación del reino es el corazón de las parábolas del Señor (Mc 4: 33–34; Mt 22: 1–14; 21: 28–32; 25: 14–30; etc.).[36]

Así pues, todo el reino de Dios que vino a instaurar Jesucristo está vinculado a su Misterio Pascual:

> "Sobre todo, él realizará la venida de su reino por medio del gran Misterio de su Pascua: su Muerte en la Cruz y su Resurrección. 'Cuando yo sea levantado de la tierra, atraeré a todos hacia mí' (Jn 12:32). A esta unión con Cristo están llamados todos los hombres (cfr. *L. G.*, 3)".[37]

13.3.4. El Perdón de los pecados y la expulsión de los demonios

Un adelanto y un signo de su misión salvadora será su poder "en la tierra para perdonar pecados" (Mt 9:6) y la absoluta autoridad sobre los demonios.

Con su Muerte y Resurrección, "el príncipe de este mundo va a ser arrojado fuera" (Jn 12:31) pues "cuando yo sea elevado atraeré a todos hacia mí" (Jn 12:32). La expulsión de demonios es signo de su poder como Mesías e Hijo de Dios al que los espíritus malignos tienen que reconocer (Mc 1:24; 3:12; Lc 4:41), adelanto de su victoria definitiva sobre el pecado y el mal, manifestación de la llegada del reino de Dios y de la salvación definitiva. En efecto:

> "La venida del reino de Dios es la derrota del reino de Satanás (cfr. Mt 12:26): 'Pero si por el Espíritu de Dios expulso yo los demonios, es que ha llegado a vosotros el reino de Dios' (Mt 12:28). Los exorcismos de Jesús liberan a

---

[36] Cfr. *Catecismo de la Iglesia Católica*, nn. 543–546.

[37] *Catecismo de la Iglesia Católica*, n. 542.

los hombres del dominio de los demonios(cfr. Lc 8: 26–39). Anticipan la gran victoria de Jesús sobre 'el príncipe de este mundo' (Jn 12:31). Por la Cruz de Cristo será definitivamente establecido el reino de Dios: *Regnavit a ligno Deus*".[38]

Por eso concluía A. Colunga: "Por la Muerte de Cristo, el poder del diablo quedará deshecho y cumplida la antigua profecía: *Ella* (la descendencia de la mujer) *te aplastará la cabeza.* Efectivamente, leemos en San Juan (12:31): *Ahora el príncipe de este mundo será arrojado fuera.* Y más adelante (16:11): *El príncipe de este mundo está ya juzgado.* Tal es el sentido que tiene la expulsión de los espíritus impuros de los cuerpos de los posesos".[39]

13.3.5. La Transfiguración

La importancia de la Transfiguración en el Evangelio es grande, pues, de nuevo, ocurre una teofanía trinitaria, está presente todo el Antiguo Testamento en las figuras de Moisés (la Ley) y Elías (el profetismo), es narrado por los tres sinópticos y por San Pedro (Mt 17: 1–8 par.; 2 Pe 1: 16–18), y, finalmente, al igual que el Bautismo inauguraba la vida pública del Señor, la Transfiguración inicia los acontecimientos de su Pasión, Muerte y Resurrección.

También en la Transfiguración se manifiesta el sentido salvador de toda la vida de Jesucristo. En efecto, la narración está llena de detalles que hacen referencia a la Pasión y Muerte del Señor, que se convierte en una de las claves para entender el acontecimiento. Así se pueden señalar los siguientes extremos:

---

[38]"Dios reinó desde el madero de la Cruz", [Venancio Fortunato, Hymnus "Vexilla Regis": MGH 1/4/1, 34: *P. L.*, 88, 96]. Cfr.*Catecismo de la Iglesia Católica*, n. 550.

[39]A. Colunga: *Introducciones. . .* , cit., pág. 352.

1. El nombre recibido por Cristo es "mi elegido" (Lc 9:35), "en quien me complazco" (Mt 17:5); apelativos que hacen clara referencia al Siervo de Yahve de Isaías, una de las figuras y profecías más claras de la Pasión salvadora de Jesús (Is 42: 1ss).

2. Se produce entre dos anuncios de la Pasión y Muerte de Jesús (Mc 8: 31ss y 9: 9–10).

3. La conversación entre Jesús, Moisés y Elías versaba sobre su partida que iba a tener lugar en Jerusalén (Lc 9:31).

El *Catecismo de la Iglesia Católica* subraya también este carácter:

> "Por un instante, Jesús muestra su gloria divina, confirmando así la confesión de Pedro. Muestra también que para 'entrar en su gloria' (Lc 24:26), es necesario pasar por la Cruz en Jerusalén. Moisés y Elías habían visto la gloria de Dios en la Montaña; la Ley y los profetas habían anunciado los sufrimientos del Mesías (cfr. Lc 24:27). La Pasión de Jesús es la voluntad por excelencia del Padre: el Hijo actúa como siervo de Dios (cfr. Is 42:1)".[40]

Santo Tomás, en la *Suma Teológica*, dedica a la Transfiguración la q. 45 de la III Parte, centrando sus consideraciones, sobre todo, en la teología de la gloria del Señor, tanto en su relación con su Divinidad, como en nuestra participación de la misma. Sin embargo, también señala su relación con la Pasión, anunciada por el Señor a sus discípulos y a los que invita a participar, animándoles a un fin tan duro mostrándoles la gloria que habrían de conseguir:

---

[40] *Catecismo de la Iglesia Católica*, n. 555.

"...Dominus discipulos suos, prænuntiata sua passione, induxerat eos ad suæ passionis sequelam. Oportet autem ad hoc quod aliquis directe procedat in via, quod finem
aliqualiter præcognoscat, sicut sagittator non recte iaciet
sagittam nisi prius signum prospexerit in quod iaciendum
est. Unde et Thomas dixit, Ioan. XIV, domine, nescimus
quo vadis, et quomodo possumus viam scire? Et hoc præcipue necessarium est quando via est difficilis et aspera,
et iter laboriosum, finis vero iucundus. Christus autem
per passionem ad hoc pervenit ut gloriam obtineret, non
solum animæ, quam habuit a principio suæ conceptionis,
sed etiam corporis, secundum illud Luc. ult., hæc oportuit
Christum pati, et ita intrare in gloriam suam. Ad quam
etiam perducit eos qui vestigia suæ passionis sequuntur,
secundum illud Act. XIV, per multas tribulationes oportet
nos intrare in regnum cælorum. Et ideo conveniens fuit ut
discipulis suis gloriam suæ claritatis ostenderet (quod est
ipsum transfigurari), cui suos configurabit, secundum illud
Philipp. III, reformabit corpus humilitatis nostræ, configu-
ratum corpori claritatis suæ. Unde Beda dicit, super Mar-
cum, pia provisione factum est ut, contemplatione semper
manentis gaudii ad breve tempus delibata fortius adversa
tolerarent".[41]

13.3.6. Los milagros

Jesus hizo muchos milagros que sirven para mostrar su envío por
el Padre (cfr. Jn 5:36; 10:25) y que es el Hijo de Dios (Jn 10: 31–38),
por lo que ayudan a creer en su misión (cfr. Jn 10:38). Exige la fe en

---

[41]Santo Tomás de Aquino: *Summ. Theol.*, III^a, q. 45, a. 1, co.

el Señor (cfr. Mc 5: 25–34; 10:52); pero no son apodícticos, y muchos no se convierten ni aceptan a Jesús como el Mesías e Hijo de Dios (Mt 11:6).[42]

Son signos polivalentes relacionados con el Misterio Pascual.[43] En efecto:

1. Son signos del amor divino que se apiada del dolor y de la miseria humana (Mt 11:28; Mc 6:34; Lc 7:13).

2. Son signos de la llegada del reino mesiánico, anunciado por los profetas (Is 35: 5–6; 26:19; 29:18), como reafirma en la sinagoga de Nazareth al inicio de su vida pública (Lc 4: 16–22). Su poder de hacerlos indica la llegada del reino de Dios (Mt 12:28).

3. Son signos del origen divino de su misión y predicación:

   - Como Moisés, que confirma su misión con los milagros: Ex 3:12; 4: 1–9 (callado se convierte en serpiente).
   - Como los profetas, cuyos milagros confirman su predicación: 1 Re 18: 36–39 (desafío a los profetas de Baal).

   De igual modo, los milagros prueban que Cristo "procede de Dios": Mc 16:20 (también a los Apóstoles les acompañan "las señales" a su predicación); Jn 2:23 (los judíos creen por "las señales" de Jesús); Jn 3:2 (Nicodemo reconoce que nadie puede hacer las señales que hace Jesús); 9:33; etc.

4. Son signos de su Divinidad.

---

[42]Cfr. Catecismo de la Iglesia Católica, nn. 547–549. J. J. Bartolomé: *Jesus de Nazaret, "Ese Varón Acreditado por Dios con Muchos Prodigios" (Hech 2:22) Una Reseña de la Investigación sobre los Milagros*, en "Salesianum", 63 (2001) 225–266.

[43]Cfr. F. Ocáriz – L. F. Mateo–Seco – J. A. Riestra: *El Misterio...*, cit., págs. 286–287.

5. Son signos que anuncian los sacramentos de la Iglesia, como la multiplicación de los panes, es ocasión del discurso eucarístico del Señor (Jn 6); o la curación de un paralítico sirve como catequesis sobre el perdón de los pecados (Mc 2:9).

6. Son signos de la realidad de la salvación ya operada por Cristo, pues en el Cielo ya no habrá más mal ni sufrimiento (Ap 21:4).

Como dicen Ocáriz, Mateo–Seco y Riestra:

> "Es necesario insistir también en que la vida pública de Jesucristo —al igual que su vida oculta— no es independiente del Misterio Pascual, sino que encuentra su sentido y eficacia más plenos en la orientación hacia el misterio de su Muerte y su Glorificación y en su unidad con él. Los milagros remiten, como signo anticipado, a lo que es el signo y milagro fundamental de Jesús: su Resurrección... Los milagros —al igual que 1a Resurrección a la que apuntan— son manifestación del misterio de Cristo: de su naturaleza divina y su misión de Redentor".[44]

13.4.   Los misterios de la vida pública de Jesús en A. Gálvez

Dado el carácter de este manual, conviene hacer una presentación de las ideas fundamentales de A. Gálvez con referencia a los temas que ahora nos ocupan, basada en sus principales escritos y charlas.

---

[44]F. Ocáriz – L. F. Mateo–Seco – J. A. Riestra: *El Misterio...*, cit., pág. 287.

13.4.1. La Encarnación y el amor divino–humano

A. Gálvez, como ya se señaló, ha desarrollado el estudio de las razones de la Encarnación desde la perspectiva, no solo de la Redención más conveniente de nuestros pecados, sino también como una decisión de Dios de hacer posibles unas relaciones verdaderas de amor divino–humanas, según nuestra propia forma de amar, que exigen la cercanía de los amantes, la cooperación de todas las facultades del ser humano, espirituales, sensitivas y corporales, etc.; lo que implica que el Dios que es puro Espíritu decidiera tomar una humanidad como la nuestra con la que nosotros pudiéramos amarlo a nuestra manera humana si bien sobrenaturalizada por la gracia. Baste, con remitir a las consideraciones ya realizadas.[45]

13.4.2. Las tentaciones

A. Gálvez ha dedicado también su interés a la profundización sobre las tentaciones que sufrió el Señor en el desierto y a lo largo de toda su vida.[46] No siendo pecado en sí mismas, Cristo quiso experimentarlas, asumiendo todo lo que de verdaderamente humano existe en la naturaleza del hombre. Recuerda el autor, que Jesucristo no sufrió las tentaciones que indican desorden de la concupiscencia, de la que careció el Señor, y que indican una cierta bajeza en los seres humanos. Cristo es el Cordero Inmaculado que no conoció ni la sombra del pecado ni podía pecar. Solo asumió las consecuencias del pecado (dolor,

---

[45]Cfr. *supra*, vol. I, cap. 4.2.7

[46]Cfr. Entre otras, las siguientes charlas: 1980.02.24M; 1984.03.11M; 1987.03.08M; 1989.02.12M; 1990.03.04M; 1993.02.28L; 1995.03.05M; 1997.02.16M; 1998.03.01M; 1999.02.21M; 2000.03.12M; 2002.02.17M; 2003.03.09M; 2004.02.29M; 2007.02.25M; 2008.02.10H; 2009.03.01H; 2011.03.13H; 2012.02.26H; 2013.02.17H; 2014.03.08H; 2015.02.22H; 2015.02.22H2.

muerte, etc.) que eran necesarias para la realización de la redención con expiación, que el Padre designó desde toda la eternidad.

Sin embargo las tentaciones fueron sufridas en un grado de intensidad que nosotros no podemos comprender, debido al peligro sutil de las mismas y a la extraordinaria sensibilidad del Señor. Las tentaciones fueron dirigidas contra su misión específica redentora y el modo de llevarla a cabo; suponen una extraordinaria malicia por parte del Tentador. Estas mismas pruebas las sufrirán también los miembros de su Cuerpo Místico, la Iglesia, que serán siempre tentados a cambiar la finalidad sobrenatural para la que fue fundada la Esposa de Cristo por la búsqueda de éxitos fáciles, tareas puramente humanas y horizontalistas, la pérdida del teocentrismo para apostar por un antropocentrismo, o la sujeción a los dictados y razonamientos del mundo en el que se vive, etc. En otras palabras, olvidar la importancia esencial de la Cruz en los misteriosos designios salvadores de Dios.

La victoria sobre las tentaciones, indicará ya un adelanto del triunfo definitivo de Jesucristo sobre el pecado y sus consecuencias. Al mismo tiempo, supone la garantía de nuestra propia victoria, unidos a Cristo.[47]

13.4.3.   El Bautismo del Señor. La figura de San Juan el Bautista

El episodio del Bautismo del Señor por parte de San Juan el Bautista, un bautismo para pedir a Dios perdón de los pecados, adelanta el papel del Redentor que carga con todos los pecados de la humani-

---

[47]En el Padrenuestro le pedimos a Dios que "no nos deje caer en la tentación", y no que nos libre de ella; San Pablo recuerda que nunca seremos tentados por encima de nuestras fuerzas: "Tentatio vos non apprehendit nisi humana; fidelis autem Deus, qui non patietur vos tentari super id quod potestis, sed faciet cum tentatione etiam proventum, ut possitis sustinere" (1 Cor 10:13).

dad aunque en Él no había pecado alguno ("cordero de Dios que quita el pecado del mundo"). Se resalta la importancia de la Humanidad del Señor, así como su Persona divina en la teofanía trinitaria que se produce en ese momento.[48]

La figura de San Juan el Bautista, el Precursor de Jesucristo, ha constituido un tema frecuente de meditación y estudio para A. Gálvez, sobre todo como el testigo más idóneo de Jesucristo (testimonio que llega a su plenitud en su "martirio" en la fortaleza de Maqueronte), su papel "bisagra" entre el Antiguo y el Nuevo Testamento, sus extraordinarias virtudes, y por ser uno de los que mejor entendieron y revelaron la figura de Jesucristo como "el Esposo", aplicando claramente al Señor todo el misterioso contenido que sobre las relaciones de amor divino–humanas se encuentra en el Cantar de los Cantares.[49]

---

[48]Cfr. entre otras las siguientes charlas: 1986.01.12H; 1987.01.11M; 1989.01.08M; 1990.01.07M; 1992.01.12M; 1993.01.13M; 1996.01.07H; 1997.01.07M; 1998.01.11M; 1999.01.01M; 2000.01.09M; 2001.01.07H; 2002.01.13M; 2003.01.12M; 2004.01.11M; 2007.01.07M; etc.

[49]Cfr. , A. Gálvez: *La Fiesta del Hombre. . .* , cit., págs. 211–223; Id: *Homilías*, cit., págs. 45–87; y, entre otras, las siguientes charlas: 1977.12.11H; 1978.12.10M; 1981.01.18H; 1981.04.15H; 1981.04.17L; 1981.04.18L; 1981.08.29H; 1984.012.06H; 1982.06.24L; 1982.12.05H; 1984.06.24M; 1985.08.29H; 1986.12.14H; 1987.01.02H; 1988.06.24H; 1988.12.04M; 1988.12.11M; 1989.01.03H; 1989.06.24H; 1989.08.05H; 1989.12.10M; 1990.01.14M; 1990.06.24M; 1990.12.09M; 1991.01.12H; 1991.08.03H; 1992.01.03H; 1992.06.24H; 1992.12.06M; 1992.12.13M; 1993.01.17M; 1993.06.24H; 1993.07.31H; 1993.12.05M; 1993.12.12M; 1994.01.03H; 1994.06.24H; 1994.12.04M; 1994.12.11M; 1995.06.24H; 1995.12.10M; 1995.12.17M; 1996.01.14M; 1996.06.24H; 1998.06.24H; 1998.06.24L; 1998.06.24L; 1998.12.06M; 1998.12.13M; 1999.04.15L; 1999.06.24H; 1999.12.12H; 1999.12.12M; 2000.06.24L; 2000.12.10M; 2000.12.17H; 2001.06.24M; 2001.12.09M; 2001.12.16M; 2001.12.16M; 2002.01.12H; 2001.01.20M; 2002.06.24H; 2002.12.15M; 2003.01.03H; 2003.06.24H; 2003.08.02H; 2004.06.24H; 2005.06.24H; 2006.01.02H; 2006.06.24L; 2007.12.15H; 2011.12.04M; 2011.12.11M; 2012.06.24H; 2012.12.16H; etc.

13.4.4.   La Predicación de Cristo. Las parábolas del reino

Uno de los temas evangélicos que han merecido un tratamiento especial de A. Gálvez, es el de las parábolas, tanto en su sentido general, como sobre el motivo del uso de este particular medio de enseñanza por parte de Jesús, o en la hermenéutica particular de cada una de ellas. El estudio de estos contenidos supondrían en sí mismo todo un tratado, y éste no es el lugar para hacerlo. Baste con recoger las ideas principales.

Las parábolas son el vehículo privilegiado de Jesucristo para comunicarnos su inefable doctrina. Parecen sencillas y simples, pero la profundidad de sus enseñanzas es insondable. Son medios de la misión evangelizadora y salvadora del Señor.

Las parábolas tienen siempre una o dos enseñanzas principales y otras muchas que podríamos llamarlas "secundarias". La clave de la parábola se encuentra en las primeras. Muchas veces es Cristo mismo el que indica esa idea central, como ocurre, por ejemplo, en la parábola del amigo inoportuno, o la del administrador infiel, o la de las diez vírgenes que esperaban al Esposo.

Las parábolas manifiestan de un modo muy variado la realidad del amor divino y del divino–humano, eje central del Evangelio y de la toda la vida cristiana. Esta idea, subyacente en todas las parábolas, es clave de su interpretación para el pensamiento de A. Gálvez, lo que no sorprende debido a que constituye la perspectiva fundamental de su teología. Así por ejemplo, la del amigo inoportuno, manifiesta la cualidad del amor divino–humano, su extensión y sus exigencias;[50] la de las diez vírgenes, muestra a Jesús como el Esposo del alma y la condición de la espera ansiosa que debe de acompañar el amor divino–humano en el presente eón;[51] la del hijo pródigo, manifiesta todas las vicisitu-

---

[50]Cfr. A. Gálvez: *El Amigo...*, cit., págs. 8–55.

[51]Cfr. A. Gálvez: *La Fiesta...*, cit., págs. 105–144; 189–201.

des que sufre el amor divino–humano en esta tierra, con sus momentos de debilidad, de re–encuentro de los amantes o de la misericordia como manifestación del amor más puro; la del tesoro escondido, subraya el rasgo fundamental del amor de la entrega total; la de los obreros enviados a trabajar a la viña, remarca el desconocimiento de las características del amor por parte de los trabajadores de la primera hora, ya que el amor tiene su propia recompensa en compartir los sufrimientos y el destino de la persona amada con todo el peso del día y del calor;[52] la alegoría del Buen Pastor, está llena de indicaciones sobre las notas esenciales del verdadero amor;[53] etc.

Las parábolas tienen siempre un aspecto de claro–oscuro, que es señalado por el Señor: "Por eso les hablo por medio de parábolas: porque viendo no ven, y oyendo no oyen ni entienden. Se cumple en ellos aquella profecía de Isaías que dice: 'Con vuestros oídos oiréis, pero no entenderéis; miraréis, pero no veréis. Porque el corazón de este pueblo se ha embotado, con sus oídos pesadamente oyeron, y cerraron sus ojos; no sea que vean con sus ojos y oigan con sus oídos y entiendan con su corazón y se conviertan, y que yo los sane'" (Mt 13: 13–15). Es necesaria la humildad de la fe y la opción radical por la verdad para comprenderlas, por lo que muchos expertos no llegan a captar su más profundo significado, que solo se puede percibir si somos conducidos por el Espíritu Santo a través del silencio de la oración.[54]

Baste ahora con señalar alguno de los principales lugares donde se encuentran sus comentarios a las diferentes parábolas:

---

[52]Cfr. A. Gálvez: *Meditaciones...*, cit., págs. 167–205.

[53]Cfr. A. Gálvez: *Meditaciones...*, 39-55.

[54]Cfr. Sentido de las parábolas: 1987.07.23H; 1992.07.23H; 2000.08.01H; 2003.07.24H.

1. Parábola de la buena semilla y la cizaña.[55]

2. Parábola de la higuera estéril.[56]

3. Parábola de la oveja perdida.[57]

4. Parábola de la red.[58]

5. Parábola de la vid y los sarmientos.[59]

6. Parábola de las diez vírgenes.[60]

7. Parábola de los dos hijos.[61]

8. Parábola de los invitados a las bodas.[62]

---

[55] Cfr. entre otras las siguientes charlas: 1987.07.19M; 1987.07.20H; 1990.07.22M; 1993.07.18M; 1996.07.21M; 1999.07.18M; 2002.07.21M; 2005.07.17M; 2011.12.11H; 2013.11.10H.

[56] Cfr. entre otras las siguientes charlas: 1977.03.13H; 1980.10.25H; 1980.11.29H; 1981.10.24H; 1986.03.02M; 1986.10.25H; 1989.02.26M; 1988.10.22H; 1996.10.26H; 1998.03.15H; 1998.03.15M; 2001.03.18M; 2003.10.25H.

[57] Cfr. entre otras las siguientes charlas: 1992.06.26H; 1992.09.13M; 1995.09.17M; 2010.06.13H; 2011.07.03H; 2012.06.17H; 2013.06.09H.

[58] Cfr. entre otras las siguientes charlas: 1987.07.30H; 1996.08.01H; 2000.08.03H; 2003.07.31H; 2003.07.31H.

[59] Cfr. entre otras las siguientes charlas: 1981.05.17H; 1985.05.05M; 1994.05.01M; 1997.04.27M; 1998.05.01M; 2000.05.21M; 2001.05.16H; 2002.05.01H; 2003.05.18M.

[60] Cfr. entre otras las siguientes charlas: 1977.02.03M; 1977.02.16M; 1977.03.02M; 1977.03.09M; 1984.11.11M; 1990.08.31H; 1990.11.11M; 1996.11.10H; 1996.11.10M; 1999.11.07M; 2002.11.10M; 2003.08.29H.

[61] Cfr. entre otras las siguientes charlas: 1981.09.27M; 1987.09.27M; 1990.09.30M; 1993.09.26H; 1993.09.26M; 1996.09.29M; 2002.09.29M.

[62] Cfr. entre otras las siguientes charlas: 1978.10.26H; 1980.11.04H; 1981.10.11M; 1987.08.20H; 1987.10.11H; 1988.08.18H; 1990.10.14M; 1996.10.13H; 1996.10.13M; 1999.10.10M; 2002.08.22H; 2002.10.13M; 2005.10.09M; 2007.10.07H; 2008.09.21H; 2011.10.23H; 2012.01.07H; 2014.10.19H.

9. Parábola de los obreros enviados a la viña.[63]

10. Parábola de los talentos.[64]

11. Parábola de los viñadores homicidas.[65]

12. Parábola del administrador infiel.[66]

13. Parábola del amigo inoportuno.[67]

14. Parábola del buen pastor.[68]

15. Parábola del buen samaritano.[69]

---

[63]Cfr. entre otras las siguientes charlas: 1980.09.03M; 1981.09.20M; 1984.09.23M; 1988.08.17H; 1990.09.23M; 1993.09.19M; 1995.08.23H; 1996.09.22H; 1997.08.20H; 1998.08.19H; 1999.09.19M; 1999.09.19H; 2000.08.23H; 2001.08.22H; 2002.09.22M; 2003.08.20H; 2005.09.18M; 2006.08.23H; 2008.01.20H; 2011.02.20H; 2012.02.05H; 2015.02.01H.

[64]Cfr. entre otras las siguientes charlas: 1981.11.15H; 1986.08.30H; 1989.09.02H; 1990.09.01H: 1991.08.31H; 1993.11.14M; 1996.08.31H: 1996.11.17H; 1996.11.17M; 1999.11.14M; 2002.11.17M; 2002.11.17H; 2005.11.13M; 2007.09.01H.

[65]Cfr. entre otras las siguientes charlas: 1990.10.17M; 1993.10.03M; 1996.10.06M; 1999.10.03M; 2002.08.06M; 2002.10.06M.

[66]Cfr. entre otras las siguientes charlas: 1980.09.21H; 1981.11.06H; 1986.09.21H; 1992.09.24M; 1995.09.24M; 1995.09.24H; 1998.09.20M; 2001.09.23M; 2004.09.19M; 2008.07.06H; 2010.07.18H; 2011.08.07H; 2013.07.14H; 2014.08.03H; 2014.08.03H2.

[67]Cfr. A. Gálvez: *El Amigo...*, cit., págs. 9–55; cfr. también las siguientes charas: 1981.10.18H; 1986.07.27M; 1989.07.30M; 1992.07.26H; 1995.07.30H; 1995.07.30M; 1998.07.26M; 1999.01.03M; 2001.07.29M.

[68]Cfr. entre otras las siguientes charlas: 1978.10.19M; 1982.05.02H; 1987.05.10M; 1988.04.24M;1989.04.16M; 1990.05.06M; 1992.05.10H; 1992.05.10M; 1993.05.02M; 1994.04.24M; 1994.04.24H; 1995.05.07H; 1995.05.07M; 1996.04.28M; 1997.04.20M; 1998.05.03M; 1999.04.25M; 2000.05.14M; 2002.04.21M; 2003.05.11M; 2004.05.02M; 2006.02.11H; 2008.04.06H; 2009.06.21H; 2010.06.13H; 2011.07.03H; 2012.06.17H; 2013.06.09H.

[69]Cfr. entre otras las siguientes charlas: 1977.07.10H; 1980.10.13H; 1986.07.13M; 1989.07.16M; 1989.07.16H; 1992.07.12M; 1995.07.16M; 1998.07.12M; 2001.07.15M; 2009.08.23H; 2011.09.04H; 2012.08.19H; 2013.08.11H.

16. Parábola del fariseo y el publicano.[70]

17. Parábola del grano de mostaza.[71]

18. Parábola del hijo pródigo.[72]

19. Parábola del juez injusto.[73]

20. Parábola del rico Epulón y el pobre Lázaro.[74]

21. Parábola del rico insensato.[75]

22. Parábola del sembrador.[76]

---

[70]Cfr. entre otras las siguientes charlas: 1977.10.23H; 1983.10.23M; 1986.10.26M; 1987.03.28H; 1989.10.29M; 1991.03.09H; 1992.10.25H; 1993.03.21H; 1996.03.16H; 1999.03.13H; 2000.04.01H; 2001.10.28M; 2002.03.09H; 2003.03.29H; 2004.10.24M; 2009.08.09H; 2010.08.01H; 2011.08.21H; 2012.08.05H; 2013.07.28H; 2014.08.17H.

[71]Cfr. entre otras las siguientes charlas: 1981.11.29M; 1982.06.13H; 1988.06.12M; 1991.06.16M; 1997.06.15M; 1997.06.15H.

[72]Cfr. entre otras las siguientes charlas: 1997.03.20H; 1983.09.11M; 1986.03.09M; 1987.03.21H; 1989.03.05M; 1989.09.17H; 1989.09.17M; 1990.03.17H; 1992.03.29H; 1995.03.26M; 1998.03.22M; 2001.03.25M; 2004.03.21H.

[73]Cfr. entre otras las siguientes charlas: 1977.10.16H; 1983.10.16M; 1986.11.15H; 1989.10.22M; 1992.10.18H; 1993.11.13H; 1995.10.22M; 1995.11.18H; 1996.11.16H; 1997.11.15H; 1999.11.13H; 2000.11.18H; 2001.10.21M; 2001.11.17H; 2002.11.16H; 2004.10.17M.

[74]Cfr. entre otras las siguientes charlas: 1977.10.09H; 1992.09.27M; 1995.10.01H; 1995.10.01M; 1998.09.27M; 2001.09.30M; 2004.09.26M.

[75]Cfr. entre otras las siguientes charlas: 1980.10.20H; 1981.10.19H; 1983.07.31M; 1992.08.02H; 1992.08.02M; 1998.08.02M; 1998.08.02H; 2001.08.05M.

[76]Cfr. entre otras las siguientes charlas: 1978.01.18M; 1978.01.25M; 1978.02.01M; 1978.07.16H; 1978.07.16M; 1982.07.23M; 1984.07.15M; 1987.07.12M; 1989.07.15M; 1990.07.15H; 1993.07.11M; 1994.07.20H; 1995.07.28H; 1996.07.14M; 1996.07.14H; 1998.07.24H; 1999.07.11M; 1999.09.18H; 2000.07.28H; 2001.09.22H; 2002.07.14M; 2002.07.24H; 2004.07.21H; 2008.01.26H; 2009.02.15H; 2010.02.07H; 2011.02.27H; 2012.02.12H; 2013.02.03H; 2015.02.08H; 2015.02.08H2.

23. Parábola del siervo despiadado.[77]

24. Parábola del siervo prudente.[78]

25. Parábolas del tesoro escondido y de la perla.[79]

13.4.5. La Transfiguración, la Humanidad de Jesús y el misterio de la oración

El episodio de la Transfiguración manifiesta de un modo claro la realidad de la doble naturaleza divina y humana de Jesucristo en su unión hipostática. Es necesario rechazar la herejía que niega la Divinidad de Jesucristo, tan frecuente en nuestros días, sobre todo de manos de las diferentes manifestaciones del modernismo. La Transfiguración está unida al misterio de la Encarnación y al de la Cruz redentora. Es un misterio de amor a nosotros. Cristo se revela a los más íntimos de sus Apóstoles, para volver a bajar de la montaña en su situación kenótica, manifestando así la importancia de la fe para conocer al Señor en este mundo; el conocimiento claro–oscuro de la fe y la participación en la Cruz de Cristo, hacen que nuestro amor por el Señor se purifique, aumente y se profundice.[80]

---

[77]Cfr. entre otras las siguientes charlas: 1993.09.12M; 1987.09.13M; 1996.09.15M; 2000.08.17H; 2002.09.15M.

[78]Cfr. entre otras las siguientes charlas: 1986.08.28H; 1999.08.26H; 2001.08.30H.

[79]Cfr. entre otras las siguientes charlas: 1998.07.30H; 1981.07.26H; 1990.07.29M; 1990.07.26H; 1993.07.28H; 1994.07.27H; 1996.07.28M; 1996.07.28H; 2000.08.02H; 2001.08.01H; 2002.07.28M; 2003.07.30H; 2004.07.28H; 2005.07.24M.

[80]Cfr. entre otras, las siguientes charlas: 1977.03.06H; 1982.03.07M; 1984.03.18M; 1985.08.06M; 1986.02.23M; 1987.02.21H; 1989.02.19M; 1990.02.17H; 1990.12.15H; 1991.02.24M; 1993.03.07M; 1995.03.12M; 1995.08.06M; 1996.03.03M; 1997.02.23M; 1998.03.08M; 1999.02.28M; 2000.08.06M; 2001.03.11M; 2002.02.24M; 2003.03.16M; 2005.02.20M; 2006.03.12M; 2006.08.06M; 2008.02.17H; 2009.03.08H; 2010.03.20H; 2011.03.13H; 2012.03.04H; 2014.03.16H; 2015.03.01H.

13.4.6. Los milagros y la compasión de Cristo

Otro de los aspectos de la vida de Jesus más frecuentemente tratados por A. Gálvez, es el de sus milagros.

El autor reafirma su realidad, así como su carácter de signos de su Divinidad y de su misión salvadora. Con lo cual se rechazan las tesis modernistas que niegan esos aspectos.

Sin embargo el milagro en sí tiene un valor ambivalente, pues es necesario aceptarlo con fe. Jesucristo se niega a hacerlos cuando falta la fe. Además muchas veces sirven para rechazar a Cristo, o sus enemigos los explican maliciosamente como obra de Satanás. Por eso, Cristo señala la Cruz como suprema expresión y signo de su mesianidad, más que la realidad de su poder de hacer milagros: "no se le dará a esta generación incrédula y perversa otro signo que el de Jonás profeta. Así como Jonás pasó tres..." Se niega a hacer milagros de tipo espectacular ante el demonio (cfr. Mt 4: 3–6), o ante los fariseos incrédulos (cfr. Mt 12: 38–39) o ante Herodes (Cfr. Lc 23:8). En efecto:

> "Pero Dios no puede ser medido por el hombre. Y si, además, ha querido elevar al hombre al orden de lo sobrenatural, tendrá entonces que darle testimonio de Sí mismo, con criterios de credibilidad suficientes para el que quiera ver, pero que no podrán venir determinados por medida humana.[81] Es cierto que este testimonio estará avalado por las obras,[82] pero estas obras tendrán que ser divinas; es decir, que no van a ser seguramente las que el mundo hubiera esperado: son más bien las obras que el Padre "le dio hacer" al Hijo.[83]

---

[81] Jn 8:18; 1 Jn 5: 7–9.

[82] Jn 5:36; 10: 25.37–38.

[83] Jn 5:36.

Por eso Jesucristo no se pliega a las exigencias de los que le hablan. Se trata de la misma actitud en la que se niega a hacer milagros en Nazaret,[84] o a lanzarse desde la torre del Templo,[85] o a hacer milagros ante Herodes.[86]"[87]

Pero, al mismo tiempo, los milagros manifiestan rasgos extraordinarios de su Humanidad, y de sus acciones teándricas, pues a través de signos visibles humanos (imposición de manos, hacer barro con su saliva, tomar de la mano, etc.) se producen efectos sobrenaturales.

Manifiestan también las características del amor y de la compasión de Cristo ante todos los hombres, especialmente ante los más infelices y desgraciados (el paralítico de la Piscina Probática, los leprosos), despreciados por todos (leprosos, el ciego de nacimiento), etc.

Son un adelanto de la victoria definitiva contra el pecado y sus consecuencias, de la llegada profética de "los cielos nuevos y de la tierra nueva". La expulsión de los demonios son una manifestación de que "el principe de este mundo va a ser echado fuera".

Hay una extraordinaria variedad de los mismos, que abarcan a todas las necesidades de los hombres en sus diferentes sufrimientos: enfermedades, hambre, peligros de la naturaleza, sujeción al demonio, muerte, etc.

Basten las principales referencias a los lugares donde se puede encontrar la exégesis de A. Gálvez sobre los milagros, que podrían dividirse en cuatro grupos:

1. Curación de enfermedades. En los Evangelios y en la primitiva predicación de los Apóstoles se hacen declaraciones en general sobre multitud de sanaciones milagrosas que hizo Jesús y

---

[84]Lc 4: 16ss.

[85]Mt 4: 5ss.

[86]Lc 23:8.

[87]A. Gálvez: *La Fiesta....*, cit., pág. 12.

que se relatan en conjunto como en Mt 4: 23–25, Lc 16: 17–19, Mt 8: 16–17, Mc 1: 32–34, Lc 4: 40–41, Mt 15: 29–31, Mt 21: 14–15, Mc 3: 7–12. Jesús respondió a los enviados de Juan Bautista: "Id y contad a Juan lo que oís y veis: los ciegos ven y los cojos andan, los leprosos quedan limpios y los sordos oyen, los muertos resucitan y se anuncia a los pobres la Buena Nueva" (Mt 11:4; Lc 7:22). Con todo se describen también con detalle un buen número de curaciones:

a) Ciegos:

1) Los dos ciegos de Cafarnaúm (Mt 9: 27–31; Lc 11: 14–15).[88]

2) El ciego Bartimeo (Mt 20: 29–34; Mc 10: 46–52; Lc 18: 35–43).[89]

3) Ciego de nacimiento (Jn 9).[90]

4) Ciego de Betsaida (Mc 8: 22–26).[91]

b) Leprosos:

---

[88]Cfr. entre otras, las siguientes charlas: 1990.12.07H; 2002.12.06H.

[89]Cfr. A. Gálvez: *Meditaciones...*, cit., págs. 105–134. Cfr. entre otras, las siguientes charlas: 1977.01.02H; 1979.04.09M; 1979.10.28H; 1980.11.17H; 1982.10.24M; 1988.10.23M; 1994.10.23M; 1997.10.26M; 2000.10.29M; 2003.10.26M.

[90]Cfr. A. Gálvez: *Meditaciones...*, cit., págs. 23–38. Cfr. entre otras, las siguientes charlas: 1983.08.10M; 1987.03.29H; 1987.03.29M; 1990.03.25M; 1993.03.21M; 1996.03.17M; 1999.03.14M; 1993.03.17H; 2002.03.10M; 2005.03.06M.

[91]Cfr. A. Gálvez: *La Fiesta...*, cit., págs. 79–94. Cfr. entre otras, las siguientes charlas: 1981.08.11L; 1981.08.12L; 1981.08.14L; 1981.08.15L; 1987.01.04L; 1987.01.04M; 1987.01.06L; 1987.01.18L; 1987.01.18M; 1987.01.24L; 1987.01.25L; 1987.01.31L; 1987.02.01L.

1) Un leproso de Galilea (Mt 8: 1–4; Mc 1: 40–45; Lc 5: 12–16).[92]

2) Diez leprosos (Lc 17: 11–19).[93]

c) Paralíticos:

1) El de Cafarnaúm (Mt 9: 1–8, Mc 2: 1–12, Lc 5: 17–26).[94]

2) El de la mano seca (Mt 12: 9–14, Mc 3: 1–6, Lc 6: 6–11).[95]

3) La mujer encorvada de la sinagoga (Lc 13: 10–17).

4) El de la piscina Probática en Jerusalén (Jn. 5: 1–18).[96]

5) El criado del centurión de Cafarnaúm (Mt 8: 5–13, Lc 7: 1–10).[97]

d) Otras curaciones:

1) Hemorroisa (Mt 9: 20–22, Mc 5: 25–34, Lc 8: 41–48).[98]

---

[92]Cfr. entre otras, las siguientes charlas: 1979.08.18H; 1984.02.05M; 1986.06.27H; 1992.01.11H; 1998.01.15H; 2000.02.13M; 2003.01.11H; 2003.02.16M; 2003.06.27H; 2004.06.25H.

[93]Cfr. entre otras, las siguientes charlas: 1997.09.29H; 1980.10.12M; 1986.10.12H; 1989.10.15H; 1992.10.11H; 2001.10.14M.

[94]Cfr. entre otras, las siguientes charlas: 1979.02.18H; 1981.12.07H; 1990.07.05H; 1998.01.16H; 2000.02.20M; 2001.07.05H; 2002.07.04H; 2003.02.23M.

[95]Cfr. 2000.03.05M.

[96]Cfr. 1977.11.10M.

[97]Cfr. entre otras, las siguientes charlas:1980.08.16M; 1986.06.28H; 1989.06.04M; 1989.06.04H; 1991.09.16H; 1995.07.01H; 1997.06.28H; 2000.07.01H; 2003.06.28H; 2009.01.25H; 2010.01.24H; 2011.01.23H; 2012.01.22H; 2012.01.22H2; 2014.01.26H; 2015.01.25H.

[98]Cfr. entre otras, las siguientes charlas: 1978.03.17M; 1979.07.01H2; 1979.07.01H; 1994.06.26H; 1994.06.26M; 1998.07.06H; 2000.07.02M.

2) Suegra de Pedro (Mt 8: 16–17; Mc 1: 32–34; Lc 4: 38–39).[99]

3) Hijo de funcionario real (Jn 4: 46–54; Mt 8: 5–13; Lc 7: 1–10).[100]

4) Sordomudo (Mc 7: 31–37).[101]

5) Hidrópico (Lc 14: 1–6).[102]

6) Malco al que le cura la oreja herida por S. Pedro (Lc 22: 50–51).

7) Al hijo de funcionario real (Jn: 4: 46–54).[103]

2. Sobre la naturaleza:

a) Pescas milagrosas (Lc 5: 4–11; Jn 21: 6–11).[104]

---

[99] Cfr. entre otras, las siguientes charlas: 1987.09.02H; 1990.09.05H; 1991.02.10M; 1999.09.01H; 2000.02.06M; 2003.02.09M.

[100] Cfr. entre otras, las siguientes charlas: 1980.08.16M; 1986.06.28H; 1989.06.04M; 1989.06.04H; 1991.09.16H; 1995.07.01H; 1997.06.28H; 2000.07.01H; 2003.06.28H; 2009.10.18L; 2010.10.10H; 2011.10.31H; 2012.10.14H; 2013.10.06H2; 2013.10.06H.

[101] Cfr. entre otras, las siguientes charlas: 1985.09.01M; 1985.09.08M; 1988.08.28M; 1991.09.08H; 1991.09.08M; 1994.09.04M; 1997.09.07M; 2000.09.10M; 2003.09.07M; 2006.09.10M; 2009.08.16H; 2010.08.08H; 2011.08.28H; 2011.08.28H2; 2012.08.12H; 2013.08.04H; 2014.08.24H; 2014.08.24H2.

[102] Cfr. entre otras, las siguientes charlas: 2009.09.20H; 2010.09.12H; 2011.10.02H; 2011.10.02H2; 2012.09.16H; 2013.09.08H.

[103] Cfr. entre otras, las siguientes charlas: 2009.10.18H; 2010.10.10H; 2011.01.30H; 2012.10.14H; 2013.09.06H; 2013.09.06H2.

[104] Cfr. para Lc 5: 4–11 entre otras charlas: 1977.02.06H; 1979.04.09M; 1989.02.05M; 1990.09.06H; 1992.02.09M; 1995.02.05H; 1996.09.05H; 1998.02.08M; 1998.09.03H; 2001.02.04M; 2004.02.08M; 2009.06.28H; 2011.07.10H; 2013.06.16H; 2014.07.06H; 2014.07.06H2. Para Jn 21: 6–11, cfr. 1977.04.24H; 1996.04.13M; 1989.04.09M; 1992.05.03M; 1992.05.03M; 1995.04.30M; 1996.04.12M; 1998.04.26M; 2001.04.29M; 2004.04.25M.

b) Tempestad calmada (Mt 8: 23–27, Mc 4: 35–41, Lc 8: 22–25.[105]

c) Dos multiplicaciones de panes y peces (Mt 14: 13–21, Mc 6: 30–44, Lc 9: 10–17, Jn 6: 1–14 y Mc 8: 1–10).[106]

d) Caminar sobre las aguas (Mt 14: 22–27, Mc 6: 45–52, Jn 6: 16–21).[107]

e) La moneda en la boca del pez (Mt 17: 24–27).[108]

f) La higuera seca (Mt 21: 18–22; Mc 11: 12–14. 20–25).

g) Las bodas de Caná (Jn 2: 1–12).[109]

---

[105]Cfr. entre otras, las siguientes charlas: 1982.06.20M; 1986.07.01H; 1987.01.31H; 1988.06.19M; 1989.07.04H; 1990.01.27H; 1994.06.19M; 1994.06.28H; 1997.06.22M; 1998.01.31H; 2000.01.29H; 2000.06.25M; 2001.01.27H; 2005.06.28H; 2009.02.01H; 2011.01.30H; 2012.01.29H2; 2012.01.29H; 2013.11.03H; 2013.11.03H2.

[106]Cfr. entre otras las siguientes charlas: 1976.07.17H; 1977.01.08H; 1979.07.22H; 1982.07.15M; 1984.02.04M; 1984.08.05M; 1985.07.21M; 1987.08.02M; 1989.12.06H; 1990.02.10H; 1990.08.05H; 1990.08.05M; 1991.07.28H; 1992.02.15H; 1992.05.01H; 1993.08.01H; 1993.08.01M; 1994.07.24H; 1994.07.24M; 1994.08.01H; 1996.02.10H; 1997.07.27M; 1998.01.08H; 1999.02.13H; 1999.04.19H; 1999.08.01M; 2000.02.12H; 2000.07.30H; 2000.07.30M; 2001.02.10H; 2003.07.27M; 2009.03.22H; 2009.03.12H; 2010.03.14H; 2011.04.03H; 2011.07.24HBil; 2011.07.24H; 2012.07.08H; 2012.03.18H; 2013.03.10H; 2013.06.30H.

[107]Cfr. entre otras, las siguientes charlas: 1984.08.12M; 1986.08.05H; 1987.08.09M; 1988.04.16H; 1989.08.08H; 1990.04.28H; 1990.08.12M; 1992.05.02H; 1993.04.24H; 1993.08.08H; 1993.08.08M; 1994.04.16H; 1996.04.24H; 1996.08.11M; 1996.08.11H; 1997.04.12H; 1997.08.05H; 1999.04.17H; 1999.08.08M; 2001.04.28H; 2002.04.13H; 2002.08.11M; 2004.04.24H; 2005.08.07M.

[108]1985.08.12H.

[109]Cfr. A. Gálvez: *La Fiesta...*, cit., págs. 341–357. Cfr. entre otras, las siguientes charlas: 1980.01.20M; 1980.08.17L; 1981.05.03L; 1981.05.02L; 1981.05.02M; 1986.01.19H; 1992.01.19H; 2001.01.14M; 2004.01.18M; 2009.01.18H; 2010.01.17H; 2011.01.16H; 2012.01.15H; 2012.01.15H2; 2013.01.20H.

3. Endemoniados. Además de las síntesis sobre expulsión de los demonios en general (Mc 1:32; Mt 8:16, "le trajeron muchos endemoniados"), hay algunos casos que se describen con detalle:

   a) Endemoniado en Cafarnaúm (Mc 1: 23–27; Lc 4: 31–37).[110]

   b) Sordomudo y ciego (Mt. 12: 22–23, Lc 11: 14–15).[111]

   c) Geraseno (Mt 8: 28–34, Mc 5: 1–20, Lc 8: 26–29).[112]

   d) Endemoniado mudo (Mt 9: 32–34).[113]

   e) Hija de la mujer Syro-Fenicia (Mt 15: 21–28, Mc 7: 24–30).[114]

   f) Niño epiléptico (Mt 17: 14–21, Mc 9: 14–29, Lc 9: 37–43).[115]

   g) Mujer encorvada por espíritu inmundo (Lc 13: 10–13).

   h) María Magdalena (Lc 8: 1–3).[116]

4. Resurrecciones:

---

[110]Cfr. entre otras charlas: 1989.09.05H; 1991.02.03H; 1994.01.30M; 1995.09.05H; 1998.01.13H; 1999.08.31H; 2000.01.30M; 2000.01.30H; 2001.09.04H; 2006.01.29M.

[111]Cfr. entre otras, las siguientes charlas: 2009.03.15H; 2009.03.15H; 2010.03.07H; 2011.03.27H; 2012.03.11H2; 2011.03.11H; 2013.03.03H.

[112]Cfr. entre otras, las siguientes charlas: 1989.07.05H; 1997.07.02H; 1998.07.01H; 1999.06.30H.

[113]Cfr. entre otras, las siguientes charlas: 1990.12.07H; 1991.07.09H; 1992.07.07H; 1993.07.06H; 1994.12.03H; 1995.07.11H; 1999.07.06H; 2000.07.11H; 2002.07.09H; 2002.12.06H.

[114]Cfr. entre otras, las siguientes charlas: 1984.08.19M; 1987.08.16M; 1988.08.03H; 1990.08.20M; 1991.08.07H; 1994.08.03H; 1995.08.09H; 1996.08.18M; 2000.08.09H; 2002.08.07H; 2002.08.18M.

[115]Cfr. entre otras, las siguientes charlas: 1977.01.26M; 1983.08.25M; 1986.08.09H; 1988.08.05H; 1989.08.12H; 1993.08.07H; 1995.08.12H; 2001.08.11H.

[116]Cfr. 1989.06.18M; 1998.06.14M.

a) De la hija de Jairo (Mt 9: 18–26; Mc 5: 38–43; Lc 8: 51–56).[117]

b) Del hijo de la viuda de Naím (Lc 7: 11–17).[118]

c) De Lázaro (Jn 11: 38–44).[119]

---

[117]Cfr. entre otras, las siguientes charlas: 1978.03.17M; 1979.07.01H; 1980.11.15M; 1982.06.26M; 1985.07.08H; 1988.06.26H; 1988.06.26M; 1998.07.06H; 1990.07.09H; 1994.06.26H; 1994.06.26M; 2000.07.02M; 2006.07.02M; 2009.11.08H.

[118]Cfr. A. Gálvez: *La Fiesta*..., cit., págs. 63–77. Cfr. entre otras, las siguientes charlas: 1989.06.11M; 1989.06.11H; 2009.09.13H; 2011.09.25H2; 2011.09.25H; 2012.09.09H; 2013.09.01H; 2014.09.21H.

[119]Cfr. A. Gálvez: *Meditaciones*..., cit., págs. 55–85. Cfr. entre otras, las siguientes charlas: 1984.04.08M; 1987.04.05M; 1993.04.03H; 1993.03.28H; 1993.03.28M; 1996.03.24M; 1999.03.21H; 2002.03.17H; 2002.03.17M; 2003.03.17H; 2005.03.13M; 2005.03.08L.

14

Significado salvífico de la Pasión y Crucifixión de Jesús

Es la consumación de la acción salvadora de Cristo. Fue la decisión de Dios–Padre, nacida de su Amor infinito, a la que el Hijo voluntariamente se adhirió en obediencia total y libre: "Baptisma autem habeo baptizari et quomodo coartor, usque dum perficiatur!" (Lc 12:50); "nemo tollit eam a me, sed ego pono eam a meipso. Potestatem habeo ponendi eam et potestatem habeo iterum sumendi eam. Hoc mandatum accepi a Patre meo" (Jn 10:18).

Es el momento más importante de la vida del Señor, junto con su Resurrección y gloriosa Ascensión. Es lo que en el Evangelio de San Juan se denomina como "ha llegado mi hora" (Jn 2:4; 7:30; 8:20; 12: 23–27; 13:1; 16:32 y 17:1). La importancia de la Pasión y Muerte de Jesucristo queda manifiesta al considerar los siguientes puntos:

- Está en los Símbolos, desde el principio.

- Las narraciones de la Pasión y Muerte están en todos los Evangelios,[1] y es central en la predicación de la Iglesia primitiva, como se ve en los diferentes discursos de los Hechos.

- Era parte de la "parádosis" paulina, que él había recibido y transmitía a su vez (cfr. 1 Cor 15: 3–5).

- Es central en todos los otros escritos del Nuevo Testamento, desde donde, además, se reinterpretan las profecías del Antiguo.

14.1.   Las predicciones de Jesús en torno a su Muerte

La Muerte de Cristo no fue una casualidad, o algo que responda a simples coincidencias histórico–políticas, como se ha querido hacer creer por las actuales teologías modernistas y de la liberación. Es un designio misterioso y medio de salvación que fue decretado en la mente de Dios desde toda la eternidad.[2]

Ya aparece anunciada en el Antiguo Testamento, como se reconoce desde el Nuevo de muchas maneras:

1. En las parádosis paulinas: "Tradidi enim vobis in primis, quod et accepi, quoniam Christus mortuus est pro peccatis nostris *secundum Scripturas*" (1 Cor 15:3).

---

[1] Por ejemplo, ocupa un tercio del Evangelio de Mc.

[2] Cfr. J. A. Sayés: *Cristología Dogmática...*, cit., págs. 361–380; Id.: *Señor...*, cit. págs. 305–323; Id.: *Cristología Fundamental*, Madrid, Centro de Estudios de Teología Espiritual, 1985, págs. 278–302; F. Ocáriz – L. F. Mateo–Seco – J. A. Riestra: *El Misterio...*, cit., pág. 406. A. Feuillet: *Les Trois Grandes Prophéties de la Passion et de la Résurrection des Évangiles Synoptiques*, en "Revue Thomiste" 67 (1967) 533–560 y 98 (1968) 41–74; J. Guillet: *Jésus Devant sa Vie et sa Mort*, Paris, Desclée de Brouwer, 1991; H. Schürmann: *¿Cómo Entendió y Vivió Jesús su Muerte?* Salamanca, Sígueme, 1982.

2. En la llamada "Pasión según Isaías", es decir en los Cantos del Siervo de Yahveh que se estudiaron en su lugar (Is 42: 1–4; 49:1–6; 50: 4–9a; 52:13–53:12). La meditación sobre estos cantos llevaron a muchos judíos a abrazar la fe cristiana, como el famoso Gran Rabino de Roma, Emilio Zolli, en tiempos de Pio XII.

3. Cristo mismo alude a las profecías sobre su Pasión en el diálogo con los discípulos de Emaús (Lc 24: 25–26).

4. San Pedro, insiste mucho sobre este particular:

   - 1 Pe 1:11, "scrutantes in quod vel quale tempus significaret, qui erat in eis Spiritus Christi, *prænuntians eas*, quæ in Christo sunt, passiones et posteriores glorias".

   - Hech 2: 25ss y 34ss: Discurso de Pentecostés.

   - Hech 3: 15.18.24, en su discurso en el Templo: "...disteis muerte al autor de la vida, a quien Dios resucitó de entre los muertos, de lo cual nosotros somos testigos... pero Dios cumplió de este modo *lo que ya tenía anunciado por boca de todos los profetas*: que su Cristo había de padecer... Y *todos los profetas, desde Samuel en adelante, todos cuantos hablaron, anunciaron* también estos días".

Cristo mismo predice y es consciente de la realidad de su propia Muerte y de su sentido, antes de que ocurriera. Lo que se puede comprobar de muchos modos:

1. *Los tres anuncios de su Pasión*, que aparecen en:

   - Los sinópticos, donde la perspectiva principal es la del dolor y el sufrimiento. Los anuncios ocurren en tres momentos solemnes del ministerio público de Jesús:

- En la Confesión de Cesarea de Filipo (Mt 16: 21–23; Mc 8: 31–33; Lc 9:26).
- En la Transfiguración (Mt 17: 22–23; Mc 9:31; Lc 9:44).
- En la última subida a Jerusalén (Mt 20: 18–19; Mc 10: 33–34; Lc 18: 31–34).

- En el Evangelio de San Juan, donde la perspectiva es la de la gloria de la Cruz (Jn 12: 31–33). Aparece anunciada en tres ocasiones también:
  - En la conversación con Nicodemo (Jn 3:14).
  - En la parábola del Buen Pastor (Jn 10: 17–18).
  - En la alegoría del grano de trigo que cae en tierra y muere para dar mucho fruto (Jn 12:24).

2. También *hay muchas alusiones* a su Muerte con diferentes connotaciones.

  - "El Esposo que va a ser arrebatado" (Mt 9:15; Mc 2: 19–20; Lc 5: 34–35).
  - "El cáliz que he de beber" (Mt 20:22; Mc 10:38).
  - La Unción de Betania (Mt 26: 6–13; Mc 14: 3–9; Jn 12: 1–8).
  - La parábola de los viñadores homicidas (Mt 21: 33–46; Mc 12: 1–12; Lc 20: 9–19).
  - La llegada de "su hora" (Jn 2:4; 7:30; 8:20; 12: 23–27; 13:1; 16:32 y 17:1).

3. Todo el discurso de despedida y la última Cena con *la institución de la Eucaristía con un sentido claramente sacrificial* (Mt 26: 26–29; Mc 14: 22–25; Lc 22: 19–20; 1 Cor 11: 23–25).[3]

---

[3]Cfr. J. A. Sayés: *Cristología Dogmática*, cit., págs. 370–374.

14.2. La iniciativa es del Padre

Es un hecho revelado que la iniciativa sobre la Redención operada a través de la Pasión y Muerte del Hijo de Dios, fue del Padre:

- 2 Cor 5:19, "...quoniam quidem Deus erat in Christo mundum reconcilians sibi, non reputans illis delicta ipsorum; et posuit in nobis verbum reconciliationis".

- Jn 3: 16–17, "Sic enim dilexit Deus mundum, ut Filium suum unigenitum daret, ut omnis, qui credit in eum, non pereat, sed habeat vitam æternam. Non enim misit Deus Filium in mundum, ut iudicet mundum, sed ut salvetur mundus per ipsum".

A este dato fundamental, también contribuyen otros hechos concomitantes que van en el mismo sentido. Por ejemplo:

1. Toda la teología de "la misión" de Jesús, que hundiendo sus raíces en la teología trinitaria, tiene su expresión cristológica también: Jn 20:21, etc...[4]

2. El sentido de "la obediencia" radical de Jesús al Padre, tal y como se estudió (cfr. Lc 22:32; etc.).[5]

3. La Providencia divina actúa también en los designios sobre la Pasión del Hijo (cfr. Hech 2:23, "hunc definito consilio et præscientia Dei traditum per manum iniquorum affigentes interemistis..."). En este sentido se habla de que "es preciso" o "conviene" que Yo padezca (Mc 8:32; Lc 17:25; 22:37; 24: 7.26.44; Jn 3:14; 20:9; etc.).

---

[4]Cfr. detalles en J. A. Jorge: *Dios...*, cit., págs. 747–754.
[5]Cfr. supra cap. 11, 7.

La Pasión de Cristo es iniciativa del amor del Padre, no es un sacrificio para aplacar la ira de Dios. Como dice J. A. Sayés:

> "No es posible interpretar el sacrificio de Cristo desde la ira de Dios. En la Pasión ha habido una condena del Hijo de Dios por parte del Sanedrín y Pilato, pero no aparece nunca una condena del Padre: 'el Padre y yo somos una misma cosa' (Jn 10:30)..."[6]

Los datos bíblicos plantean un problema teológico: cómo conjugar el hecho del mandato del Padre (ἐντολή) con la libertad de Cristo para actuar, que es fundamental para la doctrina sobre el mérito de Jesús que consigue nuestra salvación. Sin libertad, no hay mérito, pero ¿puede haber libertad donde hubo un "mandato" del Padre que el Hijo siempre obedecería?

Tanto el "mandato" del Padre como la obediencia perfecta del Hijo son sostenidos por la Revelación:

1. "Mandato" del Padre:

  - Jn 12: 49–50, "...quia ego ex meipso non sum locutus, sed, qui misit me, Pater, ipse mihi mandatum dedit quid dicam et quid loquar. Et scio quia mandatum eius vita æterna est. Quæ ergo ego loquor, sicut dixit mihi Pater, sic loquor".

  - Jn 10:18, "Nemo tollit eam a me, sed ego pono eam a meipso. Potestatem habeo ponendi eam et potestatem habeo iterum sumendi eam. Hoc mandatum accepi a Patre meo".

Santo Tomás explicará el hecho de que la Revelación afirme que "Dios no perdonó a su propio Hijo sino que lo entregó por todos nosotros" (Ro 8:32), sosteniendo que Dios Padre lo entregó a la Pasión y Muerte de tres maneras. A saber:

---

[6]J. A. Sayés: *Cristología...*, pág. 386.

- Pre–ordenó la liberación de los hombres por la Pasión.

- Infundió en Cristo un amor tan grande, como para dar la vida por nosotros, en "rescate por muchos".

- No le protegió de sus perseguidores.

> "Christus passus est voluntarie ex obedientia patris. Unde secundum tria Deus pater tradidit Christum passioni. Uno quidem modo, secundum quod sua æterna voluntate præordinavit passionem Christi ad humani generis liberationem, secundum illud quod dicitur Isaiæ LIII, dominus posuit in eo iniquitatem omnium nostrum; et iterum, dominus voluit conterere eum in infirmitate. Secundo, inquantum inspiravit ei voluntatem patiendi pro nobis, infundendo ei caritatem. Unde ibidem sequitur, oblatus est quia voluit. Tertio, non protegendo eum a passione, sed exponendo persequentibus. Unde, ut legitur Matth. XXVII, pendens in cruce Christus dicebat, Deus meus, ut quid dereliquisti me? Quia scilicet potestati persequentium eum exposuit, ut Augustinus dicit".[7]

2. "Obediencia perfecta" del Hijo. Los textos son definitivos:

- Flp 2:8, "humiliavit semetipsum factus oboediens usque ad mortem, mortem autem crucis".

- Ro 5:19, "... sicut enim per inoboedientiam unius hominis peccatores constituti sunt multi, ita et per unius oboeditionem iusti constituentur multi".

---

[7]Santo Tomás de Aquino: *Summ. Theol.*, III^a, q. 47, a. 3, co. Cfr. *In Sent.*, Lib. III, dist. 20, a. 5, q. 1; *Contra Gent.*, IV, cap. 55; *In Io.*, 3, lect. 3; *In Rom.*, 8, lect. 6.

- Lc 22:42, "Pater, si vis, transfer calicem istum a me; verumtamen non mea voluntas sed tua fiat" (cfr. Mt 26:42).

- Jn 4:34, "Dicit eis Iesus: *Meus cibus est, ut faciam voluntatem eius, qui misit me, et ut perficiam opus eius*".

- Etc.

Santo Tomás, tras afirmar que Cristo murió por obediencia al Padre (Flp 2:8), aporta tres razones de conveniencia para que así ocurriera: en primer lugar, para contraponer un acto de obediencia perfecta a la desobediencia que supone el pecado, logrando así la *justificación* humana; en segundo lugar, por razón de la *reconciliación* con Dios (que se realiza mediante los sacrificios) pues la nuestra la llevó a cabo Jesucristo mediante el mejor de los sacrificios, que es el de la obediencia (1 Re 15:22); y finalmente, porque la *victoria* obtenida sobre la muerte y el autor de la muerte se realiza mediante la obediencia al caudillo, en este caso, a Dios (Pr 21:28):

> "...convenientissimum fuit quod Christus ex obedientia pateretur. Primo quidem, quia hoc conveniebat iustificationi humanæ, ut, sicut per unius hominis inobedientiam peccatores constituti sunt multi, ita per unius hominis obedientiam iusti constituantur multi, ut dicitur Rom. V. Secundo, hoc fuit conveniens reconciliationi Dei ad homines, secundum illud Rom. V, reconciliati sumus Deo per mortem filii eius, inquantum scilicet ipsa mors Christi fuit quoddam sacrificium acceptissimum Deo, secundum illud Ephes., tradidit semetipsum pro nobis oblationem et hostiam Deo in odorem suavitatis. Obedientia vero omnibus sacrificiis antefertur, secundum illud I Reg. XV, me-

lior est obedientia quam victimæ. Et ideo conveniens
fuit ut sacrificium passionis et mortis Christi ex obedientia procederet. Tertio, hoc conveniens fuit eius
victoriæ, qua de morte et auctore mortis triumpha-
vit. Non enim miles vincere potest nisi duci obediat.
Et ita homo Christus victoriam obtinuit per hoc quod
Deo fuit obediens, secundum illud Proverb. XXI, vir
obediens loquitur victorias".[8]

Cuando Santo Tomás enfrenta la compatibilidad entre mandato
del Padre y libertad de Jesucristo en su obediencia al mismo, lo hace
distinguiendo "el mandato" del "cumplimiento del mandato". Cristo,
en su voluntad natural sentía el repudio ante la Pasión y la Muerte
en sí mismas consideradas, pero quiso cumplir la voluntad del Padre
libremente:

"... obedientia, etsi importet necessitatem respectu eius
quod præcipitur, tamen importat voluntatem respectu im-
pletionis præcepti. Et talis fuit obedientia Christi. Nam
ipsa passio et mors, secundum se considerata, naturali voluntati repugnabat, volebat tamen Christus Dei voluntatem circa hoc implere, secundum illud Psalmi, ut facerem
voluntatem tuam, Deus meus, volui. Unde dicebat, Matth. XXVI, si non potest transire a me calix iste nisi bibam
illum, fiat voluntas tua".[9]

También señalará el Santo, cómo el precepto de morir Cristo lo
cumplió por obediencia, pero también por caridad (Ef 5:2). Y el amor

---

[8]Santo Tomás de Aquino: *Summ. Theol.*, IIIª, q. 47, a. 2, co. Cfr. *In Phil.*, 2,
lect. 2; *Contra Gent.* IV, 55; *Compend. Theol.*, cap. 227; *In Io.*, 14, lect. 8; *In
Rom.*, 5, lect. 5.

[9]Santo Tomás de Aquino: *Summ. Theol.*, IIIª, q. 47, a. 2, ad 2.

siempre actúa con libertad, siendo voluntariamente obediente a la Persona a la que ama (Dios Padre):

"...eadem ratione Christus passus est ex caritate, et obedientia, quia etiam præcepta caritatis nonnisi ex obedientia implevit; et obediens fuit ex dilectione ad patrem præcipientem".[10]

El amor mueve a Jesucristo a padecer en la Cruz, tanto por amor al Padre, como por amor a nosotros. Y, de nuevo, el amor es libre:

"...in morte Christi lex vetus consummata est, secundum illud quod ipse moriens dixit, Ioan. XIX, consummatum est; potest intelligi quod patiendo omnia veteris legis præcepta impLevit. Moralia quidem, quæ in præceptis caritatis fundantur, implevit inquantum passus est et ex dilectione patris, secundum illud Ioan. XIV, ut cognoscat mundus quia diligo patrem, et sicut mandatum dedit mihi pater sic facio, surgite, eamus hinc, scilicet ad locum passionis, et etiam ex dilectione proximi, secundum illud Galat. II dilexit me, et tradidit semetipsum pro me..."[11]

A. Gálvez también señala como criterio para compaginar la obediencia y la libertad de Cristo en sus sufrimientos, el del amor, que lleva al amante a entregarse voluntariamente y a morir por la persona amada. El que ama de verdad lo hace con libertad y le mueve tan solo la búsqueda del bien de la persona amada. Jesucristo amaba a su Padre y nos amaba a nosotros. Y el amor tiene como característica esencial la libertad. Él asume libremente, por amor, el mandato de su Padre; él asume libremente y por amor todos nuestros sufrimientos y

---

[10]Santo Tomás de Aquino: *Summ. Theol.*, IIIª, q. 47, a. 2, ad 3.

[11]Santo Tomás de Aquino: *Summ. Theol.*, IIIª, q. 47, a. 2, ad 1.

miserias, y carga con el peso de nuestros pecados. El amante verdadero quiere libremente compartir la vida, el destino y la muerte de la persona amada; incluso aunque se le diera elegir el poder gozar de la persona amada sin compartir sus sufrimientos. Por otro lado, el que ama a la Persona del Padre, ama su voluntad ("mandato") y desea cumplirla, incluso aunque se le diera la libertad de no hacerlo:

"Bien entendido que la condición de sometimiento al sufrimiento y al dolor abarca a los seres humanos en su totalidad, incluyendo a quienes nada tuvieron que ver on el pecado, como Jesucristo (Verdadero Hombre, al fin y al cabo) y la Virgen María, que fue liberada de él por gracia. La razón de esta abarcante universalidad del dolor es doble. En primer lugar, porque la Redención fue realizada por Jesucristo mediante su muerte en la Cruz, dando cumplimiento de este modo a la voluntad del Padre que Él asumió voluntariamente. Y además, porque fue designio bondadoso del Padre igualmente hecho suyo por Jesucristo, que el hombre cooperara en esta Reparación redentora con su propio dolor y su propia muerte, mediante la opción de asumirlos voluntariamente. Como fácilmente se deduce de lo dicho, la razón última de que el destino doloroso de la naturaleza humana perdure hasta el fin de su existencia terrena, no es otra sino la del amor. El cual, sin eliminar el carácter de castigo para la criatura que es propio del dolor, lo transciende y supera hasta otorgarle una nueva condición. Y aquí es donde interviene Jesucristo como factor determinante. El hecho de que el hombre coopere al pago de su culpa, mediante la participación en los sufrimientos y muerte de Cristo, no es tan importante como la conveniencia de que se una a su Señor a través de tales

sufrimientos por razón del amor. En realidad, como enseña la Doctrina, ni siquiera la muerte de Jesucristo hubiera
sido necesaria para hacer efectiva la Redención."[12]

Baste por ahora con estas consideraciones, remitiendo para más
detalles, al estudio que se hizo más arriba al tratar de la libertad de
Cristo, en sus aspectos "existencia de un verdadero precepto de morir"
y de "la libertad de Cristo en la Pasión y muerte".[13]

14.3.   El "abandono" de Jesús

Otro de los misterios de la Pasión es el sentimiento que Jesucristo
experimentó durante la misma del abandono por parte del Padre.

La Revelación es clara al respecto. Hay dos series de textos que se
refieren a tal abandono:

1. Expresiones de "fue entregado".

    a) En general: 1 Cor 11:23, "Ego enim accepi a Domino, quod
    et tradidi vobis, quoniam Dominus Iesus, in qua nocte tra-
    debatur, accepit panem..."

    b) En concreto, "fue entregado":

        ▪ Por Judas a los judíos: Mt 10:4, "...et Iudas Iscariotes,
        qui et tradidit eum".

        ▪ Por Pilato a los judíos: Lc 23:25, "...Iesum vero tradi-
        dit voluntati eorum".

        ▪ Se entregó a Sí mismo: 1 Pe 2:23, "...qui cum maledi-
        ceretur, non remaledicebat; cum pateretur, non com-
        minabatur, commendabat autem iuste iudicanti".

---

[12]A. Gálvez: *El Misterio de la Oración*, New Jersey, Shoreless Lake Press, 2014,
págs. 103–104.

[13]Cfr. *supra*, cap. 11.7.3 y 11.7.4.

c) Cumple las profecías del Siervo de Yahveh de Isaías, quien fue entregado por los pecados del pueblo.

d) Es "el cordero de Dios" que se entrega para la salvación del pueblo.

2. Expresiones de ser "abandonado" de Dios:

   a) Los judíos se burlan de su abandono: Mt 27:43, "Confidit in Deo; liberet nunc, si vult eum. Dixit enim: *Dei Filius sum.*"

   b) Cristo mismo se siente abandonado: Mt 27:46; Mc 15:34, "Et circa horam nonam clamavit Iesus voce magna dicens: *Eli, Eli, lema sabacthani?*, hoc est: *Deus meus, Deus meus, ut quid dereliquisti me?*"

¿Qué sentido tiene ese "abandono"? La pregunta se justifica porque resulta sorprendente que el Hijo de Dios por naturaleza (como Dios y como hombre), "comprehensor et viator", Cordero inocentísimo ante Dios, fuera "abandonado" por el Padre, precisamente durante el momento más trágico de su vida. Clásicamente se han aportado varias explicaciones:

1. No hubo tal abandono; Cristo solo reproducía los sentimientos del Salmo 21, salmo muy conocido por los judíos, y que identificaba apropiada y perfectamente las realidades que estaba experimentando:

   - Es pues una oración, y no un grito de desesperación.
   - Jesús reproduce en su espíritu las claves de esta oración:
     - Dolor.
     - Confianza en Dios.
     - Detalles muy concretos de lo que estaba sucediendo en el Calvario.

- Seguridad del triunfo final.

- Con todo, hay que afirmar que se trata de un misterio verdaderamente insondable para el hombre: ¿fue una tentación diabólica?, ¿se trató de un dolor espiritual que suponía la lejanía de Dios causada por el pecado que asume el Hijo?, etc. Los evangelistas no dicen más. Pero nos dejaron el Misterio para nuestra consideración.[14]

2. Se trató de la separación de la unión hipostática durante la Pasión, según afirmaron algunos Santos Padres, como por ejemplo, San Ambrosio:

> "...clamat homo separatione divinitatis moriturus. Nam, cum divinitas morte libera sit, utique mors ibi esse non poterat nisi vita discederet, quia vita divinitas est".[15]

Santo Tomás de Aquino no acepta esta explicación, insistiendo en que tal rechazo consiste en que el Padre le expuso a la Pasión, no protegiéndole de sus perseguidores o bien no escuchando su oración (Mt 26:39):

---

[14]F. Ocáriz – L. F. Mateo–Seco – J. A. Riestra: *El Misterio...*, cit., pág. 296, sugieren para conocer la larga historia de la exégesis de este momento y del grito de Jesús, a J. Jouassard: *L'abandon du Christ en Croix chez S. Agustin*, en "Revue des Sciences Philosophiques et Théologiques", 13 (1924) 316–326; Id.: *L'abandon du Christ en Croix dans la Tradition Grecque*, en "Revue des Sciences Philosophiques et Théologiques", 14 (1925) 633 ss.; Id.: *L'abandon du Christ en Croix dans la Tradition*, en "Recherches de Science Religieuse", 25 (1924) 310 ss., y 26 (1925) 609ss; B. Botte: *Deus Meus, Deus Meus, ut quid Dereliquisti me?*, en "Questions Liturgiques et Paroissiales" 11 (1926) 105ss.

[15]San Ambrosio: *Commentarius In Cantica Canticorum*, Libro, 10 (*P. L.*, 15, 1929).

> "Ad primum ergo dicendum quod derelictio illa non
> est referenda ad solutionem unionis personalis, sed ad
> hoc quod Deus pater eum exposuit passioni. Unde de-
> relinquere ibi non est aliud quam non protegere a per-
> sequentibus. Vel dicit se derelictum quantum ad illam
> orationem qua dixerat, pater, si fieri potest, transeat a
> me calix iste, ut Augustinus exponit, in libro de gratia
> novi testamenti."[16]

Ciertamente es errónea la explicación del abandono por la hipo-
tética separación de la unión hipostática, pues tal unión nunca
cesó, ni se abandonará jamás. Pero los Santos Padres que la
sostenían basaban su razonamiento en dos premisas:

- Pensaban que la unión hipostática le daba a Cristo la vida
  humana; para poder morir sería necesario disolver tal unión.
- Como Dios no puede morir, era necesario para que Jesús lo
  hiciera, que se disolviera antes la unión hipostática.

3. Santo Tomás de Aquino entiende, pues, "abandonar" como no
   proteger a Jesús de sus adversarios:

> "...Tertio, non protegendo eum a passione, sed
> exponendo persequentibus. Unde, ut legitur Matth.
> XXVII, pendens in cruce Christus dicebat, Deus meus,
> ut quid dereliquisti me? Quia scilicet potestati perse-
> quentium eum exposuit, ut Augustinus dicit".[17]

---

[16]Santo Tomás de Aquino: *Summ. Theol.*, IIIª, q. 50, a. 2, ad 1.

[17]Santo Tomás de Aquino: *Summ. Theol.*, IIIª, q. 47, a. 3, co.; cfr. también q.
50, a 3, ad 1; *In Sent.*, III, dist., 21, q. 1, a. 1, q. 2; a 2, q. 3, ad 3; *Quodl.*, II, q.
1, a. 1.

4. Autores más modernos defienden otras variadas interpretaciones:[18]

- M. J. Lagrange afirma que Jesús volvió a experimentar en la Cruz, la desolación del Huerto de los Olivos.[19]

- Para H. Urs von Balthasar y J. Ratzinger, se trató de una "noche del espíritu" parecida a la de los místicos, donde se produjo una auténtica crucifixión interior de Jesucristo (sentimiento de división interior entre la unión con Dios y el abandono de Dios).[20]

- Para otros, se trataría de una "purificación pasiva" como antecedente de las que han de sufrir sus discípulos.

5. La teología luterana y la mística renana,[21] afirma que Cristo fue realmente considerado como un maldito por el Padre Dios, ya que Él fue hecho realmente pecador por nosotros. Es la teoría de la sustitución penal del Hijo por los castigos debidos a todos los hombres por sus pecados, que se podría resumir del siguiente modo:

a) Las ideas esenciales de este pensamiento son:

---

[18]Cfr. cit. por F. Ocáriz – L. F. Mateo–Seco – J. A. Riestra: *El Misterio...*, cit., págs. 296–297.

[19]M. J. Lagrange: *L'Évangile de Jésus Christ*, Paris, Lecoffre, 1948, págs. 570–571; cfr. R. Cornely: *Cursus Scripturæ Sacræ. Commentarius in Evangelium Secundum Mattheum,* Paris, Lethielleus, 1922, pág. 542.

[20]H. U. von Balthasar: *El Misterio Pascual,* en "Mysterium Salutis" III, Madrid, Cristiandad, 1980, págs. 701–704 y 727–729. J. Ratzinger: *Introducción al Cristianismo*, Salamanca, Sígueme, 1971, pág. 233.

[21]Cfr. L. Mahieu: *L'Abandon du Christ sur la Croix*, en "Mélanges de Science Religieuse" 2 (1945) 209–242; B. A. Willens — R. Weier: *Soteriología. Desde la Reforma hasta el Presente*, en AA.VV. Historia de los Dogmas, III/2C, Madrid, BAC, 1975, 10–12. M. Lutero: *In Epistolam S. Pauli ad Galatas Commentarius.* F. Ocáriz – L. F. Mateo–Seco – J. A. Riestra: *El Misterio...*, cit., págs. 297–298.

- Cristo toma nuestros pecados.
- Cristo se convierte Él mismo en pecado y maldición.
- Cristo no solo experimentó el sentimiento de abandono, sino que realmente fue abandonado por el Padre Dios.

b) Su fundamento no es otro que aplicación consecuente de la teología protestante de la justificación referida a la obra de Cristo, según la cual:

- El hombre es justificado extrínseca y legalmente por los méritos de Cristo. La justificación no cambia realmente al pecador, que sigue siéndolo, solo que Dios no considera esa situación, sino la de su Hijo. El ejemplo clásico es el de un basurero sobre el que cae una espesa capa de nieve: la podredumbre permanece oculta por el manto blanco de la nieve.
- Cristo es cubierto con nuestros pecados, convirtiéndose en maldición y pecado en sustitución nuestra.

Por eso afirman que Cristo es a la vez justo y pecador, como nosotros.

c) Como efecto de las afirmaciones anteriores, se desprende que:

- Cristo experimentó la desesperación de los condenados en el infierno.
- Cristo fue rechazado realmente por el Padre.

d) Esta posición es insostenible y herética puesto que:

- No se ajusta a los textos revelados.
- Olvida u oculta los textos de confianza de Jesucristo en el Padre, así como los de la seguridad en la misión, que ya se examinaron antes.

- Está basada en los prejuicios de la teología luterana.

Examinadas las diferentes posiciones, y a modo de conclusión, hay que insistir en cuatro puntos:

1. No es grito de desesperación, sino expresión de los sentimientos que se vuelcan en el Salmo 21; salmo conocido por los judíos piadosos, y que se ajustaba de modo perfecto a los acontecimientos que estaban ocurriendo.

2. El Padre jamás abandona al Hijo. Los textos son claros: "Ego et Pater unum sumus" (Jn 10:30); "Ecce venit hora et iam venit, ut dispergamini unusquisque in propria et me solum relinquatis; et non sum solus, quia Pater mecum est" (Jn 16:32). La explicación del misterio más plausible es que Jesucristo está en unión con el Padre en la "cima" de su espíritu, con ciencia de visión; en las zonas "externas" del alma, vive un desierto espiritual y no siente la presencia del Padre.

   Santo Tomás, así lo manifiesta:

   > "Respondeo dicendum quod, sicut dictum est prius, tota anima potest intelligi et secundum essentiam, et secundum omnes eius potentias. Si autem intelligatur secundum essentiam, sic tota anima fruebatur, inquantum est subiectum superioris partis animæ, cuius est frui divinitate, ut, sicut passio ratione essentiæ attribuitur superiori parti animæ, ita e converso fruitio ratione superioris partis animæ attribuatur essentiæ. Si vero accipiamus totam animam ratione omnium potentiarum eius, sic non tota anima fruebatur, nec directe quidem, quia fruitio non potest esse actus

cuiuslibet partis animæ; nec per redundantiam, quia, dum Christus erat viator, non fiebat redundantia gloriæ a superiori parte in inferiorem, nec ab anima in corpus. Sed quia nec e converso superior pars animæ non impediebatur circa id quod est sibi proprium, per inferiorem, consequens est quod superior pars animæ perfecte fruebatur, Christo patiente".[22]

3. El "abandono" manifiesta también el grado supremo de obediencia de Jesucristo al Padre, del que cumple su voluntad, incluso cuando no se entiende. De ahí la forma interrogativa del logion en arameo que traen los evangelistas, y que manifiesta no solo la realidad de las mismas palabras sino también la dificultad de entendimiento de tal expresión en labios de Jesús para aquéllos que la escucharon... como insistiendo que, a pesar de lo insólito, esas fueron sus mismas palabras: "*Eli, Eli, lema sabacthani?*, hoc est: *Deus meus, Deus meus, ut quid dereliquisti me?*" (Mt 27:46).

4. La suprema confianza filial queda totalmente clara en el final grandioso de toda la Pasión: "Et clamans voce magna Iesus ait: *Pater, in manus tuas commendo spiritum meum*; et hæc dicens exspiravit" (Lc 23:46). Palabras en las que brillan con claridad tanto el amor como la obediencia supremos al Padre.

---

[22]Santo Tomás de Aquino: *Summ. Theol.*, IIIª, q. 46, a. 8, co. Cfr. *In Sent.*, Lib. III, dist. 15, q. 2, a. 3, q. 2, ad 5; *De Verit.*, q. 10, a. 11, ad 3; q. 26, a. 10; *Quodl.* 7, q. 2, a.unic.; *Compend. Theol.* cap. 232.

14.4.   La gloria de la Cruz: equilibrio con el "abandono"

La doctrina sobre el "abandono" de Cristo en la Cruz, debe ser equilibrada con la de la gloria que supone para Cristo el ofrecimiento de todos sus sufrimientos y muerte en la Pasión. En efecto, San Pablo recuerda que Cristo:

> "...humiliavit semetipsum factus oboediens usque ad mortem, mortem autem crucis. Propter quod et Deus illum exaltavit et donavit illi nomen, quod est super omne nomen, ut in nomine Iesu omne genu flectatur cælestium et terrestrium et infernorum, et omnis lingua confiteatur, *Dominus Iesus Christus!*" (Flp 2: 8–11).

Para entender lo cual es necesario recordar que Jesucristo:

1. Es "perfecto hombre" pero no un hombre vulgar, porque su cuerpo y su alma son de Dios.[23]

2. Es "Señor de la vida y de la muerte", por lo que, aunque se le deba llamar a Cristo después de su muerte "hombre muerto" y conozca la pasividad fundamental de lo que es la muerte,[24] sin embargo, Cristo tiene un completo señorío sobre su vida temporal.[25]

Por eso, la doctrina de la gloria de la Cruz subraya:

---

[23]Cfr. San Gregorio de Nisa: *Adv. Apoll.*, 21.

[24]Cfr. Santo Tomás de Aquino: *Summ. Theol.*, IIIª, q. 50, a. 4, co.; *In Sent.*, Lib. III, dist. 30, q. 1, a. 1, sed, c. 1.

[25]Cfr. F. Ocáriz – L. F. Mateo–Seco – J. A. Riestra: *El Misterio...*, cit., págs. 299–300; L. F. Mateo–Seco: *Muerte de Cristo y Teología de la Cruz*, en Id.: "Cristo, Hijo de Dios y Redentor del Hombre", Pamplona, Eunsa, 1982, págs. 701–711.

1. La voluntariedad de Cristo en la donación de su vida y la aceptación de sus sufrimientos (Jn 10: 17–18).

2. El propio reconocimiento de Cristo de que en su Cruz "será exaltado" y glorificado. Así se ha comprobado antes al considerar la perspectiva joanina en los anuncios de la Pasión:

   - Jn 3: 14–15, "Et sicut Moyses exaltavit serpentem in deserto, ita exaltari oportet Filium hominis, ut omnis, qui credit, in ipso habeat vitam æternam".

   - Jn 12: 32–33, "*. . . et ego, si exaltatus fuero a terra, omnes traham ad meipsum.* Hoc autem dicebat significans, qua morte esset moriturus".

   - Jn 8:28, "Dixit ergo eis Iesus: *Cum exaltaveritis Filium hominis, tunc cognoscetis quia ego sum et a meipso facio nihil, sed, sicut docuit me Pater, hæc loquor*".

3. Es la consumación de la existencia terrena de Jesús: Heb 2:10, "Decebat enim eum, propter quem omnia et per quem omnia, qui multos filios in gloriam adduxit, ducem salutis eorum per passiones consummare".[26]

14.5. Significado salvífico de la Pasión y Muerte de Cristo

Cristo es el Buen Pastor que da la vida por sus ovejas, para salvarlas (Jn 10: 1–21). Ahora bien, Cristo nos salvó no solo por su ejemplo

---

[26]Un estudio profundo sobre la gloria que se percibe en la Cruz de Cristo, desde el punto de vista de la estética teológica, lo hizo, H. U. von Balthasar en su famosa obra *La Gloria del Señor*, o. c. Esta obra ha de ser leída con precaución en alguna de sus posiciones, como se señala en diferentes momentos del presente tratado.

y por su doctrina, sino principalmente a través de sus acciones, en su vida, Muerte y Resurrección, cumpliendo así lo profetizado en el Antiguo Testamento, como les recuerda el mismo Jesús a los discípulos de Emaús (Lc 24: 25–27).

Santo Tomás de Aquino distinguirá cuatro modos en los que la Pasión de Cristo tiene un efecto salvador: la Pasión de Cristo, considerada en cuanto voluntad de Cristo, fue causa de salvación por vía de merecimiento; si se considera desde la perspectiva de la carne de Cristo que sufre, fue causa por vía de satisfacción que nos libra del reato de pena; pero además es causa por vía de Redención, en cuanto que nos libra de la servidumbre de la culpa; y por vía de sacrificio, en cuanto que nos reconcilia con Dios:

> "Ad tertium dicendum quod passio Christi, secundum quod comparatur ad divinitatem eius, agit per modum efficientiæ; inquantum vero comparatur ad voluntatem animæ Christi, agit per modum meriti; secundum vero quod consideratur in ipsa carne Christi, agit per modum satisfactionis, inquantum per eam liberamur a reatu poenæ; per modum vero redemptionis, inquantum per eam liberamur a servitute culpæ; per modum autem sacrificii, inquantum per eam reconciliamur Deo, ut infra dicetur".[27]

El carácter sacrificial de la Pasión y Muerte de Cristo también ha sido cuestionado hoy en día, explicando estos extremos de manera puramente horizontalista y como ejemplo de compromiso con la lucha por la justicia; este pensamiento ha pasado, lógicamente, a impregnar también al principal acto litúrgico de la iglesia, la Santa Misa, que para muchos no es ya la actualización y memorial del Santo Sacrificio del Calvario aunque de forma sacramental e incruenta, sino que se trata

---

[27]Santo Tomás de Aquino: *Summ. Theol.*, IIIª, q. 48, a. 6, ad 3.

tan solo de la reunión fraternal y jovial de los creyentes que celebran su fe en Dios.

Conviene pues, profundizar en el carácter sacrificial de la Pasión y Muerte del Señor.

14.5.1. Carácter sacrificial de la Muerte de Jesús

El sacrificio es el acto principal de la Religión. Como recuerda A. Colunga, desde el punto de vista material el sacrificio propiamente tal es la inmolación de una víctima cuya sangre, recogida por el sacerdote, se derrama sobre el altar. Pero el sentido más profundo del sacrificio estriba en que la víctima representa al mismo oferente; la sangre y la vida de la víctima, representa la sangre y la vida del oferente, la expresión de su plena devoción a Dios. El sacrificio se ofrece por una variedad de motivos: para aplacar a Dios ofendido, para expiar los pecados del oferente, para agradecer a Dios por las gracias recibidas, para alcanzar nuevos favores, y sobre todo, para reconocer el soberano dominio del Señor sobre el oferente.[28]

Sagrada Escritura

Así pues, la Muerte de Cristo en la Cruz es un verdadero sacrificio, con las siguientes características:

- Un acto debido solo a Dios (El Santo).

- Es el acto supremo del culto a Dios.

- Es un acto que necesita hacer el ser humano porque:

  - Es pecador y ha ofendido a Dios (Ro 5: 12–17).

---

[28]Cfr. A. Colunga: *Introducciones...*, cit., pág. 471; A. Gaudel: *Sacrifice*, en DTC, XIV, 298–392.

- Y necesita, por tanto, reconciliarse con Dios (2 Cor 5: 18–19), sin el cual, el hombre está perdido en esta vida y en la eterna porque fuimos hechos por Dios y para Dios.

En la Revelación, el sacrificio de Cristo aparece como la plenitud de los sacrificios de la Antigua Alianza. Así se expresa de un modo general, la carta a los Hebreos:

"Quæ parabola est temporis instantis, iuxta quam munera et hostiæ offeruntur, quæ non possunt iuxta conscientiam perfectum facere servientem, solummodo in cibis et in potibus et variis baptismis, quæ sunt præcepta carnis usque ad tempus correctionis imposita. Christus autem cum advenit pontifex futurorum bonorum, per amplius et perfectius tabernaculum, non manufactum, id est non huius creationis, neque per sanguinem hircorum et vitulorum sed per proprium sanguinem introivit semel in Sancta, æterna redemptione inventa. Si enim sanguis hircorum et taurorum et cinis vitulæ aspersus inquinatos sanctificat ad emundationem carnis, quanto magis sanguis Christi, qui per Spiritum æternum semetipsum obtulit immaculatum Deo, emundabit conscientiam nostram ab operibus mortuis ad serviendum Deo viventi" (Heb 9: 9–14).

Y, más en concreto, el sacrificio de Cristo en el Nuevo Testamento se pone en relación con algunos de los sacrificios del Antiguo, "tipos" del perfecto sacrificio que habría de darse con la Nueva Alianza. Se trata, en concreto, de los sacrificios de Alianza, de Pascua y de Expiación:[29]

1. *Sacrificio de Alianza.* Este sacrificio es narrado en el libro del Éxodo (Ex 24: 4–8). Se inmolan toros, y Moisés derrama la mi-

---

[29]Cfr. J. A. Sayés: *Cristología Dogmática*, cit., págs. 355–359.

tad de esa sagre de los animales sobre una roca que significa a Dios, a la que rodean doce estelas que representan a las doce tribus de Israel. Luego, el pueblo acepta guardar las palabras de Yahveh, y Moisés procede a verter la otra mitad de la sangre sobre las doce estelas diciendo: "Esta es la sangre de la alianza que Yahveh ha hecho con vosotros". La sangre representaba la vida para la mentalidad antigua de los hebreos. Se quiere manifestar la vida en común de Dios (la piedra central que hace de altar) y su pueblo (las doce estelas que rodean el altar); con ello se manifiesta el sentido de la alianza que se contraía entre Yahveh y su pueblo elegido.

Ahora bien, será con Cristo cuando se realizará la alianza definitiva profetizada por Jeremías, después que la antigua alianza fuera rota muchas veces por el pueblo, que prefiere las alianzas humanas con otros imperios vecinos de gran poder, antes que la seguridad que les ofrecía Dios (Cfr. Jer 31: 31–34).

El sacrificio de la Nueva Alianza será identificado con la Pasión y Muerte de Jesús en el Nuevo Testamento, de muy diversas maneras:

- En la Última Cena y la institución de la Eucaristía, donde se produce el adelanto de la Muerte del Señor (Mt 26:28; Mc 14:24; Lc 22:20).

- El relato de la Eucaristía que nos proporciona el Apóstol indica el mismo sentido (1 Cor 11: 23–27).

- "Cristo es mediador de un nuevo Testamento" según la Carta a los Hebreos (Heb 7:22).[30]

---

[30]Cfr. C. Spicq: *L'Épître aux Hébreux*, II, cit., págs. 285–299.

2. *Sacrificio de Pascua.* Es el que prepara la liberación de Egipto (Ex 12: 1–14.21–27.46–47). La celebración de la fiesta de la Pascua significaba para el pueblo de Israel que esperaba ser liberado por Dios también en el futuro. El memorial no es un simple recuerdo subjetivo, sino algo que compromete a Dios a recordar, es decir, a hacer revivir, a renovar los prodigios realizados por Él en el pasado.

Este cordero pascual es figura de Cristo, como recuerda el Nuevo Testamento al resaltar afinidades entre las circunstancias de la muerte del Señor y las del sacrifico de los corderos pascuales.[31] Así, por ejemplo, la muerte de Jesús ocurre en el día de la Pascua judía, a las tres de la tarde, en el espacio de tiempo en el que se sacrificaban los corderos pascuales en el Templo, antes de las seis de la tarde; o el hecho de que a Cristo no le quebraran las rodillas, como al cordero pascual que no recibía daño alguno en sus huesos.[32] Pero, además, San Juan Bautista lo denomina "Cordero de Dios que quita el pecado del mundo" (Jn 1: 29.36) en el día de su Bautismo.[33] Por lo mismo, toda la celebración de la Última Cena ocurre en el contexto de la Pascua judía, y Cristo pide a sus Apóstoles que actualicen esa realidad "en memoria mía" (1 Cor 11: 24.26; Ex 12:14). Por su parte, el Evangelista San Juan también contempla a Cristo como el Cordero Pascual definitivo (cfr. Jn 19: 33–36 en referencia a Ex 12:46 y Nú 9:12), lo que queda solemnemente expresado en la figura del "Cordero" en todo el Apocalipsis (cfr. Ap 5: 6–9; 12:14; 15:3; etc.). San Pa-

---

[31] Cfr. Jn 19:13.

[32] Cfr. Jn 19: 31–37, Ex 12: 43–49.

[33] Cfr. E. May: *Ecce Agnus Dei! A Philosophical and Exegetical Approach to John 1, 29.36*, Washington D. C., Cath. Univ. of America, 1947; J. Leal: *El Sentido Soteriológico del Cordero de Dios en la Exégesis Católica, Io 1, 29.36*, en "Estudios Eclesiásticos" 24 (1950) 147–192.

blo también aludirá a esta realidad con la expresión de "nuestra Pascua" referida al Señor (1 Cor 5:7).

3. *Sacrificio de expiación* (Le 16: 1–34). El ritual se realizaba del modo siguiente:

   a) En primer lugar es necesario tener en cuenta el ambiente en el que se realizaba el sacrificio. En medio del patio del templo estaba colocado el altar del incienso y delante de él se encontraba el edificio sagrado. Éste, estaba dividido en dos partes por un velo: la primera era el "Santo" que recibía también la denominación de "Tienda de la Reunión"; la segunda parte era el llamado "Santo de los Santos" o "Santuario", que consistía en una habitación en la que hallaba el arca de la alianza o "Testimonio", sobre la que se apoyaba el "Propiciatorio", es decir, la cubierta del Arca con dos querubines. Era precisamente bajo las alas de esos ángeles donde se adoraba la invisible presencia de Dios.

   b) Había un solo día en el año en el que el Sumo Sacerdote entraba en en el "Santo de los Santos", para realizar el rito sobre el "propiciatorio".

   c) El rito constaba, en realidad, de dos sacrificios de expiación: uno por el sumo sacerdote, por sus propios pecados, para lo cual untaba el lado oriental del propiciatorio con la sangre del novillo; y otro, por los pecados del pueblo, usando para ello, la sangre del macho cabrío. Tenía que hacer lo mismo en la tienda de la reunión, después de lo cual iba al altar del patio y allí hacía la expiación, tomando la sangre del novillo y del macho cabrío, untando los cuernos y extremidades del altar.

d) Concluida tal ceremonia, tomaba un macho cabrío vivo sobre el que imponía la mano y hacía sobre él la confesión de todos los pecados del pueblo. Después lo enviaba al desierto. La naturaleza de este gesto no es propiciatoria sino solo demostrativa, un símbolo, y no propiamente el rito expiatorio.

e) La víctima del sacrificio expiatorio representa la culpa del pecador. En efecto, al imponer su mano el sacerdote, constituye a la víctima como representante de su pecaminosidad o de la del pueblo. La inmolación de la víctima es solo el medio necesario para obtener su sangre, que es el elemento principal de la expiación, pues la sangre es portadora de la vida, perteneciente a la esfera divina, y por eso, capaz de disipar la inmundicia del pecado y hacer posible el contacto con Dios; así aplaca la ira de Dios por los pecados e inadvertencias del pecador. Por medio de la sangre, el oferente se incorpora al ámbito de la sacralidad divina, se habilita de nuevo para la relación y comunión con Dios.[34]

El Nuevo Testamento se refiere al sacrificio del Señor también como un sacrificio de expiación; en realidad, es el sacrificio perfecto y verdadero, que supera y hace obsoletos los antiguos que eran inútiles para conseguir la purificación de los pecados (cfr. Heb 2: 17ss; 9: 1–7.26.28; 10: 4–14; 13: 11ss.; Heb 7: 26–28; 1 Jn 2:2; 1:7; Ro 3: 23–25; etc.).[35]

Pero el Nuevo Testamento es rico en otras declaraciones sobre la Muerte de Cristo como verdadero y supremo sacrificio. En efecto:

---

[34]Cfr. A. Ducay: *Soteriología...*, cit., pág. 32.
[35]Cfr. *infra* cap. 18.2.

1. Todas las referencias a Cristo como el "Siervo de Yahveh" que suponen la aplicación al Señor de la idea del sacrificio de ese personaje por su pueblo (cfr. Flp 2: 5–10).

2. También se refieren al aspecto sacrificial las afirmaciones de la Pasión y Muerte como obediencia al mandato del Padre (Jn 10:18; 14:31).

3. La entrega y muerte de Jesús como acto de amor, que se sustentan también sobre este aspecto. En efecto, Cristo se entrega por amor:

   - A la Iglesia: Ef 5:25, "Christus dilexit ecclesiam et seipsum tradidit pro ea".

   - A los que estaban muertos: 2 Cor 5:14, "Caritas enim Christi urget nos, æstimantes, hoc, quoniam, si unus pro omnibus mortuus est, ergo omnes mortui sunt".

   - A todos los hombres, "uno murió por todos":
     - Ro 5: 6.8; 8:32; 14:15.
     - 1 Cor 11:24.
     - Ga 2:20.
     - 1 Tim 2:6.
     - Tit 2:14.

4. La sangre de Cristo es más valiosa que la de todos los sacrificios: Heb 9: 11–28.

Tradición

Hay un testimonio unánime y homogéneo de los Santos Padres sobre el carácter sacrificial de la Muerte de Cristo: Orígenes, S. Basilio, S. Gregorio de Nisa, San Agustín, etc.

Tal testimonio lo basan en sus meditaciones sobre dos de los aspectos mencionados: Jesús como el Siervo de Yahveh y el carácter sacrificial de la Eucaristía. Sus principales afirmaciones[36] son:

1. La Muerte de Cristo en la Cruz fue un sacrificio. Así Orígenes,[37] San León Magno,[38] San Fulgencio[39] o San Agustín:

> "Fuimus enim et nos natura filii iræ, sicut et ceteri (Ef 2:3). In hac ira cum essent homines per originales peccatum, tanto gravius et perniciosius, quanto maiora vel plura insuper addiderant, necessarius erat mediator, hoc est, reconciliator, qui hanc iram sacrificii singularis, cuius erant umbræ omnia sacrificia legis et prophetarum, oblatione placaret".[40]

2. El sacrificio de Cristo fue excelente, por encima de todos los otros sacrificios del Antiguo Testamento. Así Orígenes,[41] Eusebio César[42] o San León Magno:

> "Quam itaque sibi in huius sacramenti præsidio spem relinquunt, qui in salvatoris nostri corpore negant humanæ substantiæ veritatem? Dicant quo sacrificio reconciliati, dicant quo sanguine sint redempti.

---

[36]Cfr. I. Solano y J. Aldama: *Sacræ...*, cit., págs. 313–315.

[37]Orígenes: *In Numeros Homiliæ*, 24, 1 (*P. G.*, 12, 756).

[38]San León Magno: *Ad Monacos Palæstinenses*, 124, 3 (*P. L.*, 54, 1064).

[39]San Fulgencio: *De Fide,* 19, 60 (*P. L.*, 65, 699).

[40]San Agustín: *Contra Iulianum*, 33 (*P. L.*, 40, 248). Cfr. A. F. Krueger: *Synthesis of Sacrifice According to Saint Augustine*, Mundelein (Ill.), Fac. Theol. S. Mariæ ad Lacum, 1950.

[41]Orígenes: *In Numeros Homiliæ*, 24, 1 (*P. G.*, 12, 756). Cfr. J. Rivière: *Théologie du Sacrifice Rédempteur. Un Témoignage d'Origène*, en "Bulletin de Littérature Ecclésiastique" 45 (1944) 3–12.

[42]Eusebio César: *Demostratio Evangelica*, L. 1, cap. 10 (*P. G.*, 22, 85).

> Quis est qui tradidit semetipsum pro nobis oblatio-
> nem et hostiam Deo in odorem suavitatis (Eph 5:2)?
> Aut quod umqnam sacrificium sacratius fuit, quam
> quod verus pontifex altari crucis per immolationem
> suæ carnis imposuit?"[43]

3. Se puede afirmar la existencia de una cierta necesidad del sacrificio de Cristo para que se perdonen los pecados. Así San
Atanasio,[44] o San Gregorio Magno:

> "Delenda ergo erat talis culpa, sed nisi per sacrifi-
> cium deleri non poterat; querendum erat sacrificium,
> sed quale sacrificium poterat pro absolvendis homini-
> bus inveniri? Neque enim iustum fuit ut pro rationa-
> li homine brutorum animalium victimæ cæderentur...
> Ergo si bruta animalia propter rationale animal id est,
> pro homine, dignæ victimæ non fuerunt, requirendus
> erat homo qui pro hominibus offerri debuisset, ut pro
> rationali peccante rationalis hostia mactaretur. Sed
> quid quod homo sine peccato inveniri non poterat, et
> oblata pro nobis hostia quando nos a peccato mundare
> potuisset, si ipsa hostia peccati contagio non careret?
> Inquinata quippe inquinatos mundare non potuisset.
> Ergo ut rationalis esset hostia, homo fuerat offerendus;
> ut vero a peccatis mundaret hominem, homo et sine
> peccato. Sed quis esset sine peccato homo, si ex pec-
> cati commixtione descenderet? Proinde venit propter

---

[43]San León Magno: *Ad Monacos Palæstinenses*, 124, 3 (*P. L.*, 54, 1064).

[44]San Atanasio: *Oratio de Incarnatione Verbi*, 9 (*P. G.*, 25, 112). Cfr. J. B. Berchem: *Le Christ Sanctificateur d'après Saint Athanase*, en "Angelicum" 15 (1938)
549 ss.

> nos in uterum virginis Filius Dei, ibi pro nobis factus
> est homo. Sumpta est ab illo natura, non culpa. Fecit
> pro nobis sacrificium, corpus suum exhibuit pro pec-
> catoribus victimam sine peccato, que et humanitate
> mori et iustitia mundare potuisset."[45]

4. Cristo en la Cruz se ofreció a Sí mismo al Padre como un nuevo
   Adán, llevando de alguna manera a la humanidad en Sí mismo. San Ireneo afirmará, por ejemplo, que en el Segundo Adán,
   siendo obediente hasta la muerte, hemos sido reconciliados.[46] Y
   San Atanasio[47] y San Cirilo de Alejandría harán observaciones
   semejantes:

> "Crucifixi itaque cum eo fuimus, quo tempore ca-
> ro eius crucifixa fuit, quæ universam quodammodo in
> se naturam continebat; sicuti etiam in Adamo, quo
> tempore in maledictionem incurrit, natura universa
> maledictionis morbum contraxit".[48]

Hay que subrayar que con frecuencia los Santos Padres utilizan un
lenguaje técnico y preciso para referirse al carácter sacrificial.
Basten algunas consideraciones de San Agustín:

> "Es verdadero sacrificio toda obra hecha para unirnos
> con Dios en santa sociedad, es decir, la referida a aquel fin

---

[45]San Gregorio Magno: *Moralia*, 17, 30, 46 (*P. L.*, 76, 32).

[46]San Ireneo: *Adver. Hœr.*, 5, 16, 3 (*P. G.*, 7, 1168).

[47]San Atanasio: *Adversus Arianos Orationes*, 2, 68 (*P. G.*, 26, 273).

[48]San Cirilo de Alejandría: *In Epistolam ad Romanos Commentarius*, 6, 6 (*P. G.*, 74, 796). Cfr. G. Sabatino: *La Dottrina del Sacerdozio di Cristo in S. Cirillo Alessandrino*, Avellino, Pontificia Facoltá Teologica S. Luigi, 1949.

bueno mediante el cual podemos ser verdaderamente bien-aventurados."[49] Esto se opera de un modo perfecto en el Sacrificio de Cristo en la Cruz, por eso: "De este verdade-ro sacrificio fueron muchos y variados signos los antiguos sacrificios de los santos, estando representado este único sa-crificio por muchas figuras, como si se expresase una misma cosa con diversas palabras, a fin de recomendarla mucho sin fastidio";[50] y, teniendo en cuenta que en todo sacrificio deben tenerse presentes cuatro cosas: "a quién se ofrece, quién lo ofrece, qué se ofrece, por quiénes se ofrece; por eso el mismo único y verdadero mediador que nos reconci-lia con Dios por medio del sacrificio pacífico, permanecía uno con aquél a quien lo ofrecía..., siendo uno mismo el que ofrecía y lo que ofrecía".[51]

Magisterio

El Magisterio también ha sostenido el aspecto sacrificial de la Pa-sión y Muerte de Nuestro Señor:

1. Anatematismos del Concilio de Éfeso:

> "10. Pontificem et Apostolum confessionis nostræ (Heb 3:1) factum Christum divina dicit Scriptura; ob-tulit etiam semet ipsum in odorem suavitatis Deo (Eph 5:2) et Patri. Si quis ergo Pontificem et Apo-stolum nostrum fieri dicit non ipsum ex Deo Verbum, quando factum est caro et secundum nos homo, sed ut

---

[49]San Agustín: *De Civ. Dei*, X, C. 6 (*P. L.*, 41, 283).

[50]San Agustín: *De Civ. Dei* 1. 10, c. 20 (*P. L.*, 41, 298).

[51]San Agustín: *De Trinitate*, IV, cap. 14 (*P. L.*, 42, 901).

si alterum præter ipsum specialiter hominem ex muliere, aut si quis dicit et pro se obtulisse semet ipsum
sacrificium, et non magis pro nobis tantum (nec enim
indiguit sacrificio qui nescit peccatum), an. s."[52]

2. El Concilio de Trento, al hablar del carácter sacrificial de la
Santa Misa como renovación del sacrificio de la Cruz:

> "Is igitur Deus et Dominus noster,etsi semel seip-
> sum in ara crucis, morte intercedente, Deo Patri obla-
> turus erat, ut æternam illis (illic) redemptionem ope-
> raretur: quia tamen per morteme sacerdotium exstin-
> guendum non erat (Heb 7: 24.27), in Coena novissi-
> ma, 'qua nocte tradebatur' (1 Cor 11:13), ut dilectæ
> sponsæ suæ Ecclesiæ visibile (sicut hominum natu-
> ra exigit) relinqueret sacrificium, quo cruentum illud
> semel in cruce peragendum repræsentaretur ejusque
> memoria in finem usque sæculi permaneret, atque il-
> lius salutaris virtus in remissionem eorum, quæ a no-
> bis quotidie commituntur, peccatorum applicaretur:
> 'sacerdotem secundum ordinem Melchisededch se in
> æternum' (Ps 109:4) constitutum declarans, corpus
> et sanguinem suum sub speciebus panis et vini Deo
> Patri obtulit ac sub earundem rerum symbolis Apo-
> stolis (quos tunc Novi Testamenti sacerdotes consti-
> tuebat), ut sumerent, tradidit, et eisdem eorumque in
> sacerdotio successoribus, ut offerent, præcipit per hæc
> verba: 'Hoc facite in meam commemorationem', etc.

---

[52] *D. S.* 261.

(Lc 22:19; 1 Cor 11:24), uti semper catholica Ecclesia intellexit et docuit (can. 2)".[53]

3. El Vaticano II recordará también este aspecto central del dogma católico:

> "Cordero inocente, con la entrega libérrima de su sangre nos mereció la vida. En El Dios nos reconcilió consigo y con nosotros y nos liberó de la esclavitud del diablo y del pecado, por lo que cualquiera de nosotros puede decir con el Apóstol: El Hijo de Dios me amó y se entregó a sí mismo por mí (Ga 2:20). Padeciendo por nosotros, nos dio ejemplo para seguir sus pasos y, además abrió el camino, con cuyo seguimiento la vida y la muerte se santifican y adquieren nuevo sentido".[54]

---

[53] *D. S.* 1740. Cfr. *D. S.* 1739–1743.

[54] Const. *Gaudium et Spes*, n. 22. Conviene señalar que este número ha suscitado no pocas polémicas, pues junto a la declaración que se cita en este momento, también tiene otras afirmaciones que han propiciado un entendimiento de la salvación universal por el hecho de la Encarnación, antes de toda su Pasión y Muerte, y de la consideración de tal salvación universal aplicada absolutamente a todos los hombres con independencia de su voluntad. El texto polémico es: "El que es imagen de Dios invisible (Col 1,15) es también el hombre perfecto, que ha devuelto a la descendencia de Adán la semejanza divina, deformada por el primer pecado. En él, la naturaleza humana asumida, no absorbida, ha sido elevada también en nosotros a dignidad sin igual. El Hijo de Dios con su Encarnación se ha unido, en cierto modo, con todo hombre... Esto vale no solamente para los cristianos, sino también para todos los hombres de buena voluntad, en cuyo corazón obra la gracia de modo invisible. Cristo murió por todos, y la vocación suprema del hombre en realidad es una sola, es decir, la divina. En consecuencia, debemos creer que el Espíritu Santo ofrece a todos la posibilidad de que, en la forma de solo Dios conocida, se asocien a este Misterio Pascual".

4. La Comisión Teológica Internacional en su documento sobre "La Conciencia Humana de Jesús":

> "Jesús conocía el fin de su misión: anunciar el reino de Dios y hacerlo presente en su persona, sus actos y sus palabras, para que el mundo sea reconciliado con Dios y renovado. Ha aceptado libremente la voluntad del Padre: dar su vida para la salvación de todos los hombres; se sabía enviado por el Padre para servir y para dar su vida 'por la muchedumbre' (Mc 14:24)."[55]

Razonamiento teológico

Santo Tomás, partiendo de la declaración de Ef 5:2 (Cristo "se entregó por nosotros como oblación y hostia a Dios de suave olor"), sostiene que por el hecho de haber sufrido voluntariamente, la Pasión fue una obra acepta a Dios en grado sumo puesto que procedía de la caridad. Por lo tanto, nos reconcilia verdaderamente con Dios, que es el objetivo propio del sacrificio. Por eso, resulta evidente que la Pasión fue un verdadero sacrificio:

> "Sacrificium proprie dicitur aliquid factum in honorem proprie Deo debitum, ad eum placandum... Christus autem, ut ibidem subditur, seipsum obtulit in passione pro nobis, et hoc ipsum opus, quod voluntarie passionem sustinuit, fuit Deo maxime acceptum, utpote ex caritate proveniens. Unde manifestum est quod passio Christi fuit verum sacrificium..."[56]

---

[55]CTI: "La Conciencia que Jesús Tenía de Sí Mismo y de su Misión", proposición segunda, texto oficial latino en Commissio Theologica Internationalis, Documenta (1969-1985) (Città del Vaticano, Libreria Editrice Vaticana, 1988) 560–592.

[56]Santo Tomás de Aquino: *Summ. Theol.*, IIIª, q. 48, a. 3, co. Cfr. q. 48, a. 6, ad 3; q 49, a. 4; *In Eph.*, 5, lect 1; 7, lect. 1.

> "... Passio Christi fuit sacrificii oblatio inquantum Christus propria voluntate mortem sustinuit ex caritate. Inquantum autem a persecutoribus est passus, non fuit sacrificium, sed peccatum gravissimum".[57]

14.5.2. Cristo ofrece su propio sacrificio

Al tratar del sacerdocio de Jesucristo, ya se estableció su modo de ejercerlo.[58] El concilio IV de Letrán declaró que Cristo fue el sacerdote que ofreció su propio sacrificio, siendo a la vez sacerdote, víctima y altar:

> "Una vero est fidelium universalis Ecclesia, extra quam nullus omnino salvatur, in qua idem ipse sacerdos est sacrificium Iesus Christus, cuius corpus et sanguis in sacramento altaris sub speciebus panis et vini veraciter continentur, transsubstantiatis pane in corpus, et vino in sanguinem potestate divina: ut ad perficiendum mysterium unitatis accipiamus ipsi de suo, quod accepit ipse de nostro. Et hoc utique sacramentum nemo potest conficere, nisi sacerdos, qui rite fuerit ordinatus, secundum claves Ecclesiæ, quas ipse concessit Apostolis eorumque successoribus Iesus Christus".[59]

La ofrenda de Jesucristo de su propio sacrificio en la Cruz tiene unas características singulares. En efecto:

1. Este sacrificio *es único y singular*.

---

[57] Santo Tomás de Aquino: *Summ. Theol.*, III\ᵃ, q. 47, a. 4, ad 2.

[58] Cfr. supra cap. 11.1

[59] Definición contra los albigenses y cátaros, *D. S.* 802.

2. *Cristo no "se mató"* a Sí mismo, pero sí se entrega voluntariamente:

   a) Nosotros morimos obligatoriamente; Cristo muere por propia voluntad: "Nemo tollit eam a me, sed ego pono eam a
   meipso. Potestatem habeo ponendi eam et potestatem habeo iterum sumendi eam. Hoc mandatum accepi a Patre
   meo" (Jn 10:18).

   b) Los judíos mataron a Cristo, pero éste tenía poder de dejar
   que su naturaleza humana cediese a la causa que la corrom-
   pía o que la resistiese cuánto Él quisiera.

Por tanto, Cristo murió voluntariamente, y, sin embargo, lo mataron los judíos. Como dice Santo Tomás de Aquino:

> "...aliquid potest esse causa alicuius effectus du-
> pliciter. Uno modo, directe ad illud agendo. Et hoc
> modo persecutores Christi eum occiderunt, quia suf-
> ficientem causam mortis ei intulerunt, cum intentione
> occidendi ipsum et effectu subsequente; quia scilicet
> ex illa causa est mors subsecuta. Alio modo dicitur
> aliquis causa alicuius indirecte, scilicet quia non impe-
> dit, cum impedire possit, sicut si dicatur aliquis alium
> perfundere quia non claudit fenestram, per quam im-
> ber ingreditur. Et hoc modo ipse Christus fuit cau-
> sa passionis et mortis. Poterat enim suam passionem
> et mortem impedire. Primo quidem, adversarios re-
> primendo, ut eum aut non vellent, aut non possent
> interficere. Secundo, quia spiritus eius habebat po-
> testatem conservandi naturam carnis suæ, ne a quo-
> cumque læsivo inflicto opprimeretur. Quod quidem
> habuit anima Christi quia erat verbo Dei coniuncta in

unitate personæ, ut Augustinus dicit, in IV de Trin.
Quia ergo anima Christi non repulit a proprio corpore
nocumentum illatum, sed voluit quod natura corporalis illi nocumento succumberet, dicitur suam animam
posuisse, vel voluntarie mortuus esse".[60]

Por eso, "Christus simul et violentiam passus est,
ut moreretur, et tamen voluntarie mortuus fuit, quia
violentia corpori eius illata est, quæ tamen tantum
corpori eius prævaluit quantum ipse voluit".[61]

3. *La Muerte de Cristo es a la vez*:

   ▪ Acto pecaminoso de los judíos.

   ▪ Acto de supremo amor de Jesucristo.

Así lo aclara el Aquinate:

"Ad tertium dicendum quod passio Christi ex parte
occidentium ipsum fuit maleficium, sed ex parte ipsius
ex caritate patientis fuit sacrificium. Unde hoc sacrificium ipse Christus obtulisse dicitur, non autem illi
qui eum occiderunt".[62]

4. El sacrificio verdadero de Cristo *es acto de culto interior y exterior*:

   ▪ Acto interior de obediencia y amor.

---

[60]Santo Tomás de Aquino: *Summ. Theol.*, IIIª, q. 47, a. 1, co. Cfr. *Quodl.*, I, q.
2, a. 2; *In Io.*, 2, lect. 3; 10, lect. 4; *Compend. Theol.*, cap. 230.

[61]Santo Tomás de Aquino: *Summ. Theol.*, IIIª, q. 47, a. 1, ad 3.

[62]Santo Tomás de Aquino: *Summ. Theol.*, IIIª, q. 48, a. 3, ad 3.

- Acto exterior de muerte.

Como se explicaba más arriba,[63] lo más importante a tener en cuenta cuando se habla del sacrificio cultual es el concepto de lo que es un sacrificio y no su forma externa; en efecto, lo esencial de un sacrificio es la entrega de la voluntad, en obediencia y amor totales a Dios, lo cual Cristo lo realizó supremamente en la Cruz. Por eso podemos concluir que la Muerte de Cristo sí fue un verdadero sacrificio, con cuatro fórmulas que sintetizan el pensamiento al respecto:

- *Es fuente de todo culto.*

- *Es cultual, sin ser litúrgica en sentido estricto.*

- *Hay perfecta identidad entre el sacrificio exterior y el interior.*

- *Fue ofrecida al Padre por mediación del Espíritu Santo* (Heb 9:14); así como en el Antiguo Testamento el sacrificio se ofrecía mediante el fuego, en el Nuevo Testamento se ofrece mediante el fuego de amor que es el Espíritu Santo.

5. Por eso, el sacrificio de Cristo es *plenitud y superación de los sacrificios del Antiguo Testamento*, donde se ofrecían carne de animales. El ofrecimiento de la carne de Cristo en la Cruz es sacrificio perfectísimo. Santo Tomás aduce cuatro razones para probar esta excelsitud: porque la carne humana se ofrece por la salvación de la humanidad y luego la comen bajo la forma sacramental; porque siendo pasible y mortal, era adecuada para la inmolación; porque al carecer de pecado, era eficaz para limpiar los pecados; y, finalmente, porque era la carne del mismo que la ofrecía con un inmenso amor:

---

[63] Cfr. supra cap. 11.1.4.

> "...Quæ est perfectissimum sacrificium. Primo quidem quia, ex eo quod est humanæ naturæ caro, congrue pro hominibus offertur, et ab eis sumitur sub sacramento. Secundo quia, ex eo quod erat passibilis et mortalis, apta erat immolationi. Tertio quia, ex hoc quod erat sine peccato, efficax erat ad emundanda peccata. Quarto quia, ex eo quod erat caro ipsius offerentis, erat Deo accepta propter caritatem suam carnem offerentis..."[64]

6. Y, de igual manera, el sacrificio de Cristo *es verdadero sacrificio*. Así lo atestigua:

   - El lenguaje sacrificial claro que califica la Pasión y Muerte de Cristo en el Nuevo Testamento.
   - Los anuncios del Antiguo Testamento.[65]

14.6. El sacrificio y la Muerte de Jesús en A. Gálvez

Se podrían organizar las consideraciones principales y más originales de A. Gálvez sobre el carácter de la Pasión y Muerte de Jesucristo, en cuatro puntos. En efecto, además de las lógicas referencias a toda la teología tradicional y al auténtico Magisterio de la Iglesia, la atención de este autor se ha centrado en profundizar, en primer lugar, sobre los sufrimientos espirituales del Señor, que fueron mucho más intensos que los corporales, y verdadera clave de la inmensidad de su dolor redentor; en segundo lugar, sobre la actualización de su Pasión y

---

[64]Santo Tomás de Aquino: *Summ. Theol.*, III^a, q. 48, a. 3, ad 1.

[65]Cfr. *supra*, cap. 14.5.1.

Muerte en la Santa Misa, el aspecto sacrificial de la misma, que en los tiempos actuales se ha negado y olvidado;[66] en tercer lugar, sobre la relación entre el sufrimiento y el amor verdadero; finalmente, sobre el grado de entrega total y, por tanto, de verdadera pobreza al que llega Cristo en la Cruz.

14.6.1.   El sufrimiento de Cristo en Getsemaní

Siendo cierto que Cristo sufrió en su Humanidad santa, tanto en su cuerpo como en su alma hasta límites para nosotros insondables, sin embargo hay que subrayar que el dolor espiritual fue mucho más intenso que el corporal. De hecho hubo mártires que sufrieron tormentos semejantes a los del Señor. Pero nunca pudieron llegar al grado del sufrimiento anímico de Cristo. Este sufrimiento se hace patente en la noche del Huerto de los Olivos, o Jardín de Getsemaní, un aspecto que con frecuencia no se ha subrayado en la Historia de la Espiritualidad cristiana:

> "Un estudio serio y en profundidad, referente a la intensidad y al hondo significado de los horrores padecidos por Jesucristo en la Noche del Huerto de los Olivos, es cosa que se echa en falta a lo largo de la Historia de la Espiritualidad Cristiana. Los antiguos Devocionarios, dedicados a la Pasión del Señor, solían comenzar sus consideraciones a partir del momento del Prendimiento y el comienzo de los interrogatorios. En la película *La Pasión de Cristo* (hoy olvidada y al parecer intencionadamente desaparecida), Mel Gibson pone en boca de la Virgen, que acompañada de las otras Santas Mujeres contemplaban cómo Jesucristo era

---

[66]Con frecuencia señala A. Gálvez cómo el aspecto sacrificial de la Santa Misa no queda tan manifiesto en la *forma ordinaria* del rito romano como en su *forma extraordinaria*.

conducido ante Caifás, las siguientes palabras: *Ha comenzado, Señor. Que así sea...*

Pero la realidad, sin embargo, no fue exactamente así. Aunque es cierto que la Cristiandad se ha acostumbrado a ver los sucesos de la Noche del Huerto como un mero *acontecimiento doloroso* que marcaba el *Prólogo* a la Pasión del Señor. El hecho, no obstante, no tiene nada de extraño, si se tiene en cuenta que el ser humano es más proclive a considerar los sufrimientos del cuerpo como más patentes y tangibles (e incluso mayormente dolorosos) que los del alma. Pero la realidad, y más aún la de esta Historia, es muy diferente.

La verdadera *eclosión* de la Pasión del Señor, el momento de las *angustias de muerte*, además de los sentimientos del supremo fracaso de su Misión, de la horrible vergüenza de sentirse cargado con los pecados y miserias de toda la Humanidad, mas la sensación de encontrarse sumido en la más espantosa de las soledades..., todos ellos sufridos por el Hombre Jesucristo, ya habían tenido lugar en el Huerto de los Olivos. Lo que vino a continuación no fue sino el desarrollo ostensible y físico de lo que, contenido *en potencia* primero y en espantosa intensidad, ya se había producido en acto. Las torturas *físicas* padecidas por Jesucristo en las horas que siguieron (flagelación, coronación de espinas, los mismos tormentos de la crucifixión...), si bien se considera, no difieren en nada de los mismos padecimientos que después habrían de sufrir infinidad de mártires que dieron su vida por la Fe. Luego hemos de considerar que no se encontraba ahí el núcleo principal del Misterio del *Sufrimiento agónico hasta la muerte* padecido por el Señor".[67]

La enormidad de lo que experimenta el Señor se puede comprobar por las siguientes razones:

1. Supone el cenit, o punto culminante, del *fracaso* humano de Jesucristo.

> "El Huerto de los Olivos representa el cenit, o punto culminante, del *fracaso* humano de Jesucristo. El lugar en el que, concentradas sobre su Persona las incontables miserias de toda la Humanidad, sufrió un paroxismo imposible de ser captado por el entendimiento humano, capaz de conducirle a tan profunda angustia como para provocar en Él un espontáneo derramamiento de sangre a través de los poros de su Cuerpo. Como lo atestiguan claramente los Evangelios".[68]

2. Percibe con toda realidad el triunfo del Mal, de Satanás, sobre Dios.

> "Pero el Triunfo del Gran Enemigo sobre Jesucristo en aquella terrible Noche no tuvo nada de aparente. Todo lo contrario, puesto que fue enteramente *real*. Una Victoria que ya había tenido su origen en tiempos demasiado remotos cuando, disfrazado de Serpiente, el Enemigo de Dios y del hombre consiguió *engañar* a los Primeros Padres de la Humanidad. Aunque ahora,

---

[67] A. Gálvez: *El Invierno...*, cit., págs. 239–240.

[68] A. Gálvez: *El Invierno...*, cit., pág. 232.

por fin, después de milenios, lograba su consumación. La Noche del Huerto de los Olivos fue, por lo tanto, el momento de la *Gloria* de Satanás —*la Gloria del Olivo*, o la que tuvo lugar en el llamado Huerto de los Olivos— frente a lo que entonces se presentaba —y lo era— como el *fracaso* total de la Misión que había venido a realizar el Hijo del Hombre".[69]

3. Fue un fracaso real, más que "aparente", aunque transitorio; con todo, Satanás, envuelto en su propia mentira, estuvo convencido que era definitivo. Si el triunfo de Satanás transitorio hubiera sido *meramente aparente*, los horrores que destrozaron el alma de Cristo hubieran sido también *puramente aparentes*.[70]

4. Sufre horribles tentaciones y una indescriptible *Noche del alma*. "Noche" mucho más intensa que las que sufren los hombres santos, en los cuales, sin embargo, la intensidad de la fe no puede disipar el sentimiento de abandono por parte de Dios, del oscurecimiento hasta el paroxismo de la misma idea de Dios, del convencimiento de la inutilidad de la propia existencia y de la falta de sentido de todas las cosas; en otras palabras, el sentimiento del fracaso total que antes mencionábamos.[71]

5. Siente con intensidad el verse cargado con todas las miserias y pecados de toda la Humanidad.[72]

6. Sufre la congoja infinita de sentirse abandonado por el Padre, y hasta de ser calificado como culpable.[73]

---

[69] A. Gálvez: *El Invierno...*, cit., pág. 234.

[70] A. Gálvez: *El Invierno...*, cit., pág. 234.

[71] A. Gálvez: *El Invierno...*, cit., pág. 235.

[72] A. Gálvez: *El Invierno...*, cit., págs. 234, 242.

[73] A. Gálvez: *El Invierno...*, cit., págs. 234, 240, 242.

La intensidad de sus sufrimientos en Getsemaní se manifiesta claramente en los relatos evangélicos, a través de los siguientes hechos:

- Cristo, en su verdadera Humanidad, hubiera estado dispuesto a rechazar tales angustias:

  > "Pater, si vis, transfer calicem istum a me; verumtamen non mea voluntas sed tua fiat" (Lc 22:42).

- Sufre el derramamiento de gruesas gotas de sangre debido a la tensión e intensidad interior de ese momento:

  > "Et factus est sudor eius sicut guttæ sanguinis decurrentis in terram" (Lc 22:44).

- Pide ayuda a los suyos para que "vigilen y le acompañen":

  > "...et ait illis: '...sustinete hic et vigilate' (Mc 14:34); et venit et invenit eos dormientes; et ait Petro: 'Simon, dormis? Non potuisti una hora vigilare?'" (Mc 14:37).

- Siente una inmensa tristeza hasta el "punto de morir":

  > "...et ait illis: 'Tristis est anima mea usque ad mortem'..." (Mc 14:34).

- Hasta necesita el consuelo de los ángeles:

  > "Apparuit autem illi angelus de cælo confortans eum. Et factus in agonia prolixius orabat" (Lc 22:43).

14.6.2.   El sacrificio en la Pasión y en la Santa Misa

Otro de los aspectos que A. Gálvez ha subrayado es el hecho del valor sacrificial de la Pasión y Muerte de Jesucristo, y la necesidad de no diluirlo con ambigüedades o silencios;[74] verdadero sacrificio expiatorio por nuestros pecados, que nos lava de los mismos y nos lleva a la salvación eterna. Hoy en día, y debido a la crisis de la teología neomodernista en la que se sume el orbe católico, tales ideas son olvidadas, y no se habla, o se rechaza, el sentido expiatorio de la Muerte de Jesucristo. Por eso, no se trata del pecado ni de sus efectos, ni de la necesidad de la conversión, ni de la confesión... Donde mejor se manifiesta el rechazo de la modernidad a la Cruz redentora y expiatoria de Jesucristo es en el cambio de rituales de la Santa Misa, lugar y momento donde realmente se hace presente el único sacrificio de Jesucristo, para llevar sus infinitos efectos a todos los hombres de todos los tiempos. La liturgia de la Iglesia siempre manifestó este carácter sacrificial de la Santa Misa, y lo defendió frente a las herejías, como ocurrió en el Concilio de Trento contra la interpretación protestante de la que llamaron "la Cena del Señor", lo que marcaba claramente la diferencia entre la verdad católica y el error de los reformados.

En el siglo XX, y llevados de una inquietud ecumenista no siempre bien entendida, se creó un nuevo Ordinario de la Santa Misa, donde quedaba difuminado el valor sacrificial, expiatorio, de la misma, a base de omisiones o de ambigüedades. Los sucesos son bien conocidos, y no son propiamente para un estudio extenso en este lugar.[75]

---

[74]Se encuentra en muchas de sus obras. Cfr. entre otras, A. Gálvez: *Sociedad...*, cit., págs. 153–175; Id.: *El Invierno...*, cit., págs. 260–263.

[75]Cfr. A. Gálvez: *Sociedad...*, cit., págs. 161–175; Id.: *El Invierno...*, cit., págs. 260–263. 287–313.

14.6.3. La muerte por amor: sentido sacrificial y místico

A. Gálvez ha vinculado la Pasión y Muerte de Jesucristo con el tema de la muerte por amor. Como dice en uno de los textos más bellos de sus escritos:

> "Pero el Acto Sacrificial, por el que el Esposo rescató a los Hombres del estado de miseria en el que se encontraban, y con el que demostró el grado en que los amaba, *era la más Alta Manifestación de Amor que han conocido los Siglos.* Y siendo el Amor el Mayor de los Misterios, hasta la Infinitud de lo Inefable, directamente emanado del Ser con el que forma una Sola Cosa y Motor Único de toda Vida..., no podían los Hombres pretender *disminuirlo.* Ni menos con el fin de ponerlo al alcance de su razón, siempre limitada; o de sus sentimientos, ordinariamente de tan cortos y tan diminutos alcances. El Amor, que es sin duda alguna el Más Sublime Misterio Increado..., y también el mayor de todos los creados:
>
> > Que es fuerte el amor como la muerte
> > y son como el sepulcro duros los celos.
> > Son sus dardos saetas encendidas,
> > son llamas de Yavé.[76]
>
> Donde es de notar cómo, según el texto, el Amor es igualado en Fuerza con la irresistible que es propia de la Muerte. Como que está dotado de un ímpetu semejante al de la Parca. Que es la que, con inmutable y cruel voluntad, acaba siempre con el destino terreno de los Hombres. Y puesto que el Amor nada tolera que intente suplantarlo o

---

[76]Ca 8:6.

superarlo, de ahí que sean equiparados los celos a la dureza pétrea del sepulcro.

Al parecer —pero solamente al parecer—, de nuevo aquí el lenguaje de la metáfora y expresado a la manera humana. Pues ningún otro modo de decir ha podido ser hallado para el Libro del Esposo.

Pero es que el Acto Sacrificial, o la Muerte del Esposo en favor de la esposa, es la mayor demostración de Amor jamás por ella recibida ni nunca por nadie imaginada. Aunque llevada a cabo de tal manera, y realizada de tal modo, que ninguna otra semejante ha sido conocida por los Siglos. Por eso he aquí de nuevo, al cabo misteriosamente unidos, como si de caminar juntos se tratara, el Amor y la Muerte. Pues no le ha sido dado al Hombre otra demostración mayor de Amor que la entrega de la propia Vida, libremente ofrecida a la Muerte y en favor de la persona amada: *Nadie demuestra mayor amor que el que da la vida por sus amigos.*[77]

Pues la Muerte, lo mismo que la Vida, solamente tiene sentido y encuentra significado, allí donde está el Amor y junto al Amor:

Si vivimos, con el Señor vivimos;
y si morimos, con el Señor morimos.[78]

Y dado que la Muerte, después de ocurrida por Amor la del Esposo, solamente en el Amor halla sentido, ¿qué de extraño tiene que el Acto Sacrificial, donde el Esposo entrega su Vida por Amor, sea justamente eso y no otra cosa, a

---

[77]Jn 15:13.
[78]Ro 14:8.

saber: *el Acto y la Demostración de Amor jamás ofrecidos a los Hombres?* De esta manera, solamente la Muerte por Amor, mudado ya en Victoria su antiguo carácter de Castigo (1 Cor 15:55), se deja inundar por la luz de la Alegría y tórnase por fin, ya en sus gozosos brazos, amorosa. Por eso, desde que el Esposo la hizo suya, solamente la Muerte de Amor es la que cuenta. Como dice la esposa:

> Sus ojos en los míos se posaron
>
> antes de que la aurora despertara,
>
> y en tal manera herida me dejaron
>
> que si el dulce mirar de mí apartara
>
> pronto en muerte de amor yo me encontrara.
>
> Sus ojos me miraron
>
> antes de que la aurora apareciera,
>
> y herida me dejaron
>
> de amor, en tal manera,
>
> que sin verlos de nuevo yo muriera."[79]

Se trata de profundizar en la razón por la que el Padre decidió realizar la Redención del género humano a través de los sufrimientos y Muerte de su Hijo.

A. Gálvez, cuyas teorías sobre el famoso *Cur Deus Homo?* ya se han estudiado antes, afirma la doctrina clásica de la Encarnación como hipotéticamente necesaria como el mejor modo de realizar la Redención, supuesta la libre decisión divina de querer una satisfacción *ex toto rigore iustitiæ*; pero se inclina por sostener que Dios se hizo hombre también para hacer posible las verdaderas relaciones de amor divino–humanas con todas las características que tienen (el hombre

---

[79]A. Gálvez: *El Invierno...*, págs. 306–308. Cfr. *Comentarios...*, cit., vol. II, págs. 158–160.

necesita conocer y experimentar a la persona amada con todo lo que él es, cuerpo y alma, para poder enamorarse de la misma).

Es esta misma razón la que podría explicar el misterio de la Redención cruenta y dolorosísima llevada a cabo por Jesucristo: quiso compartir todos los sufrimientos y dolores que los seres humanos experimentamos. Para nosotros son consecuencia de nuestros propios pecados; para Cristo, son manifestación de su deseo de compartir el destino y la suerte de las personas amadas. En el presente eón, "nadie demuestra mayor amor que el de dar la vida por sus amigos", y Cristo nos quiso tratar como tales. Esto se comprende cuando se considera el amor de enamoramiento total, donde el verdadero amante, aunque tuviera la posibilidad de elegir entre disfrutar de la persona amada sin necesidad de compartir su vida, sufrimiento y destino, o de hacerlo compartiéndolos, elegiría lo segundo. El amor lo comparte todo y lo entrega todo por la persona amada.

> "La *Redención* operada por Jesucristo fue causa de la elevación de la naturaleza humana, desde el estado de naturaleza *caída* en el que se encontraba por motivo del pecado, al de naturaleza *reparada* y su reconciliación con Dios. Gracias a la Redención, las puertas de la Salvación quedaron abiertas para todos los hombres, con tal de que ellos mismos estuvieran dispuestos a alcanzarla mediante su necesaria cooperación personal.
>
> En el Corazón de Jesucristo, y siempre en cumplimiento de los designios del Padre, estuvo presente el deseo de *hacer suyos nuestros pecados*. Aunque no ya en el sentido de hacer más efectiva y segura nuestra Redención o de atribuirse las consecuencias de la culpa, sino en el de la obediencia a un sentimiento brotado de lo más profundo del amor y que no era sino el de *sufrir con nosotros*. O

dicho de otra forma, el de *sentir en su propia carne nues-*
tros mismos sufrimientos. Consecuencia de un amor tan
grande como para no soportar vernos sufrir *sin hacer su-*
yos también nuestros sufrimientos. Lo que significa que no
solamente quiso sufrir *por* nosotros, sino también *con* nosotros".[80]

Ésta se convierte en la razón y el gozo que tiene el cristiano para
llevar su cruz en esta vida: por compartir en amor total la vida, el
destino y la Cruz de su Señor... El cristiano elegiría estar con el
Amado en su sufrimiento y agonía, incluso aunque Dios le ofreciera
privarle de los mismos y solo gozar del amor del Señor:

"La razón última de este proceso habrá que buscarla en
las consecuencias ocasionadas por la caída. Desde entonces,
solo el sello del dolor es capaz de autenticar en la criatura
la realidad del amor. Únicamente el sufrimiento soportado
por causa de la persona amada, *por el gozo de saber que es*
por y para ella, es la verdadera prueba del amor. El alma
enamorada de Jesús se sentirá necesariamente impulsada
a sufrir y morir con Él *sin desear ninguna otra cosa.*

Y en cuanto al punto a considerar como el común deno-
minador de todo, no es otro sino el de que los enamorados
desean ardientemente, cada uno de ellos, compartir la vida
del otro. Porque el alma enamorada de Jesucristo no considera ni mide la dificultad de los sufrimientos en atención
al grado de su intensidad, *sino que los acepta y desea por-*
que son los mismos sufrimientos de su Maestro y Señor, al
cual considera como el único sentido de su existencia. De

---

[80]A. Gálvez: *El Misterio...*, cit., págs. 117–118.

manera que el motor que impulsa el sufrimiento en Cristo es el amor (primero de los frutos del Espíritu Santo), y el ánimo que los hace, aún más que soportables incluso deseables, es el gozo (segundo de los frutos del Espíritu Santo)".[81]

14.6.4.   La pobreza total de Cristo en la Cruz

Otro de los aspectos que han sido profundizados por A. Gálvez sobre la Muerte de Jesucristo es el de la realización más perfecta de la verdadera pobreza cristiana por amor. En efecto, frente a las caricaturas, falsedades, manipulaciones y sucedáneos de esta excelsa virtud que se hacen hoy en día, en la Cruz de Jesucristo se manifiesta el único y verdadero Pobre, que entrega absolutamente todo por amor a su Padre y a nosotros.

En efecto, Cristo no solo entrega su cuerpo para sufrir los tormentos y dolores de la Pasión, sino también su alma en la experiencia que antes se describía, como una pasión todavía más intensa que la corporal. Despojado de todo, de vestidos, de fama, de seguidores, de su intimidad... entrega todo lo que le queda: a su más fiel discípulo, a su Madre. Se siente abandonado del único consuelo que tenía cuando visualizaba el abandono de todos ("...pero no estoy solo. El Padre está conmigo")[82], exclamando, "...circa horam nonam clamavit Iesus voce magna dicens: 'Eli, Eli, lema sabacthani?', hoc est: 'Deus meus, Deus meus, ut quid dereliquisti me?'" (Mt 27:46).

> "Creo que me estoy acercando al corazón de la pobreza, o a aquel lugar en donde se siente la ausencia de lo que constituye para uno la propia vida. Jesús, que cuando se

---

[81] A. Gálvez: *El Misterio...*, cit., págs. 141–142. Cfr. págs 99–102. Cfr. Id.: *El Invierno...*, cit., págs. 287–313.

[82] Jn 16:32; cfr. Jn 8:29.

sentía solo e incomprendido de la gente, y hasta de sus discípulos, llegó a decir en alguna ocasión: *Pero yo no estoy solo, porque el Padre está conmigo,*[83] tuvo que exclamar cuando estaba clavado en la cruz: *Dios mío, Dios mío, ¿por qué me has abandonado...?*[84] Es el momento preciso en el que la pobreza adquiere el rango de hermosa virtud y en el que le es otorgado un nuevo sentido. Un sentido que a menudo pasa desapercibido o no es comprendido, dada la conocida dificultad de la naturaleza humana para entender lo que es demasiado grande y demasiado bello. Después de esto, ante el abandono en que Jesús se siente en la cruz por parte del Padre, ¿qué pueden significar para nosotros todas las demás nostalgias y todos los otros abandonos del mundo...?"[85]

Incluso entrega el sentimiento y el gozo que se vive en el Amor, en el Espíritu: "Padre, en tus manos encomiendo mi Espíritu" (Lc 23:46). Realmente, Cristo en la Cruz experimentó la pobreza total, entregándolo todo, absolutamente todo, por amor.

---

[83] Jn 16:32.

[84] Mt 27:46.

[85] A. Gálvez: *El Amigo...*, cit., pág. 157.

15

Significado salvífico de la Muerte y sepultura de Jesucristo

15.1. Realidad

Cristo murió realmente en la Cruz. Los textos del Nuevo Testamento que describen su fallecimiento son severos y llenos de fuerza:

1. "Expiró":

   - Mc 15:37, "Iesus autem, emissa voce magna, exspiravit".

   - Lc 23:46, "Et clamans voce magna Iesus ait: *Pater, in manus tuas commendo spiritum meum*; et hæc dicens exspiravit".

2. "Entregó el espíritu":

   - Mt 27:50, "Iesus autem iterum clamans voce magna emisit spiritum".

   - Jn 19:30, "Cum ergo accepisset acetum, Iesus dixit: *Consummatum est!* Et inclinato capite tradidit spiritum".

El Magisterio define este hecho histórico como una verdad de fe en todos sus credos.[1]

¿Qué se entiende por muerte humana? Hoy en día la medicina trata de precisar el momento en que una persona humana muere y su cuerpo se convierte en cadaver, dadas las implicaciones que este hecho conlleva en varios campos de la moralidad y del Derecho (donación de órganos, utilización de medios extraordinarios para conservar la vida, ensañamiento terapéutico, etc.). Dejando de lado los aspectos propios de las ciencias experimentales, diremos que se produce la muerte cuando concurren dos criterios:

1. Deja de haber operaciones vitales.

2. Se produce la separación del cuerpo y del alma.[2]

Aplicando estos criterios a la Muerte de Jesucristo, diremos que en ella:

- Su cuerpo quedó inerte, sin operaciones vitales.

- Hasta su Resurrección dejó de ser hombre, porque no es hombre ni el cuerpo ni el alma separada.

Santo Tomás de Aquino se ocupa de demostrar que Cristo no puede ser llamado "hombre" durante los tres días que duró su muerte; a lo más, se le puede denominar "hombre muerto". La verdadera muerte

---

[1] Así lo atestigua también Santo Tomás de Aquino, en *Summ. Theol.*, IIIª, q. 50, a. 4, co.: "Respondeo dicendum quod Christum vere fuisse mortuum est articulus fidei".

[2] Santo Tomás de Aquino, se refiere a ambos aspectos, citando a San Juan Damasceno (*De Fide Orth.*, c. 28, en *P. G.*, 94, 1100): "Damascenus dicit, in III libro quod corruptionis nomen duo significat, uno modo, separationem animæ a corpore, et alia huiusmodi; alio modo, perfectam dissolutionem in elementa" (Santo Tomás de Aquino: *Summ. Theol.*, IIIª, q. 50, a. 5, co).

del hombre proviene de la separación del alma, que es la que completa la noción de hombre. Hubo algunos teólogos que afirmaron que Cristo siguió siendo "hombre" después de muerto, pero cayeron en este error porque se basaban en una antropología incorrecta. Por ejemplo, Hugo de San Victor sostenía que el hombre es propiamente su alma;[3] el Maestro de las Sentencias, afirmaba que la unión substancial del cuerpo y del alma no era esencial al concepto de hombre, por lo que bastaba para ser hombre que tuviera un alma y un cuerpo, unidos o separados.[4] Por eso el Aquinate insiste:

> "...Pertinet autem ad veritatem mortis hominis vel animalis quod per mortem desinat esse homo vel animal, mors enim hominis vel animalis provenit ex separatione animæ, quæ complet rationem animalis vel hominis. Et ideo dicere Christum in triduo mortis hominem fuisse, simpliciter et absolute loquendo, erroneum est. Potest tamen dici quod Christus in triduo fuit homo mortuus..."[5]

15.2. Indisolubilidad de la unión hipostática

Durante el periodo de tres días en que el cuerpo y el alma de Nuestro Señor estuvieron separados, no se interrumpió sin embargo la unión hipostática. En efecto la Persona divina del Verbo siguió unida al cadaver y al alma de Cristo. Veamos lo que esto significa.

---

[3]Hugo de San Victor: *De Sacram.*, 12, p. 1, c. 11 (*P. L.*, 176, 401; especialmente 406 y 408).

[4]Pedro Lombardo: *Sentencias*, Lib. III, dist. 22, C. 1 (QR 11, 650).

[5]Santo Tomás de Aquino: *Summ. Theol.*, III^a, q. 50, a. 4, co. Cfr. *In Sent.*, Lib. III, dist. 22, q. 1; *Quodl.*, 2, q. 1 n.; *Quodl.*, 3, q. 2, a. 2; *Compend. Theol.* c. 229.

15.2.1. Significado

Al igual que ocurre con todos los hombres, cuando Cristo murió, su cuerpo y su alma quedaron verdaderamente separados y cesaron todas sus actividades vitales. Sin embargo, a diferencia del resto de los humanos, su alma y su cuerpo permanecieron unidos al Verbo hasta que se produjo la Resurrección.

Es una afirmación que sostuvieron los Santos Padres y la teología posterior, como veremos.

15.2.2. Sagrada Escritura

El fundamento de la permanencia de la unión hipostática está en la eternidad del sacerdocio y del reinado de Jesucristo, tal y como quedan descritos en la Revelación. En efecto:

- Heb 7:24, "hic autem eo quod manet in æternum, intransgressibile habet sacerdotium..."

- Heb 13:8, "Iesus Christus heri et hodie idem, et in sæcula!"

- Lc 1:33, "...et regnabit super domum Iacob in æternum, et regni eius non erit finis".

- Jn 12:34, "Respondit ergo ei turba: *Nos audivimus ex Lege, quia Christus manet in æternum...*"

15.2.3. Santos Padres

Es doctrina común entre los Santos Padres:

- San Ireneo de Lyon.[6]

---

[6]San Ireneo de Lyon: *Adv. Hær.*, Lib. III, cap. 16, n. 9 (*P. G.*, 7, 928).

- San Atanasio.[7]

- San Gregorio de Nisa.[8]

- San Cirilo de Alejandría.[9]

- San León Magno.[10]

- San Vicente de Lerins.[11]

- Etc.

Se oponían a tal indisolubilidad de la unión hipostática durante la muerte de Jesús, Marcelo de Ancira,[12] quien negaba la eternidad del reinado de Cristo, y los apolinaristas, quienes sostenían, como ya se estudió, que el alma racional de Jesucristo era el Verbo, y por tanto, para morir, el Verbo tenía que separarse del cuerpo de Cristo.[13] Antes, los gnosticos y maniqueos afirmaron que el Logos abandonó al hombre antes de la Pasión.

---

[7]San Atanasio: *Contra Apollinarem*, l. 1, n. 12; l. 2, n. 5 y 16 (*P. G.*, 26, 1113, 1140, 1160).

[8]San Gregorio de Nisa: *Antirrheticus*, n. 5 (*P. G.*, 45, 1257).

[9]San Cirilo de Alejandría: *Quod Unus Sit Christus* (*P. G.*, 75, 1292).

[10]San León Magno: *Serm.*, 68, c. 1; 71, c. 2 (*P. L.*, 54, 372 y 387).

[11]San Vicente de Lerins: *Commonitorium*, c. 13 (*P. L.*, 50, 656).

[12]Marcelo de Ancyra distinguía entre el Logos y el Hijo, con lo que diferenciaba un doble reino de Cristo: el reino del Logos que sería eterno y el reino del Hijo que acabaría con el fin del mundo y que entrañaría la desaparición de todo cuerpo humano, y con él la cesación de la unión hipostática. Cfr. M. D. Chenu: *Marcel d'Ancyre*, en DTC, IX, 1993–1998.

[13]Cfr. sus posiciones en San Atanasio: *Scriptum contra Apollinarium* (*P. G.*, 26, 1160); Id.: *De Salutari Adventu Christi*, 14 (*P. G.*, 26, 1154).

15.2.4. Magisterio

El Magisterio constante de la Iglesia ha reafirmado esta verdad[14] frente a los que negaban la inseparabilidad, en concreto:

1. La condena de la doctrina de Marcelo de Ancyra se hizo en el Concilio de Constantinopla I (a. 381); ocasión en la que se introdujo el "Cuius regni non erit finis" (Lc 1:33).[15]

2. Concilio de Calcedonia (a. 451), en su definición, al proclamar, entre los cuatro famosos adverbios, el de "inseparabiliter" aplicado a las dos naturalezas de Jesucristo:

   "Unum eundemque Christum Filium Dominum unigenitum, in duabus naturis inconfuse, immutabiliter, indivise, inseparabiliter agnoscendum..."[16]

3. Papa Agatón, quien sostiene también que la unión de naturalezas subsiste "incommutabiliter" en la declaración del Concilio Romano del a. 680:

   "Unum quippe eundemque Dominum nostrum Iesum Christum, Filium Dei unigenitum, ex duabus et in duabus substantiis inconfuse, incommutabiliter, indivise, inseparabiliter subsistere cognoscimus nusquam sublata differentia naturarum propter unitionem..."[17]

---

[14]L. Ott sostiene que el que la unión hipostática no se interrumpiera jamás es una sentencia cierta; en cambio es de fe que la unión hipostática no cesará nunca (*Manual...*, cit., pág. 244).

[15]Cfr. *D. S.* 150 y 151.

[16]*D. S.* 302.

[17]Conc. Romanum Ep. dogm. syn.: "Omnium Bonorum Spes" ad imperatores, 27 marzo 680. *D. S.* 548.

4. III Concilio de Constantinopla (a. 681), recordando el Concilio de Calcedonia y el Tomo del papa León a Flaviano, volvía a repetir el mismo adverbio:

> "...unum eundemque Christum Filium Dei unigenitum in duabus naturis inconfuse, inconvertibiliter, inseparabiliter, indivise cognoscendum, nusquam exstinctas harum naturarum differentia propter unitionem..."[18]

5. Concilio IX de Toledo (a. 675), todavía aclarará más, al insistir en que las dos naturalezas están unidas a la Persona del Hijo de tal manera que la Divinidad no podrá ser jamás separada de la Humanidad, ni la Humanidad de la Divinidad:

> "In quo Dei Filio duas credimus esse naturas; unam divinitatis, alteram humanitatis, quas ita in se una Christi persona univit, ut nec divinitas ab humanitate, nec humanitas a divinitate possit aliquando seiungi".[19]

6. *Catecismo de la Iglesia Católica*:

> "Ya que el 'Príncipe de la vida que fue llevado a la muerte' (Hech 3:15) es al mismo tiempo 'el Viviente que ha resucitado' (Lc 24: 5–6), era necesario que la persona divina del Hijo de Dios haya continuado asumiendo su alma y su cuerpo separados entre sí por la muerte".[20]

---

[18] *D. S.* 555.

[19] *D. S.* 534.

[20] *Catecismo de la Iglesia Católica*, n. 626.

15.2.5.   Doctrina teológica

La teología ha señalado varias razones para sostener la inseparabilidad del Verbo del cuerpo y del alma de Cristo durante sus tres días de muerte:

1. La eternidad del sacerdocio de Cristo. Y Cristo es sacerdote eterno en cuanto Dios–Hombre.

2. La eternidad del reinado de Cristo. Y Cristo es rey en cuanto Dios–Hombre.

3. Lo concedido por gracia, no se quita salvo que medie culpa. Como Cristo no tuvo pecado alguno, no perdió la gracia de la unión en ningún momento. En efecto:

   - Ro 11:29, "sine pænitentia enim sunt dona et vocatio Dei!"

   - Analógicamente es lo que ocurre con la gracia de adopción, por lo tanto, mucho más tuvo que suceder con la mayor de las gracias que existe, que es la de la unión.

Santo Tomás lo expresa del siguiente modo:

"...id quod per gratiam Dei conceditur, nunquam absque culpa revocatur, unde dicitur Rom. XI, quod sine poenitentia sunt dona Dei et vocatio. Multo autem maior est gratia unionis, per quam divinitas unita est carni Christi in persona, quam gratia adoptionis, qua alii sanctificantur, et etiam magis permanens ex sui ratione, quia hæc gratia ordinatur ad unionem personalem, gratia autem adoptionis ad quandam unionem affectualem. Et tamen videmus quod gratia adoptionis nunquam perditur sine culpa. Cum igitur in

Christo nullum fuerit peccatum, impossibile fuit quod
solveretur unio divinitatis a carne ipsius. Et ideo, sicut
ante mortem caro Christi unita fuit secundum perso-
nam et hypostasim verbo Dei, ita et remansit unita
post mortem, ut scilicet non esset alia hypostasis verbi Dei et carnis Christi post mortem, ut Damascenus
dicit, in III libro."[21]

Santo Tomás insistirá en que el Verbo permaneció unido a su cuerpo y a su alma durante la muerte que experimentó, aunque ambos
compuestos substanciales, cuerpo y alma, estuvieron realmente separados entre sí. Cifra su posición en las declaraciones que hace el Símbolo de la Iglesia de que el Hijo de Dios fue concebido y nació de la
Virgen, que padeció, murió y fue sepultado; ahora bien, las acciones
se predican de las personas, luego, durante su muerte, la persona del
Hijo siguió unida a su cuerpo.[22] Tampoco se separó de su alma, ya
que, si la Persona divina del Hijo estuvo unida a su cuerpo durante
su muerte, más lo estaría a su alma.[23] Además se dice que el Hijo de
Dios tras ser sepultado "descendió a los infiernos" (*Symb. Apost.*),[24] lo
que hizo por la unión con su alma.[25]

---

[21] Santo Tomás de Aquino: *Summ. Theol.*, III^a, q. 50, a. 2, co.; cfr. III^a, q. 53,
a. 1 ad 2; *In Sent.*, Lib. III, dist. 2, q. 2, a. 1, q. 1, ad 1 et 2; q. 3, ad 4; a. 3, q.
2, ad 1; dist. 21, q. 1, a. 1, q. 1; *De Spirit. Creat.*, a. 3, ad 5; *Quodl.*, 2, q. 1, a.
1.

[22] Santo Tomás de Aquino: *Summ. Theol.*, III^a, q. 50, a. 2, s. c.

[23] Recuérdese la posición de Santo Tomás según la cual el Verbo de Dios se
unió a su cuerpo humano mediante el alma en la Encarnación, lo que muestra su
precedencia e importancia con respecto al cuerpo.

[24] *D. S.* 2 ss.

[25] Santo Tomás de Aquino: *Summ. Theol.*, III^a, q. 50, a. 3, co.; cfr. *In Sent.*, Lib.
III, dist. 21, q. 1, a. 1, q. 2; a. 2, q. 3, ad 3; *Quodl.*, 2, q. 1, a. 1.

Ya antes, San Gregorio de Nisa lo afirmaba con mucha claridad:

> "Y este es el misterio del plan providente de Dios sobre
> la Muerte y la Resurrección del Hijo de entre los muertos:
> que Dios no impidió a la muerte separar el alma del cuerpo,
> según el orden necesario de la naturaleza, pero los reunió
> de nuevo, una con otro, por medio de la Resurrección, a
> fin de ser Él mismo en persona el punto de encuentro de
> la muerte y de la vida deteniendo en Él la descomposición
> de la naturaleza que produce la muerte y resultando Él
> mismo el principio de reunión de las partes separadas".[26]

Sin embargo, durante los tres días de su muerte, a Cristo no se le
puede denominar "hombre" propiamente hablando, ya que la verdadera
muerte del hombre o del animal supone que deja de ser tal hombre o
tal animal, y la muerte de Crito fue real. Lo más que se puede afirmar
es que fue "hombre muerto", como ya se explicaba más arriba.[27]

El *Catecismo de la Iglesia Católica* también recoge esta doctrina:

> "La muerte de Cristo fue una verdadera muerte en cuan-
> to que puso fin a su existencia humana terrena. Pero a
> causa de la unión que la persona del Hijo conservó con

---

[26]San Gregorio Niseno: *Oratio Catechetica*, 16, 9 (*P. G.*, 45, 52). Cfr. también
San Juan Damasceno: "Aunque Cristo en cuanto hombre se sometió a la muerte, y
su alma santa fue separada de su cuerpo inmaculado, sin embargo su Divinidad no
fue separada ni de una ni de otro, esto es, ni del alma ni del cuerpo: y, por tanto,
la persona única no se encontró dividida en dos personas. Porque el cuerpo y el
alma de Cristo existieron por la misma razón desde el principio en la persona del
Verbo; y en la muerte, aunque separados el uno de la otra, permanecieron cada
cual con la misma y única persona del Verbo" (*De Fide Orthodoxa*, 3, 27, en *P.
G.*, 94, 1098A).

[27]Santo Tomás de Aquino: *Summ. Theol.*, IIIª, q. 50, a. 4, co. cfr. *In Sent.*, Lib.
III, dist. 22, q. 1; *Quodl.*, 2, q. 1 n.; *Quodl.*, 3, q. 2, a. 2; *Compend. Theol.* c. 229

su cuerpo, éste no fue un despojo mortal como los demás porque 'no era posible que la muerte lo dominase' (Hech 2:24) y por eso 'la virtud divina preservó de la corrupción al cuerpo de Cristo' (Santo Tomás de Aquino, *S.th.*, 3, 51, 3, ad 2). De Cristo se puede decir a la vez: 'Fue arrancado de la tierra de los vivos' (Is 53:8); y: 'mi carne reposará en la esperanza de que no abandonarás mi alma en la mansión de los muertos ni permitirás que tu santo experimente la corrupción' (Hech 2: 26–27; cfr. Sal 16: 9–10). La Resurrección de Jesús 'al tercer día' (1 Cor 15:4; Lc 24:46; cfr. Mt 12:40; Jon 2:1; Os 6:2) era el signo de ello, también porque se suponía que la corrupción se manifestaba a partir del cuarto día (cfr. Jn 11:39)".[28]

15.3. La tumba de Jesús

Es curioso que, en las narraciones evangélicas, se mencione el hecho del entierro de Jesús en una tumba, en un sepulcro excavado en la roca y tapado con una piedra, a la usanza de los judíos de su tiempo. Es más, ha llegado a ser una de las declaraciones del Credo, lo que indica la significación dada a este evento por la Iglesia, ya que los Símbolos recogen solo lo más fundamental y medular de nuestra fe. ¿Por qué tiene tanta importancia la sepultura de Jesús?

Veamos en primer lugar la presencia de este detalle en el Nuevo Testamento:

1. Es recogido por los cuatro evangelistas:

   - Mt 27: 57–61.
   - Mc 15: 42–47.

---

[28] *Catecismo de la Iglesia Católica*, n. 627.

- Lc 23: 50–56.
- Jn 19: 38–42.

2. Es objeto importante de la predicación primitiva, como se puede comprobar en Hech 13:29, en el discurso en la Sinagoga de Antioquía de Pisidia, que marcó también la decisión de San Pablo de dedicarse a los gentiles: "cumque consummassent omnia, quæ de eo scripta erant, deponentes eum de ligno posuerunt in monumento".

3. Es incluso, parte del nucleo de fe más primitivo y objeto de las famosas "parádosis" paulinas: "Tradidi enim vobis in primis, quod et accepi, quoniam Christus mortuus est pro peccatis nostris secundum Scripturas et quia sepultus est et quia suscitatus est tertia die secundum Scripturas. . ." (1 Cor 15:4).

El significado teológico de la sepultura de Jesús es, pues, importante. Se pueden destacar los siguientes aspectos:

1. Tiene una relación estrecha con el misterio de la muerte de Cristo. Así como la muerte es salvadora, y fue seguida de la sepultura, también ésta lo es. Santo Tomás de Aquino así lo manifiesta al decir que las palabras de Isaias 53:9 ("entregará a los impíos a cambio de su sepultura") significa que rescatará a los gentiles que viven sin piedad porque los rescató por su muerte y por su sepultura.[29]

2. Es uno de los motivos más señalados de la catequesis bautismal, como manifestación de la salvación operada por Cristo que nos llega a través de ese sacramento. Así se puede comprobar en:

---

[29]Santo Tomás de Aquino: *Summ. Theol.*, IIIª, q. 51, a. 1, ad 2.

- La Sagrada Escritura:
  - Ro 6:4, "...consepulti ergo sumus cum illo per baptismum in mortem, ut quemadmodum suscitatus est Christus a mortuis per gloriam Patris, ita et nos in novitate vitæ ambulemus".
  - Col 2:12, "...consepulti ei in baptismo, in quo et conresuscitati estis per fidem operationis Dei, qui suscitavit illum a mortuis..."
- Los Santos Padres insistieron también en el alcance bautismal. Así San Basilio,[30] San Cirilo de Jerusalén,[31] San Gregorio de Nisa[32] o San Juan Damasceno.[33]
- Santo Tomás de Aquino, de entre las tres razones de conveniencia para que Cristo fuera sepultado, subraya el aspecto que ahora nos ocupa:

  "...ad exemplum eorum qui per mortem Christi spiritualiter moriuntur peccatis, qui scilicet absconduntur a conturbatione hominum. Unde dicitur Coloss. III, mortui estis, et vita vestra abscondita est cum Christo in Deo. Unde et baptizati, qui per mortem Christi moriuntur peccatis, quasi consepeliuntur Christo per immersionem, secundum illud Rom. VI, consepulti sumus cum Christo per Baptismum in mortem."[34]

---

[30]San Basilio: *De Spiritu Sancto*, 15 (*P. G.*, 32, 127–134).

[31]San Cirilo de Jerusalén: *Catech. Myst.*, 2, 7 (*P. G.*, 33, 1084).

[32]San Gregorio de Nisa: *Adversus Apollinarem*, 17 (*P. G.*, 45, 1156).

[33]San Juan Damasceno: *De Fide Orthodoxa*, 3, 28 (*P. G.*, 94, 1100).

[34]Santo Tomás de Aquino: *Summ. Theol.*, IIIª, q. 51, a. 1, co. Cfr. *Catecismo de la Iglesia Católica*, n. 628.

3. Cristo asumió una verdadera humanidad, por lo que la salvó de su miseria y pecado. Pero Cristo hizo suyas todas nuestras miserias, para mostrarnos que iban a ser erradicadas, y que Él era verdadero hombre además de ser Dios. Como el ser humano está destinado al sepulcro para su cuerpo, hasta que llegue la resurrección final también de nuestros cuerpos, Cristo quiso vivir la experiencia del sepulcro:

> "...conveniens fuit Christum sepeliri... Secundo, quia per hoc quod Christus de sepulcro resurrexit, datur spes resurgendi per ipsum his qui sunt in sepulcro, secundum illud Ioan. V, omnes qui in monumentis sunt, audient vocem filii Dei, et qui audierint, vivent".

4. La sepultura de Cristo, está, por lo mismo, relacionada con toda la teología de la *Kenosis* del Verbo[35] y con el misterio del descenso a los infiernos que se verá más adelante.

5. Cristo experimentó el sepulcro pero no la corrupción (Sal 15:10). Santo Tomás aporta como razones de conveniencia para que Cristo no conociera la corrupción de su cuerpo durante su sepultura, la de que se viera con más claridad que Él se entregó a la muerte voluntariamente, y no como efecto de la enfermedad o de debilidad de su naturaleza humana; y la de que la corrupción es castigo del pecado, pero Cristo no conoció pecado alguno.[36]

6. Tiene además un valor apologético de primer orden tanto para probar la muerte real de Cristo, como también su Resurrección,

---

[35]Jn 12:24, el grano de trigo que cae en tierra y muere dando así mucho fruto, "Amen, amen dico vobis: Nisi granum frumenti cadens in terram mortuum fuerit, ipsum solum manet; si autem mortuum fuerit, multum fructum affert".

[36]Santo Tomás de Aquino: *Summ. Theol.*, IIIª, q. 51, a. 3, co. y ad 1 y 2. Cfr. *In Sent.*, III, dist. 21, q. 1, a. 2; *In Ioann.*, c. 2, lect. 3; *Compend. Theol.*, cap. 234.

ya que el sepulcro vacío es una prueba más en nuestra historia del hecho real sobrenatural de la Resurrección del Señor. Así lo expresa Santo Tomás:

"...conveniens fuit Christum sepeliri. Primo quidem, ad comprobandum veritatem mortis, non enim aliquis in sepulcro ponitur, nisi quando iam de veritate mortis constat. Unde et Marci XV legitur quod Pilatus, antequam concederet Christum sepeliri, diligenti inquisitione cognovit eum mortuum esse..."[37]

"...modus sepulturæ Christi ostenditur esse conveniens quantum ad tria. Primo quidem, quantum ad confirmandam fidem mortis et resurrectionis ipsius..."[38]

15.4. Descenso a los Infiernos

Es una parte del Credo que se introduce a partir del s. IV.

15.4.1. Sagrada Escritura

Los textos que se aducen en favor de esta verdad son múltiples, entre los que destacan:

---

[37]Santo Tomás de Aquino: *Summ. Theol.*, IIIᵃ, q. 51, a. 1, co. Cfr. *In 1 Cor.*, c. 15, lect. 1; *Compend. Theol.*, c. 234. Así lo recuerda también el *Catecismo de la Iglesia Católica*, n. 625: "La permanencia de Cristo en el sepulcro constituye el vínculo real entre el estado pasible de Cristo antes de Pascua y su actual estado glorioso de resucitado. Es la misma persona de 'El que vive' que puede decir: 'estuve muerto, pero ahora estoy vivo por los siglos de los siglos' (Ap 1:18)..."

[38]Santo Tomás de Aquino: *Summ. Theol.*, IIIᵃ, q. 51, a. 2, co. Cfr. *In Matth.*, c. 27; *In Ioann.*, c. 19, lect. 6.

- Hech 2: 27–31, que se refiere a la profecía del Sal 15:10, "... 'quoniam non derelinques animam meam in inferno neque dabis Sanctum tuum videre corruptionem. Notas fecisti mihi vias vitæ, replebis me iucunditate cum facie tua'. Viri fratres, liceat audenter dicere ad vos de patriarcha David, quoniam et defunctus est et sepultus est, et sepulcrum eius est apud nos usque in hodiernum diem; propheta igitur cum esset et sciret quia iure iurando iurasset illi Deus de fructu lumbi eius sedere super sedem eius, providens locutus est de resurrectione Christi, quia neque derelictus est in inferno, neque caro eius vidit corruptionem".

- 1 Pe 3: 18–20, "... quia et Christus semel pro peccatis passus est, iustus pro iniustis, ut vos adduceret ad Deum, mortificatus quidem carne, vivificatus autem Spiritu: in quo et his, qui in carcere erant, spiritibus adveniens prædicavit, qui increduli fuerant aliquando, quando exspectabat Dei patientia in diebus Noe, cum fabricaretur arca, in qua pauci, id est octo animæ, salvæ factæ sunt per aquam".

- Ro 10: 6–7, "... quæ autem ex fide est iustitia, sic dicit: 'Ne dixeris in corde tuo: Quis ascendet in cælum?', id est Christum deducere; aut: 'Quis descendet in abyssum?', hoc est Christum ex mortuis revocare".

- Ap 1:18, "... et vivens et fui mortuus et ecce sum vivens in sæcula sæculorum et habeo claves mortis et inferni".

- Ef 4: 8–10, "... propter quod dicit: 'Ascendens in altum captivam duxit captivitatem, dedit dona hominibus'. Illud autem 'ascendit' quid est, nisi quia et descendit in inferiores partes terræ?

Qui descendit, ipse est et qui ascendit super omnes cælos, ut impleret omnia".[39]

15.4.2. Santos Padres

Hay muchos Santos Padres que, desde San Ignacio de Antioquía,[40] pasando por San Justino[41] o San Ireneo,[42] sostienen el hecho del descenso a los infiernos, aportando variadas razones. No obstante, algunas de ellas eran erróneas, como la que afirmaba que el descenso de Cristo tuvo como motivo el de predicar la conversión a los condenados, como fue el caso de:

- Orígenes.[43]

- San Clemente de Alejandría.[44]

San Gregorio Magno rechaza tal opinión como herética y sostuvo que solo fueron liberados aquéllos que murieron en gracia de Dios,[45] porque la conversión únicamente se puede realizar antes de la muerte.[46]

Posteriormente aclararía Santo Tomás que el descenso al lugar de los muertos, fue al lugar del infierno donde estaban detenidos las almas de los justos, con lo que Cristo visitaba con su alma a los que, por

---

[39]Cfr. H. Quilliet: *Descente de Jésus aux Enfers*, en DTC, IV, 567–573; Cfr. F. Ocáriz – L. F. Mateo–Seco – J. A. Riestra: *El Misterio...*, cit., págs. 313–316; J. A. Sayés: *Señor y Cristo...*, cit., págs. 487–494, con bibliografía de pág. 487; J. Galot: *La Descent du Christ aux Enfers*, en "Nouveau Revue Théologique" 93 (1961) 471–491.

[40]San Ignacio de Antioquia: *Ad Magnesios*, 9, 2.

[41]San Justino: *Dial. Trif.*, 72 (*P. G.*, 6, 645).

[42]San Ireneo: *Adv. Hær.*, III, 20 (*P. G.*, 7, 945); IV, 22, 1 (*P. G.*, 7, 1046).

[43]Orígenes: *Contra Celsum*, II, 43 (*P. G.*, 11, 864).

[44]San Clemente de Alejandría: *Stromata*, VI, 27, 2 (*P. G.*, 9, 265s).

[45]San Gregorio Magno: *Ep.* 7, 15 (*P. L.*, 77, 869).

[46]Cfr. San Juan Crisóstomo: *In Math. Hom.*, 36, 3 (*P. G.*, 57, 417).

la gracia, había visitado interiormente con su Divinidad.[47] Y desde allí, extendió a los otros lugares o estados su influencia: a los condenados, les hizo entender su incredulidad y malicia; a los detenidos en el purgatorio les dio esperanza de alcanzar la gloria. En efecto:

> "...dupliciter dicitur aliquid alicubi esse. Uno modo, per suum effectum. Et hoc modo Christus in quemlibet Infernum descendit, aliter tamen et aliter. Nam in Infernum damnatorum habuit hunc effectum quod, descendens ad Inferos, eos de sua incredulitate et malitia confutavit. Illis vero qui detinebantur in Purgatorio, spem gloriæ consequendæ dedit. Sanctis autem patribus, qui pro solo peccato originali detinebantur in Inferno, lumen æternæ gloriæ infudit. Alio modo dicitur aliquid esse alicubi per suam essentiam. Et hoc modo anima Christi descendit solum ad locum Inferni in quo iusti detinebantur, ut quos ipse per gratiam interius visitabat secundum divinitatem, eos etiam secundum animam visitaret et loco. Sic autem in una parte Inferni existens, effectum suum aliqualiter ad omnes Inferni partes derivavit, sicut, in uno loco terræ passus, totum mundum sua passione liberavit".[48]

---

[47]El Santo aclarará que Cristo estuvo en el infierno, con su Persona divina unida a su alma pues la unión hipostática no cesó nunca, como ya se ha explicado: el Verbo estuvo unido a su cuerpo en el sepulcro y a su alma en los infiernos. Además estuvo también con su presencia por inmensidad, como Dios que era. Cfr. Santo Tomás de Aquino: *Summ. Theol.*, III[a], q. 52, a. 3, co.

[48]Santo Tomás de Aquino: *Summ. Theol.*, III[a], q. 52, a. 2, co. Cfr. *In Sent.*, Lib. III, dist. 22, q. 2, a. 1, q. 2.

15.4.3. Magisterio

El descenso a los infiernos se introduce en el Símbolo católico desde el siglo cuarto, aunque, como ya se ha visto, está en la fe de los Santos Padres desde el principio.[49] Este dato de fe, de tanta antigüedad, es recogido en el s. XIII por dos concilios ecuménicos:

- Concilio IV de Letrán (a. 1215):

  "...qui etiam pro salute humani generis in ligno crucis passus et mortuus, descendit ad infernos, resurrexit a mortuis et ascendit in cælum: sed descendit in anima, et resurrexit in carne: ascenditque pariter in utroque..."[50]

- Concilio II de Lyon (a. 1274):

  "...sed in humanitate pro nobis et salute nostra passum vera carnis passione, mortuum et sepultum, et descendisse ad inferos, ac tertia die resurrexisse a mortuis vera carnis resurrectione..."[51]

También se aclara por parte de algunos Papas y sínodos, el sentido del descenso a los infiernos:[52]

- Concilio de Toledo IV, año 625: el Señor bajó a los infiernos para liberar a los justos que le habían precedido.[53]

---

[49]Parece que la primera referencia se encuentra, no obstante, en un credo arriano del a. 359.

[50]Definición contra cátaros y albigenses, *D. S.* 801.

[51]Profesión de fe al emperador Miguel, *D. S.* 852.

[52]Cfr. *Catecismo de la Iglesia Católica*, n. 633.

[53]*D. S.* 485.

- Concilio de Roma, año 745: Jesús no bajó para liberar a los condenados.[54]

- Benedicto XII, Libelo *Cum dudum*[55] y Clemente VI, c. *Super quibusdam*[56]: Cristo no bajó a los infiernos para destruir el infierno de la condenación.

Todas estas declaraciones, pasarán a los catecismos de la Iglesia:

- *Catecismo Romano*:

  > "En esta primera parte del artículo se nos propone creer dos cosas: que en muriendo Cristo, su alma descendió a los infiernos y permaneció allí todo el tiempo que su cuerpo estuvo en el sepulcro; que en ese mismo tiempo la persona de Cristo estuvo a la vez en los infiernos (por la unión de su alma y su Divinidad) y en el sepulcro (por la unión de su cuerpo y su Divinidad)."[57]

- *Catecismo de la Iglesia Católica*:

  > "Las frecuentes afirmaciones del Nuevo Testamento según las cuales Jesús 'resucitó de entre los muertos' (Hech 3:15; Ro 8:11; 1 Cor 15:20) presuponen que, antes de la Resurrección, permaneció en la morada de los muertos (cfr. Heb 13:20). Es el primer sentido que dio la predicación apostólica al descenso de Jesús a los infiernos; Jesús conoció la muerte como todos los hombres y se reunió con ellos en la morada de los

---

[54] *D. S.* 587.

[55] *D. S.* 1011.

[56] *D. S.* 1077.

[57] *Catech. ad Parochos*, I, 6, 4.

muertos. Pero ha descendido como Salvador procla-
mando la buena nueva a los espíritus que estaban allí
detenidos (cfr. 1 Pe 3: 18–19)."[58]

15.4.4. Razonamiento teológico

El descenso del Señor a los infiernos no puede ser entendido en el
sentido herético que critica el Magisterio señalado. ¿Cuál es su recta
interpretación? Principalmente significa cuatro realidades:

1. Es parte de lo que constituye el haber muerto realmente y haber sido sepultado. Tal y como se expresa en la concepción del
   más allá antes de la revelación definitiva del Nuevo Testamento,
   cuando una persona fallecía:

   - Su cuerpo iba al sepulcro.
   - Su alma iba al "sheol".

   Es lo que ocurre con Cristo. La Iglesia y la Revelación manifiestan que Cristo real y verdaderamente murió por nuestros pecados
   en su naturaleza humana, con una muerte como la nuestra. De
   este modo resalta con más fuerza el hecho de su Resurrección
   entre los muertos, clave fundamental de la fe ("si Cristo no ha
   resucitado, vana es nuestra fe" 1 Cor 15: 13–14):

   - Hech 3:16, "Et in fide nominis eius hunc, quem videtis et
     nostis, confirmavit nomen eius; et fides, quæ per eum est,
     dedit huic integritatem istam in conspectu omnium ves-
     trum".
   - Hech 13:30, "Deus vero suscitavit eum a mortuis".

---

[58] *Catecismo de la Iglesia Católica*, n. 632.

- Hech 17:3, "...adaperiens et comprobans quia Christum oportebat pati et resurgere a mortuis, et: 'Hic est Christus, Iesus, quem ego annuntio vobis'".

2. También manifiesta la soberanía de Cristo sobre la vida y la muerte. Con lo cual se muestra más claramente su Divinidad: Flp 2: 8–11, "humiliavit semetipsum factus oboediens usque ad mortem, mortem autem crucis. Propter quod et Deus illum exaltavit et donavit illi nomen, quod est super omne nomen, ut in nomine Iesu omne genu flectatur cælestium et terrestrium et infernorum, et omnis lingua confiteatur 'Dominus Iesus Christus!', in gloriam Dei Patris". Es un aspecto que resaltará Santo Tomás de Aquino:

> "...quod conveniens fuit Christum ad Infernum descendere... Tertio ut, sicut potestatem suam ostendit in terra vivendo et moriendo, ita etiam potestatem suam ostenderet in Inferno, ipsum visitando et illuminando; unde dicitur in Psalmo, attollite portas, principes, vestras, Glossa, idest, principes Inferni, auferte potestatem vestram, qua usque nunc homines in Inferno detinebatis; et sic in nomine Iesu omne genu flectatur, non solum cælestium, sed etiam Infernorum, ut dicitur Philipp. II".[59]

3. Es el momento en el que se aplican los frutos de la Redención a los justos del Antiguo Testamento, que ya pueden gozar de la bienaventuranza eterna en el Cielo. Como recuerda el *Catecismo de la Iglesia Católica*:

---

[59]Santo Tomás de Aquino: *Summ. Theol.*, III^a, q. 52, a. 1, co.

"La Escritura llama *infiernos, sheol, o hades* (cfr.
Flp 2:10; Hech 2:24; Ap 1:18; Ef 4:9) a la morada de
los muertos donde bajó Cristo después de muerto, porque los que se encontraban allí estaban privados de la
visión de Dios (cfr. Sal 6:6; 88: 11–13). Tal era, en
efecto, a la espera del Redentor, el estado de todos los
muertos, malos o justos (cfr. Sal 89:49; Ez 32: 17–32),
lo que no quiere decir que su suerte sea idéntica como
lo enseña Jesús en la parábola del pobre Lázaro recibido en el 'seno de Abraham' (cfr. Lc 16: 22–26). 'Son
precisamente estas almas santas, que esperaban a su
Libertador en el seno de Abraham, a las que Jesucristo liberó cuando descendió a los infiernos' (*Catecismo
Romano*, 1, 6, 3)."[60]

Santo Tomás apoya dos de las tres razones de conveniencia para
el descenso de Jesucristo a los infiernos, sobre la base de esta
idea. En efecto, era conveniente esta acción de Cristo, porque
había venido a llevar la pena por nuestros pecados (que conlle-
vaba no solo la muerte del cuerpo, sino también el bajar a los
infiernos) y a librarnos de ella; y porque habiendo vencido a Satanás en su Pasión, era conveniente que arrebatase a los presos
que tenía en el infierno (lo que a nosotros se nos aplica por los
sacramentos, a los justos del Antiguo Testamento se aplica por
la bajada de Jesús a a los infiernos):

"...quod conveniens fuit Christum ad Infernum
descendere. Primo quidem, quia ipse venerat poenam
nostram portare, ut nos a poena eriperet, secundum
illud Isaiæ LIII, vere languores nostros ipse tulit, et

---

[60] *Catecismo de la Iglesia Católica*, n. 633.

dolores nostros ipse portavit. Ex peccato autem homo incurrerat non solum mortem corporis, sed etiam descensum ad Inferos. Et ideo, sicut fuit conveniens eum mori ut nos liberaret a morte, ita conveniens fuit eum descendere ad Inferos ut nos a descensu ad Inferos liberaret. Unde dicitur Osee XIII, ero mors tua, o mors. Ero morsus tuus, Inferne. Secundo, quia conveniens erat ut, victo Diabolo per passionem, vinctos eius eriperet, qui detinebantur in Inferno, secundum illud Zach. IX, tu quoque in sanguine testamenti tui vinctos tuos emisisti de lacu. Et Coloss. II dicitur, exspolians principatus et potestates, traduxit confidenter..."[61]

"...sicut virtus passionis Christi applicatur viventibus per sacramenta configurantia nos passioni Christi, ita etiam applicata est mortuis per descensum Christi ad Inferos. Propter quod signanter dicitur Zach. IX, quod eduxit vinctos de lacu in sanguine testamenti sui, idest per virtutem passionis suæ".[62]

También explica el Santo, que los justos del Antiguo Testamento estaban retenidos en el infierno como pena por el pecado original, que les impedía la entrada en la gloria y la contemplación de la divina esencia.[63] Pero estaban unidos a Cristo por la fe y por la caridad. Los condenados en el infierno, en cambio, o nunca

---

[61]Santo Tomás de Aquino: *Summ. Theol.*, III ͣ, q. 52, a. 1, co. Cfr. *In Sent.*, Lib. III, dist. 22, q. 2, a. 1, q. 1; *Compend. Theol.*, cap. 235; *Expos. super Symb.*, a. 5.

[62]Santo Tomás de Aquino: *Summ. Theol.*, III ͣ, q. 52, a. 1, ad 2.

[63]Santo Tomás de Aquino: *Summ. Theol.*, III ͣ, q. 52, a. 5, co. Cfr. *In Sent.*, Lib. III, dist. 22, q. 2, a. 2, q. 1; *In Eph.*, 4, lect. 3; *Compend. Theol.*, c. 235; *Expos. super Symb.*, a. 5.

tuvieron fe como los infieles, o si la tuvieron, no tuvieron ninguna conformidad con la caridad de Cristo por lo que no estaban limpios de sus pecados personales, y por eso, no pudieron ir al Cielo.[64]

4. Finalmente manifiesta la soberana libertad de Cristo, quien bajó libremente sin que la muerte le retuviera. Así lo ven los Santos Padres, entre los que se destacan San Atanasio.[65] o San Cirilo de Jerusalén.[66]

---

[64]Santo Tomás de Aquino: *Summ. Theol.*, IIIª, q. 52, a. 6, co. (cfr. *In Sent.*, Lib. III, dist. 22, q. 2, a. 1, q. 2; *Compend. Theol.*, cap. 235; *Expos. super Symb.*, a. 5.). Para los niños en el limbo, cfr. a 7, co. (cfr. *In Sent.*, Lib. III, dist. 22, q. 2, a. 2 q. 3; *Expos. super Symb.*, a.5). Para las almas del purgatorio, cfr. a. 8, co.

[65]San Atanasio: *De Incarnatione Dom.*, 13 (*P. G.*, 26, 1117).

[66]San Cirilo de Jerusalén: *Catech.*, 14, 19 (*P. G.*, 33, 847).

16
Significado salvífico de la exaltación de Cristo

16.1. Introducción

El apóstol San Pedro, en su discurso de Pentecostés, explica el misterio de la Pasión y Muerte de Jesucristo, en relación con su exaltación:

> "...propheta igitur cum esset et sciret quia iure iurando iurasset illi Deus de fructu lumbi eius sedere super sedem eius, providens locutus est de resurrectione Christi, quia neque derelictus est in inferno, neque caro eius vidit corruptionem. Hunc Iesum resuscitavit Deus, cuius omnes nos testes sumus. Dextera igitur Dei exaltatus, et promissione Spiritus Sancti accepta a Patre, effudit hunc, quem vos videtis et auditis" (Hech 2: 30–33).

Es pues necesario ahora indagar sobre la naturaleza salvífica de los misterios relacionados con la exaltación de Cristo, que son su Resurrección, su Ascensión, su situación en la eternidad intercediendo por nosotros y como Cabeza de la Iglesia, y su segunda venida o Parusía.

145

16.2. Resurrección de Cristo

16.2.1. Sagrada Escritura

La Resurrección de Cristo es el tema central de la predicación apostólica, en relación íntima y directa con el misterio de la Muerte.

- San Pedro así lo establece desde el mismo inicio en Pentecostés, como se ha señalado.

- San Pablo hace lo propio también al inicio de su ministerio con los gentiles: "Et nos vobis evangelizamus eam, quæ ad patres promissio facta est, quoniam hanc Deus adimplevit filiis eorum, nobis resuscitans Iesum, sicut et in Psalmo secundo scriptum est: 'Filius meus es tu; ego hodie genui te'. Quod autem suscitaverit eum a mortuis, amplius iam non reversurum in corruptionem, ita dixit: 'Dabo vobis sancta David fidelia'. Ideoque et in alio dicit: 'Non dabis Sanctum tuum videre corruptionem'. David enim sua generatione cum administrasset voluntati Dei, dormivit et appositus est ad patres suos et vidit corruptionem..." (Hech 13: 32–36).

Es importante centrar el estudio en los testimonios sobre la Resurrección que aporta el Nuevo Testamento, para comprender bien la realidad de la misma y sus características especiales. Hoy en día, en un sector no pequeño de la teología,[1] se niega la realidad histórica de la

---

[1]Los más conocidos intentos heréticos son los de D. F. Strauss, A. S. Reimarus, E. Renan ("La Vida de Jesús"), A. Von Harnack ("La Esencia del Cristianismo"), A. Loisy ("El Nacimiento del Cristianismo"), M. Gogel ("La Fe en la Resurrección de Jesús en el Cristianismo Primitivo"), etc. Los de mayor influencia en el momento más cercano a nosotros son los de R. Bultmann ("Nuevo Testamento y Mitología"), W. Marxsen ("La Resurrección de Jesús como Problema Histórico y Teológico") y Leon Dufour ("Resurrección de Jesús y Mensaje Pascual"), entre otros.

Resurrección del Señor, transformándola en una especie de experiencia mística de la primitiva comunidad, que en el fondo, inventó la fe en la misma. El único sentido que tendrían los relatos neotestamentarios es indicar que Cristo seguía vivo en la fe de sus discípulos, pero nada más. Tal perspectiva es un prejuicio que en absoluto se fundamenta en los testimonios revelados, que niega toda posible intervención sobrenatural de Dios en el mundo creado, y una falta de fe en la Divinidad de Cristo. Es mala exégesis, y peor teología.

Esta sección es solo un resumen de los datos bíblicos más importantes a los efectos señalados. Su estudio tiene como sede propia la de la teología fundamental o la de la cristología fundamental y allí hay que remitirse para profundizar estos temas.[2]

Los principales datos a tener en cuenta son:

1.– **Perspectiva general.** A modo de introducción podemos destacar los siguientes puntos:

---

[2]Hay mucha bibliografía. Se pueden leer con aprovechamiento, J. A. Sayés: *Cristología Fundamental*, cit., págs. 303–390; P. de Hayes: *La Résurrection de Jésus dans l'Apologétique des Cinquante Dernières Années*, Roma 1953; A. Fernández: *Teología Dogmática*, cit., págs. 166–177. Una amplia bibliografía en G. Ghiberti: *Resurrexit*, en "Actes du Symposium International Sur la Resurrection de Jesus", Roma, Libreria Editrice Vaticana, 1974, págs. 645–764; Id.: *Aggiornamento della Bibliografía*, en "Rivista Biblica Italiana", 23 (1975) 424–440; A. Diez Macho: *La Resurrección de Cristo y del Hombre en la Biblia*, Madrid, Fe católica, 1977. Una síntesis de las diferentes posiciones en J. A. Sayés: *La Resurrección de Jesús y la Historia. Problemática Actual*, Burgos, Facultad del Norte de España, 1983; B. R. Habernas: *Mapping the Recent Trend Towards the Bodily Resurrection Appearances of Jesus in Light of Other Prominent Critical Positions*, en R. Stewart (ed.): "Resurrection of Jesus. John Dominic Crossan an de N. T. Wright in Dialogue", Fortress Press, Minneapolis, 2006, págs. 78–92; G. R. Habernas: *Experiences of the Risen Jesus: the Foundational Historical Issue in the Early Proclamation of the Resurrection*, en "Dialog: A Journal of Theology" 45 (2006) 288–297.

1. Los testimonios neotestamentarios son numerosísimos y se encuentran en todos los libros.

2. Las perspectivas desde las que se relatan los hechos son de lo más variadas:

   - A veces son narraciones largas, como las de los Evangelios.

   - A veces son declaraciones simples o aplicaciones teológicas del misterio, como en los Hechos de los Apóstoles o las referencias de 1 Cor 15.

   - En otras ocasiones nos hallamos antes himnos litúrgicos que celebran el misterio o breves confesiones de fe que manifiestan la adhesión al mismo, como aparecen en las "parádosis" de San Pablo (vgr. 1 Cor 15: 1ss).

3. La explicación de esta abundancia de textos y perspectivas es clara: era el centro de la predicación apostólica. Los Apóstoles eran "testigos de la Resurrección del Señor":

   - Así lo declaran con ocasión de la curación del paralítico en la Puerta Hermosa del Templo: "...ducem vero vitæ interfecistis, quem Deus suscitavit a mortuis, cuius nos testes sumus" (Hech 3:15).

   - Y fue un criterio decisivo para le elección de San Matías para ser Apóstol: "Oportet ergo ex his viris, qui nobiscum congregati erant in omni tempore, quo intravit et exivit inter nos Dominus Iesus, incipiens a baptismate Ioannis usque in diem, qua assumptus est a nobis, testem resurrectionis eius nobiscum fieri unum ex istis" (Hech 1: 21–22).

4. La conclusión es clara: la resurrección es objeto principal de la predicación primitiva tanto a judíos como a los gentiles,

aunque la rechacen: " '. . . eo quod statuit diem, in qua iudicaturus est orbem in iustitia in viro, quem constituit, fidem
præbens omnibus suscitans eum a mortuis'. Cum audissent
autem resurrectionem mortuorum, quidam quidem irride-
bant, quidam vero dixerunt: 'Audiemus te de hoc iterum'"
(Hech 17: 31–32).

2.– Parádosis (1 Cor 15: 3–8). Esta verdad de fe se transmite con
toda fidelidad desde el inicio de la Iglesia; lo que se puede comprobar por ser uno de los datos que cuidadosamente se reciben
y entregan a través de la técnica denominada "parádosis". Así,
por ejemplo, San Pablo en ese texto de su primera Carta a los
Corintios,[3] sostiene firmemente que él entrega con suma preci-
sión y sin cambiar lo que a su vez él ha recibido. Esto tiene una
gran importancia, porque subraya:

- Que es una verdad que se refleja por escrito ya en los años
  53 a 57 de nuestra era, y que era transmitida con toda
  fidelidad desde que ocurrieron los hechos. Es fórmula donde
  se traslucen arameismos.

- Se trata de una solemne declaración, lo que manifiesta ya
  una profesión de fe.

- Se apela a la multitud de testigos de este acontecimiento,
  muchos de los cuales viven: "más de quinientos hermanos
  juntos, la mayoría de los cuales todavía viven" (1 Cor 15:6).

- Se compone la "parádosis" con una serie de verbos que se
  confirman unos a otros: "murió *pues* fue sepultado; fue sepultado *pero* resucitó; fue resucitado, *pues* se apareció".

---

[3]Cfr. también 1 Cor 11:23.

3.– Otras fórmulas. También se encuentran varias fórmulas que manifiestan tanto la fe como la predicación de la verdad de la Resurrección desde el origen del cristianismo:

- San Pedro en Pentecostés (Hech 2: 23ss).

- San Pedro en el Pórtico de Salomón, tras curación del paralítico (Hech 3:15).

- San Pedro ante el Sanedrín (Hech 4:10).

- San Pedro, de nuevo, ante el Sanedrín (Hech 5: 30–31).

- San Pedro en casa de Cornelio (Hech 10: 37–40).

- San Pablo en Antioquía (Hech 13: 27–31).

- 1 Pe 3: 18.21.22, "Quia et Christus semel pro peccatis passus est, iustus pro iniustis, ut vos adduceret ad Deum, mortificatus quidem carne, vivificatus autem Spiritu:... et vos nunc salvos facit, non carnis depositio sordium sed conscientiæ bonæ rogatio in Deum, per resurrectionem Iesu Christi, qui est in dextera Dei, profectus in cælum, subiectis sibi angelis et potestatibus et virtutibus".

- Ro 10:9, "Quia si confitearis in ore tuo: 'Dominum Iesum!', et in corde tuo credideris quod Deus illum excitavit ex mortuis, salvus eris".

- Etc.

4.– Las extensas narraciones evangélicas. Tienen unas características muy singulares. En efecto:

1. Textos: es un hecho que se narra con detalle y por todas las fuentes históricas del Nuevo Testamento.

   - Mt 28.
   - Mc 16.

- Lc 24.

- Jn 20–21.

- Hech 1: 1–11.

2. Al mismo tiempo son narraciones sobrias y sin preocupación de hacer concordar los datos.

3. Se describe la continuidad del Cristo resucitado con el Cristo muerto en la Cruz:

  - En el hablar, como el diálogo con María Magdalena: Jn 20:16.

  - En la fracción del pan, como a los discípulos de Emaús: Lc 24:31.

  - En el tacto, como a los Apóstoles incrédulos: Lc 24:39.

  - En la comida de alimentos sólidos: Lc 24:41.

  - En la mostración de las llagas de la Pasión: Jn 20:27.

4. Se otorga importancia al detalle del sepulcro vacío, como ya se ha comentado:

  - Valor: aunque no sea prueba definitiva, sin embargo sí que es una condición y un efecto de la verdadera Resurrección del cuerpo del Señor.

  - Se cita en los tres sinópticos: Mt 28:6; Mc 16:6; Lc 24: 5–6.

  - Efecto:

    • Se establece la relación entre el cuerpo resucitado (se aparece a los hombres) y el cuerpo sepultado (que ya no está).

    • La Resurrección no es la mera pervivencia de un elemento espiritual. En efecto:

      ◦ Hech 2: 29–31.

○ Jerusalén entera podría comprobar la veracidad de los dichos de San Pedro.

5. Incluso Santo Tomás considera como una de las razones para la permanencia durante tres días en el sepulcro, la de probar con toda certeza que tanto la Muerte como la Resurrección corporal de Cristo fueron verdaderas, pues si hubiera resucitado inmediatamente después de muerto, podría parecer que su Muerte no había sido verdadera y, por tanto, tampoco la Resurrección:

> "...ad hoc autem quod confirmaretur fides de veritate humanitatis et mortis eius, oportuit moram esse inter mortem et resurrectionem; si enim statim post mortem resurrexisset videri posset quod eius mors vera non fuerit, et per consequens nec resurrectio vera. Ad veritatem autem mortis Christi manifestandam, sufficiebat quod usque ad tertiam diem eius resurrectio differretur, quia non contingit quin infra hoc tempus, in homine qui mortuus videtur cum vivat, appareant aliqua indicia vitæ".[4]

5.– Pero es también un estado corporal superior, "glorioso".
En efecto, en las narraciones sobre la Resurrección resaltan también los siguientes extremos:

1. Datos:

- El cuerpo resucitado de Cristo no está sujeto a las leyes físicas sobre los cuerpos materiales en nuestro mundo:

---

[4]Santo Tomás de Aquino: *Summ. Theol.*, III*, q. 53, a. 2, co. Cfr. q. 51, a. 4; *In Sent.*, Lib. III, dist. 21, q. 2, a. 2; Lib. IV, dist. 43, a. 3, q. 1, ad 1; *Compend. Theol.*, cap. 236; *In Io.*, 2, lect. 3; *In Ps.*, ps. 15; *Expos. super Symb.*, a. 5.

- Se hace presente estando las puertas cerradas: Lc 24:36; Jn 20: 19.26.

- Se aparece en sitios muy diferentes y distantes.

■ San Pablo habla de cuerpo espiritual (σωμα πνευματικόν, 1 Cor 15:44).

2. Efecto: la fe continua siendo necesaria. Por eso:

■ Las apariciones son un verdadero "ver" a Jesús, y también un don de la gracia al mismo tiempo.

■ Los datos son claros:

- Los discípulos "dudan" (Mt 28:17).

- La extensa descripción de las dudas de Santo Tomás y la recriminación de Jesús: "Quia vidisti me, credidisti. Beati, qui non viderunt et crediderunt!" (cfr. Jn 20: 26–29).

- Hay una clara distinción entre las narraciones de las apariciones de Cristo resucitado[5] y las visiones espirituales de Cristo:

  o Para las apariciones de Cristo se emplean los verbos: "horáô" (ὁράω, ver, aparecerse, dejarse ver);[6] "faínô" (φαίνω, mostrar, enseñar, hacer visible)[7]; "faneróô" (φανερόω, manifestar, hacer visible);[8] "paréstêsen" (παρέστησεν, presentar, po-

---

[5]Se pueden dividir en: apariciones a mujeres; a Pedro; a los discípulos de Emaús; a los Once; y las apariciones en el Libro de los Hechos. Cfr. J. A. Sayés: *Cristología Fundamental*, cit., págs. 351–371.

[6]Es el verbo que frecuentemente se usa para expresar las apariciones de Jesús. Se suele escribir en aoristo pasivo: "fue visto", "se apareció".

[7]Vgr. Hech 10:40.

[8]Vgr. Mc 16:9; Jn 21: 1.14.

ner ante los ojos);[9] o "se puso en medio de ellos" o "salió a su encuentro".[10]

o En cambio se utiliza el término "hórama", ὅραμα, para indicar indicar visión interna (no externa) tanto diurna como nocturna (vgr. Hech 12:9). Este término nunca se utiliza para describir las apariciones de Jesús resucitado.[11]

6.– Conclusión. Es muy útil un exhaustivo texto de Santo Tomás, donde se nos habla de la suficiencia de los argumentos que aparecen en las Escrituras para manifestar que la Resurrección fue verdadera y, al mismo tiempo, gloriosa. Para lo cual hace una relación de cada uno de los aspectos de la realidad de Cristo resucitado. En primer lugar, de su cuerpo que era verdadero y sólido (para lo cual se dejó palpar), que era humano (dejando ver su verdadera figura) y que era el mismo numéricamente que el de antes (para ello les mostró las cicatrices). En segundo lugar les demostró la verdadera Resurrección por parte del alma unida al cuerpo, manifestando cada una de las tres actividades vitales (vegetativa —come y bebe—, sensitiva —veía y oía— e intelectual —hablando y disertando sobre las Escrituras—). En tercer lugar demostró que poseía la divina naturaleza haciendo el milagro de la pesca milagrosa y por su Ascensión a los cielos. En cuarto lugar, mostró la gloria de la Resurrección (entrando con las puertas cerradas, o desapareciendo de repente):

---

[9]Vgr. Hech 1:3.

[10]Vgr. Lc 24:36; Jn 20: 19.26; Mt 28:9; Jn 21:4.

[11]Cfr. J. A. Sayés: *Cristología Fundamental*, cit., págs. 363–366; M. Guerra: *Antropología y Teologías*, Pamplona, Eunsa, 1976, págs. 429–430.

"Argumenta etiam fuerunt sufficientia ad ostenden-
dam veram resurrectionem, et etiam gloriosam. Quod
autem fuerit vera resurrectio, ostendit uno modo ex
parte corporis. Circa quod tria ostendit. Primo quidem, quod esset corpus verum et solidum, non corpus phantasticum, vel rarum, sicut est aer. Et hoc
ostendit per hoc quod corpus suum palpabile præbuit.
Unde ipse dicit, Luc. ult., palpate et videte, quia spiritus carnem et ossa non habet, sicut me videtis habere. Secundo, ostendit quod esset corpus humanum,
ostendendo eis veram effigiem, quam oculis intueren-
tur. Tertio, ostendit eis quod esset idem numero corpus quod prius habuerat, ostendendo eis vulnerum cicatrices. Unde legitur Luc. ult., dixit eis, videte manus meas et pedes meos, quia ego ipse sum. Alio modo
ostendit eis veritatem suæ resurrectionis ex parte animæ iterato corpori unitæ. Et hoc ostendit per opera
triplicis vitæ. Primo quidem, per opus vitæ nutriti-
væ, in hoc quod cum discipulis manducavit et bibit,
ut legitur Luc. ult. Secundo, per opera vitæ sensiti-
væ, in hoc quod discipulis ad interrogata respondebat,
et præsentes salutabat, in quo ostendebat se et videre et audire. Tertio, per opera vitæ intellectivæ, in
hoc quod cum eo loquebantur, et de Scripturis disse-
rebant. Et ne quid deesset ad perfectionem manife-
stationis, ostendit etiam se habere divinam naturam,
per miraculum quod fecit in piscibus capiendis; et ul-
terius per hoc quod, eis videntibus, ascendit in cælum;
quia, ut dicitur Ioan. III, nemo ascendit in cælum nisi
qui descendit de cælo, filius hominis, qui est in cælo.

Gloriam etiam suæ resurrectionis ostendit discipulis, per hoc quod ad eos ianuis clausis intravit, secundum quod Gregorius dicit, in homilia, palpandam carnem dominus præbuit, quam clausis ianuis introduxit, ut esse post resurrectionem ostenderet corpus suum et eiusdem naturæ, et alterius gloriæ. Similiter etiam ad proprietatem gloriæ pertinebat quod subito ab oculis discipulorum evanuit, ut dicitur Lucæ ultimo, quia per hoc ostendebatur quod in potestate eius erat videri et non videri quod pertinet ad conditionem corporis gloriosi, ut supra dictum est".[12]

16.2.2. Magisterio

Por eso este dogma ocupa un papel fundamental en todos los símbolos y profesiones de fe:

1. Símbolo de los Apóstoles.[13]

2. Profesiones de fe:

    - De Inocencio III a los valdenses.[14]

    - Concilio Lateranense IV contra cátaros y albigenses.[15]

    - Confesión de fe al Emperador Miguel Paleólogo del Concilio II de Lyon.[16]

---

[12]Santo Tomás de Aquino: Summ. Theol., III*, q. 55, a. 6, co. Cfr. *In Sent.*, Lib. III, d. 21, q. 2, a. 3; a. 4, q. 1, 2, 3 y 4; *Compend. Theol.*, cap. 238.

[13]*D. S.* 11 ss.

[14]*D. S.*, 791.

[15]*D. S.*, 801.

[16]*D. S.*, 952.

- Profesión de fe a los jacobitas del Concilio de Florencia.[17]
- Profesión de fe tridentina contra los reformadores.[18]
- Profesión de fe de Benedicto XIV a los orientales.[19]
- Etc.

Los datos magisteriales que se extraen de las declaraciones mencionadas, y que han de ser tenidos en cuenta para la reflexión sobre la Resurrección del Señor, son los siguientes:

1. Se trata de una verdadera Resurrección, como se ve en las narraciones del Nuevo Testamento ("comió y bebió con ellos...", etc.)

   - Leon IX.[20]
   - Inocencio III a los Valdenses.[21]
   - San Pio X contra el Modernismo.[22]

2. Resucitó "por su propio poder", como lo atestigua:

   - El Magisterio: Concilio XI de Toledo.[23]
   - La Sagrada Escritura, que atribuye la Resurrección tanto al Padre como a Cristo mismo:
     - Al Padre: Hech 2: 24ss; 3: 13ss; Ga 1:1; etc.
     - A Cristo mismo: Jn 10:8.

---

[17] *D. S.*, 1338.

[18] *D. S.*, 1826.

[19] *D. S.*, 2529.

[20] *D. S.* 681.

[21] *D. S.* 791.

[22] *D. S.* 3437–3438.

[23] *D. S.* 593.

- Santo Tomás concluye que la causa principal de la Resurrección es la Trinidad, puesto que hay un único plan divino de salvación.[24]

3. "Al tercer día": es una indicación que se encuentra en los símbolos latinos.

4. "Según las Escrituras": una indicación propia de los símbolos griegos, basado en lo que se dice en la Revelación:

  - 1 Cor 15:4.
  - Hech 2: 24ss. en referencia al Sal 15:10.
  - Hech 13: 35ss.

16.2.3. Razonamiento teológico

El significado teológico de la Resurrección de Cristo podría ser sintetizado en los siguientes puntos:

1. La Resurrección es, ante todo, *la glorificación de Cristo* mismo.

  - Así aparece en Flp 2: 8–9, "humiliavit semetipsum factus oboediens usque ad mortem, mortem autem crucis. Propter quod et Deus illum exaltavit et donavit illi nomen, quod est super omne nomen".

  - Esto se debe a que la Resurrección le corresponde a Cristo por un doble motivo:

    - En primer lugar por su dignidad de Hijo. Algunos Santos Padres consideraron la Resurrección como una consecuencia de la unión hipostática, pensando que Cristo tendría inmortalidad en su naturaleza humana por ese

---

[24]Sobre este extremo, se profundizará más adelante.

motivo; la pasibilidad de su naturaleza humana habría sido una permisión divina con vistas a la realización de la Redención.

- En segundo lugar, por los méritos propios de su vida y Muerte.

Santo Tomás de Aquino vincula la Resurrección a una obra de la divina justicia, que ensalza a los que se humillan. Pero Cristo se humilló hasta la muerte de Cruz por caridad y obediencia a Dios; por eso era convenía que fuera exaltado hasta la Resurrección gloriosa:

> "... ad commendationem divinæ iustitiæ, ad quam pertinet exaltare illos qui se propter Deum humiliant, secundum illud Luc. I, deposuit potentes de sede, et exaltavit humiles. Quia igitur Christus, propter caritatem et obedientiam Dei, se humiliavit usque ad mortem crucis, oportebat quod exaltaretur a Deo usque ad gloriosam resurrectionem".[25]

2. Fue *obra de la Santísima Trinidad.* Como obra "ad extra" de Dios, la Resurrección es común a las tres divinas Personas. Sin embargo, la Revelación a veces las atribuye al Padre, o al Hijo mismo o al Espíritu Santo, por alguna relación especial que se puede establecer sobre este acontecimiento y la singularidad de cada Persona en el seno intratrinitario.

   - A veces, se atribuye al Padre: es el poder del Padre el que resucita al Hijo (Hech 2:24; Ro 6:4; 2 Cor 13:4; Flp 3:10; Ef 1: 19–22; Heb 7:16).

---

[25]Santo Tomás de Aquino: *Summ. Theol.*, IIIª, q. 53, a. 1, co. Cfr. *In Sent.*, Lib. III, dist. 21, q. 2, a. 1.

- A veces, se atribuye al Hijo, quien en virtud de su poder divino realiza su propia Resurrección (Mc 8:31; 9: 9–31; 10:34; Jn 10: 17–18; 1 Tes 4:14).

- A veces se insiste en que el Padre obra la Resurrección por medio del Espíritu Santo (Ef 1: 19–20); es el Espíritu el que transforma a Cristo en "espíritu vivificante" (1 Cor 15:45). Cristo alcanza la fuerza del Espíritu por medio de la Resurrección (Ro 1: 3–4). Una vez resucitado y glorificado, Jesús derramará el Espíritu sobre los hombres.[26]

3. Fue *objeto de esperanza para Cristo*, como se explicita en Jn 17: 1.5, "Hæc locutus est Iesus; et, sublevatis oculis suis in cælum, dixit: Pater, venit hora: clarifica Filium tuum, ut Filius clarificet te. . . , et nunc clarifica me tu, Pater, apud temetipsum claritate, quam habebam, priusquam mundus esset, apud te".

4. *Culmina su obra* en la tierra, como recuerda el *Catecismo de la Iglesia Católica*: "La Resurrección de Cristo está estrechamente unida al misterio de la Encarnación del Hijo de Dios: es su plenitud según el designio eterno de Dios".[27]

5. Le otorga a Cristo una *nueva forma de poder*, conforme a Ro 1:4, "qui constitutus est Filius Dei in virtute secundum Spiritum sanctificationis ex resurrectione mortuorum, Iesu Christo Domino nostro. . . "

6. Existe una *unidad salvífica con la Cruz* de Cristo. En efecto:

---

[26]Cfr. J. A. Sayés: *Señor y Cristo. . .*, cit., págs. 497–501; E. Dhanis: *La Résurrection de Christ et l'Histoire*, en "Actes du Symposium International sur la Résurrection de Jésus" Rome, Libreria Editrice Vaticana, 1970, págs. 599ss.

[27]*Catecismo de la Iglesia Católica*, n. 653.

- Es la perspectiva del Evangelio de San Juan sobre la Cruz como exaltación, que se estudió más arriba.

- Por eso, conserva los estigmas de la crucifixión tras su Resurrección.

- Es una parte de todo el conjunto de la Pascua.

Por eso:

> "Hay un doble aspecto en el Misterio Pascual: por su muerte nos libera del pecado, por su Resurrección nos abre el acceso a una nueva vida. Esta es, en primer lugar, la justificación que nos devuelve a la gracia de Dios (cfr. Ro 4:25) 'a fin de que, al igual que Cristo fue resucitado de entre los muertos... así también nosotros vivamos una nueva vida' (Ro 6:4). Consiste en la victoria sobre la muerte y el pecado y en la nueva participación en la gracia (cfr. Ef 2: 4–5; 1 Pe 1:3). Realiza la adopción filial porque los hombres se convierten en hermanos de Cristo, como Jesús mismo llama a sus discípulos después de su Resurrección: 'Id, avisad a mis hermanos' (Mt 28:10; Jn 20:17). Hermanos no por naturaleza, sino por don de la gracia, porque esta filiación adoptiva confiere una participación real en la vida del Hijo único, la que ha revelado plenamente en su Resurrección".[28]

7. La Resurrección es pues, *salvadora*:

- Así aparece en la Sagrada Escritura:
  - San Pedro:

---

[28] *Catecismo de la Iglesia Católica*, n. 654.

  - ◦ Hech 2: 32.36.

  - ◦ Hech 3: 13–26.

- • San Pablo: Hech 13: 30.32–37.

- ▪ Dios cumple sus promesas. Como dice el *Catecismo de la Iglesia Católica*:

  > "La Resurrección de Cristo es cumplimiento de las promesas del Antiguo Testamento (cfr. Lc 24: 26–27.44–48) y del mismo Jesús durante su vida terrenal (cfr. Mt 28:6; Mc 16:7; Lc 24: 6–7). La expresión 'según las Escrituras' (cfr. 1 Cor 15: 3–4 y el Símbolo Niceno-Constantinopolitano[29]) indica que la Resurrección de Cristo cumplió estas predicciones".[30]

- ▪ Nuestra futura Resurrección depende de la de Cristo: 1 Cor 15: 14.17, "Si autem Christus non suscitatus est, inanis est ergo prædicatio nostra, inanis est et fides vestra; quod si Christus non resurrexit, stulta est fides vestra; adhuc estis in peccatis vestris".

- ▪ Es la victoria definitiva sobre la muerte, como recuerda San Pablo: "Nunc autem Christus resurrexit a mortuis, primitiæ dormientium. Quoniam enim per hominem mors, et per hominem resurrectio mortuorum..." (1 Cor 15: 20–21).

Santo Tomás afirma que la Resurrección de Cristo tiene, entre otras razones, la de levantar nuestra esperanza en que nosotros también resucitaremos; es más, será "informationem vitæ fidelium" es decir, modelo, pero en el sentido de lo que es la *forma* para la metafísica tomista:

---

[29] *D. S.* 150

[30] *Catecismo de la Iglesia Católica*, n. 652.

"Tertio, ad sublevationem nostræ spei. Quia, dum videmus Christum resurgere, qui est caput nostrum, speramus et nos resurrecturos. Unde dicitur I Cor. XV, si Christus prædicatur quod resurrexit a mortuis, quomodo quidam dicunt in vobis quoniam resurrectio mortuorum non est? Et Iob XIX dicitur, scio, scilicet per certitudinem fidei, quod redemptor meus, idest Christus, vivit, a mortuis resurgens, et ideo in novissimo die de terra surrecturus sum, reposita est hæc spes mea in sinu meo. Quarto, ad informationem vitæ fidelium, secundum illud Rom. VI, quomodo Christus resurrexit a mortuis per gloriam patris, ita et nos in novitate vitæ ambulemus. Et infra, Christus resurgens ex mortuis iam non moritur, ita et vos existimate mortuos esse peccato, viventes autem Deo".[31]

Sobre este particular volveremos más adelante.

8. La Resurrección tiene un indudable *valor apologético* como argumento definitivo de la Divinidad del Señor, ya que un muerto no puede resucitarse a sí mismo, salvo que sea la fuerza de la Divinidad del Hijo de Dios, quien con su poder como tal, resu-

---

[31]Santo Tomás de Aquino: *Summ. Theol.*, IIIª, q. 53, a. 1, co. Cfr. también *In Sent.*, Lib. III, dist. 21, q. 2, a. 1; *Catecismo de la Iglesia Católica*, n. 655: "...la Resurrección de Cristo —y el propio Cristo resucitado— es principio y fuente de nuestra Resurrección futura: 'Cristo resucitó de entre los muertos como primicias de los que durmieron... del mismo modo que en Adán mueren todos, así también todos revivirán en Cristo' (1 Cor 15: 20–22). En la espera de que esto se realice, Cristo resucitado vive en el corazón de sus fieles. En Él los cristianos 'saborean... los prodigios del mundo futuro' (Heb 6:5) y su vida es arrastrada por Cristo al seno de la vida divina (cfr. Col 3: 1–3) para que ya no vivan para sí los que viven, sino para aquel que murió y resucitó por ellos' (2 Cor 5:15)".

cita a su propia naturaleza humana. Como dice Santo Tomás de Aquino:

> "... per mortem non fuit separata divinitas nec ab anima Christi, nec ab eius carne. Potest igitur tam anima Christi mortui, quam eius caro, considerari dupliciter, uno modo, ratione divinitatis; alio modo, ratione ipsius naturæ creatæ. Secundum igitur unitæ divinitatis virtutem, et corpus resumpsit animam, quam deposuerat; et anima resumpsit corpus, quod dimiserat. Et hoc est quod de Christo dicitur II Cor. ult., quod, etsi crucifixus est ex infirmitate nostra, sed vivit ex virtute Dei. Si autem consideremus corpus et animam Christi mortui secundum virtutem naturæ creatæ, sic non potuerunt sibi invicem reuniri, sed oportuit Christum resuscitari a Deo".[32]

El valor apologético es un extremo sobre el que se centra la teología o la cristología fundamental, tanto para probar la Resurrección como hecho real e histórico, como para argumentar la Divinidad de Cristo. En efecto, entre las razones de credibilidad de Jesucristo, se destacan dos:

- Los milagros: "... si autem facio, et si mihi non vultis credere, operibus credite, ut cognoscatis et sciatis quia in me est Pater, et ego in Patre" (Jn 10:38).

- La Resurrección: "Qui respondens ait illis: Generatio mala et adultera signum requirit; et signum non dabitur ei, nisi

---

[32]Santo Tomás de Aquino: *Summ. Theol.*, IIIª, q. 53, a. 4, co. Cfr. *In 1 Cor.*, 15, lect. 2; *In Io.*, 2, lect. 3; *In Rom.*, 4, lect. 3; *In Ps.*, ps. 40; *Expos. super Symb.* a. 5.

signum Ionæ prophetæ. Sicut enim fuit Ionas in ventre ceti tribus diebus et tribus noctibus, sic erit Filius hominis in corde terræ tribus diebus et tribus noctibus" (Mt 12: 39–40).

El *Catecismo de la Iglesia Católica* insiste sobre el particular:

"La verdad de la Divinidad de Jesús es confirmada por su Resurrección. Él había dicho: 'Cuando hayáis levantado al Hijo del hombre, entonces sabréis que Yo Soy' (Jn 8:28). La Resurrección del Crucificado demostró que verdaderamente, él era 'Yo Soy', el Hijo de Dios y Dios mismo. San Pablo pudo decir a los judíos: 'La Promesa hecha a los padres Dios la ha cumplido en nosotros... al resucitar a Jesús, como está escrito en el salmo primero: *Hijo mío eres tú; yo te he engendrado hoy*' (Hech 13: 32–33; cfr. Sal 2:7)..."[33]

*   *   *

Un problema importante que se suscita a la cristología es el de la relación entre la Resurrección como fenómeno histórico y como realidad meta–histórica, o en otras palabras, como un hecho que está entre la Historia y la fe.

---

[33]*Catecismo de la Iglesia Católica*, n. 653. Cfr. Santo Tomás de Aquino: *Summ. Theol.*, III^a, q. 53, a. 1, co.: "Quia per eius resurrectionem confirmata est fides nostra circa divinitatem Christi, quia, ut dicitur II Cor. ult., etsi crucifixus est ex infirmitate nostra, sed vivit ex virtute Dei. Et ideo I Cor. XV dicitur, si Christus non resurrexit, inanis est prædicatio nostra, inanis est et fides nostra. Et in Psalmo, quæ utilitas erit in sanguine meo, idest in effusione sanguinis mei, dum descendo, quasi per quosdam gradus malorum, in corruptionem? Quasi dicat, nulla. Si enim statim non resurgo, corruptumque fuerit corpus meum, nemini annuntiabo, nullum lucrabor ut Glossa exponit".

En efecto, la Resurrección es un hecho singular y único, jamás experimentado antes ni después. No se trata de la vivificación de un cadáver que vuelve a esta vida y eón presente, para posteriormente volver a morir —caso de las "resurrecciones" milagrosas del Antiguo Testamento o de Jesucristo, en los casos del hijo de la viuda de Naim (Lc 7: 11–17), de la hija de Jairo (Lc 8: 41ss.; Mc 5: 22ss.) o de Lázaro de Betania (Jn 11: 33–44)—, sino de la Resurrección gloriosa del cuerpo para la otra vida, para el eón futuro. Es la Resurrección que esperamos todos en el momento de la Parusía. Por eso dice el *Catecismo de la Iglesia Católica*:

> "La Resurrección de Cristo no fue un retorno a la vida terrena como en el caso de las resurrecciones que él había realizado antes de Pascua: la hija de Jairo, el joven de Naím, Lázaro. Estos hechos eran acontecimientos milagrosos, pero las personas afectadas por el milagro volvían a tener, por el poder de Jesús, una vida terrena 'ordinaria'. En cierto momento, volverán a morir. La Resurrección de Cristo es esencialmente diferente. En su cuerpo resucitado, pasa del estado de muerte a otra vida más allá del tiempo y del espacio. En la Resurrección, el cuerpo de Jesús se llena del poder del Espíritu Santo; participa de la vida divina en el estado de su gloria, tanto que san Pablo puede decir de Cristo que es 'el hombre celestial' (cfr. 1 Cor 15: 35–50)."[34]

Para corroborar esta realidad, conviene describir las características del cuerpo resucitado de Cristo, que pueden ser reducidos a los tres siguientes:

1. Es *el mismo cuerpo* que fue depositado en el sepulcro (lugar, que después de la Resurrección, está vacío). Como dice Santo Tomás,

---

[34] *Catecismo de la Iglesia Católica*, n. 646.

el cuerpo de Cristo después de la Resurrección estaba compuesto
de los elementos y poseía las cualidades tangibles exigidas por
la naturaleza del cuerpo humano, y por eso era perceptible por
los sentidos y hubiera sido corruptible si no tuviera algo que
excediese a la naturaleza humana del cuerpo (que lo tuvo, a
saber, la gloria que redunda del alma bienaventurada):

> "Corpus autem Christi vere post resurrectionem
> fuit ex elementis compositum, habens in se tangibi-
> les qualitates, secundum quod requirit natura corpo-
> ris humani, et ideo naturaliter erat palpabile. Et si
> nihil aliud habuisset supra corporis humani naturam,
> fuisset etiam corruptibile. Habuit autem aliquid aliud
> quod ipsum incorruptibile reddidit, non quidem natu-
> ram cælestis corporis, ut quidam dicunt, de quo infra
> magis inquiretur; sed gloriam redundantem ab anima
> beata. . . "[35]

> ". . . corpus Christi in resurrectione fuit eiusdem na-
> turæ, sed alterius gloriæ. Unde quidquid ad naturam
> corporis humani pertinet, totum fuit in corpore Christi
> resurgentis. Manifestum est autem quod ad naturam
> corporis humani pertinent carnes et ossa et sanguis, et
> alia huiusmodi. Et ideo omnia ista in corpore Christi
> resurgentis fuerunt. Et etiam integraliter, absque om-
> ni diminutione, alioquin non fuisset perfecta resurrec-
> tio, si non fuisset redintegratum quidquid per mortem
> ceciderat."[36]

---

[35] Santo Tomás de Aquino: *Summ. Theol.*, IIIª, q. 54, a. 2, ad 2.

[36] Santo Tomás de Aquino: *Summ. Theol.*, IIIª, q. 54, a. 3, co. Cfr. *Quodl.*, 5,
q. 3, a. 1; *In Io.*, 20, lect. 6.

2. Pero con la Resurrección, su vida es *transformada en vida de "gloria"*.

   ▪ Es distinta de nuestra existencia temporal propia de este mundo que conocemos por experiencia.

   ▪ Esta nueva existencia presenta unos rasgos especiales, puesto que es:

     • "Verdadera": vuelve a vivir aquello que murió.

     • "Perfecta": hay una victoria definitiva sobre la muerte porque su vida corporal es ya inmortal.

     • "Gloriosa": la deificación que se manifiesta en la gloria de su alma llega al mismo cuerpo: claridad, imposibilidad, no límites de tiempo o de espacio, etc.

   Santo Tomás es muy claro:

   "...sicut dictum est, Christus resurrexit ad immortalem gloriæ vitam. Hæc est autem dispositio corporis gloriosi, ut sit spirituale, idest subiectum spiritui, ut apostolus dicit, I Cor. XV. Ad hoc autem quod sit omnino corpus subiectum spiritui, requiritur quod omnis actio corporis subdatur spiritus voluntati. Quod autem aliquid videatur, fit per actionem visibilis in visum, ut patet per philosophum, in II de anima. Et ideo quicumque habet corpus glorificatum, in potestate sua habet videri quando vult, et, quando non vult, non videri. Hoc tamen Christus habuit non solum ex conditione corporis gloriosi, sed etiam ex virtute divinitatis, per quam fieri potest ut etiam corpora non gloriosa miraculose non videantur; sicut præstitum fuit miraculose beato Bartholomæo, ut, si vellet, videretur, non autem videretur si non vellet. Dicitur ergo quod Christus ab oculis discipulorum evanuit, non quia corrumperetur aut resolveretur in

aliqua invisibilia, sed quia sua voluntate desiit ab eis videri, vel eo præsente, vel etiam eo abscedente per dotem
agilitatis".[37]

3. *Vive en el eón futuro*, con los rasgos de la vida sobrenatural en
el Cielo.

Por eso en el *Catecismo de la Iglesia Católica* se sostienen ambos
extremos: la continuidad y la discontinuidad entre el cuerpo terreno
de Cristo y su cuerpo resucitado:

> "Jesús resucitado establece con sus discípulos relacio-
> nes directas mediante el tacto (cfr. Lc 24:39; Jn 20:27) y el
> compartir la comida (cfr. Lc 24:30. 41–43; Jn 21: 9.13–15).
> Les invita así a reconocer que Él no es un espíritu (cfr.
> Lc 24:39), pero sobre todo a que comprueben que el cuer-
> po resucitado con el que se presenta ante ellos es el mismo
> que ha sido martirizado y crucificado, ya que sigue llevan-
> do las huellas de su Pasión (cfr. Lc 24:40; Jn 20: 20.27).
> Este cuerpo auténtico y real posee sin embargo al mis-
> mo tiempo, las propiedades nuevas de un cuerpo glorioso:
> no está situado en el espacio ni en el tiempo, pero pue-
> de hacerse presente a su voluntad donde quiere y cuando
> quiere (cfr. Mt 28: 9. 16–17; Lc 24: 15.36; Jn 20: 14.19.26;
> 21:4) porque su humanidad ya no puede ser retenida en
> la tierra y no pertenece ya más que al dominio divino del
> Padre (cfr. Jn 20:17). Por esta razón también Jesús resuci-
> tado es soberanamente libre de aparecer como quiere: bajo
> la apariencia de un jardinero (cfr. Jn 20: 14–15) o 'bajo
> otra figura' (Mc 16:12) distinta de la que les era familiar a

---

[37]Santo Tomás de Aquino: *Summ. Theol.*, IIIª, q. 54, a. 1, ad 2.

los discípulos, y eso para suscitar su fe (cfr. Jn 20: 14.16; 21: 4.7)."[38]

Como consecuencia de esta transformación, se exige la fe para captar y comprender la Resurrección. Incluso los testigos elegidos e antemano por Dios (Hech 10:41) ven a Cristo con los ojos de la carne y con los ojos de la fe (Santo Tomás de Aquino).

*   *   *

La dificultad para entender la Resurrección como hecho entre la historia y la fe, ha llevado a algunos a proponer explicaciones erróneas, que se pueden clasificar en dos grandes grupos:

1. Los que afirman que la Resurrección no es un acontecimiento histórico, sino solo "meta–histórico". Esta posición tiene su origen, fundamentalmente, en la concepción incrédula de la Ilustración del s. XVIII y también en un concepto positivista de la historia.

   Sin embargo, esta explicación no se sostiene, por variedad de razones:

   - Entender la Resurrección del Señor solo espiritualmente, es falta de fe.

   - Lo histórico hay que entenderlo con sentido común y en lenguaje ordinario.

   - Se considera que un hecho es verdaderamente histórico cuando:

     - Está basado en un testimonio fiable, como tantos que hubo de la Resurrección del Señor.

---

[38] *Catecismo de la Iglesia Católica*, n. 645.

- Quedan testimonios del hecho, como el del sepulcro vacío.

  ▪ Con todo, es necesaria también la fe, tanto para los testigos presenciales del evento, como para nosotros, que recibimos el testimonio de aquellos testigos.

2. La Resurrección es acontecimiento "indirectamente histórico", basado en un concepto limitado de lo que es estrictamente histórico.

   Pero esta postura merece las mismas críticas que la anterior.

La explicación auténtica es que es un "acontecimiento histórico" aunque singular y único. Esta posición se sustenta sobre las siguientes razones, entre otras:

1. En primer lugar, por los datos que aparecen en las narraciones neotestamentarias. Una exégesis correcta solo avala la consideración de la Resurrección como un hecho histórico singular con las connotaciones ya realizadas.

2. Además, las otras explicaciones son erróneas o insuficientes; por lo que las razones que sirven para descartarlas, son las que apoyan la interpretación de la Resurrección como acontecimiento histórico.

3. Los Santos Padres insisten en la realidad de los misterios de la fe: "verdaderamente" Cristo fue escarnizado, muerto y resucitado. Ya desde San Ignacio de Antioquía se utilizaba el vocablo "verdadero" (ἀληθῶς).

4. Es necesario tener en cuenta que solo es posible sostener la fe cristiana sobre un fundamento sólido e histórico. En la realidad

de la Resurrección nos jugamos la fe que creemos, como dice
1 Cor 15: 14.18.

5. Otra posición supondría recaer en verdaderas herejías cristológicas:

- Bien sea en una especie de nuevo docetismo cristológico
  que sostendría que el cuerpo resucitado de Jesucristo era
  meramente aparente. Y el docetismo fue rechazado desde
  los primeros momentos de la Iglesia.

- O bien, en variantes de las herejías gnósticas, donde todo se explica por la "pervivencia de Cristo en la fe de los
  discípulos".

- O, finalmente, caeríamos en las trampas de las teologías de
  la "mitologización" de la Sagrada Escritura.

Por eso, Santo Tomás de Aquino denunciaba que considerar que
el cuerpo resucitado de Cristo no hubiera tenido carne y huesos y demás partes propias del cuerpo humano, pertenecería al
error de Eutiques de Constantinopla, quien afirmó que el cuerpo de Cristo después de la Resurrección estaba hecho de una
"substancia sutil":

> "Dicere autem quod corpus Christi carnem et os-
> sa non habuerit, et alias huiusmodi partes humano
> corpori naturales, pertinet ad errorem Eutychii, Con-
> stantinopolitanæ urbis episcopi, qui dicebat quod cor-
> pus nostrum in illa resurrectionis gloria erit impalpa-
> bile, et ventis æreque subtilius; et quod dominus, post
> confirmata corda discipulorum palpantium, omne il-

lud quod in eo palpari potuit, in subtilitatem aliquam redegit".[39]

En la misma línea de pensamiento está el *Catecismo de la Iglesia Católica*, cuando afirma que la Resurrección de Cristo es un acontecimiento histórico y trascendente. Tanto el sepulcro vacío como las apariciones de Jesús resucitado, son hechos que ubican la Resurrección en la historia:[40]

1. *Acontecimiento histórico.* Así lo expresa el *Catecismo*:

> "El misterio de la Resurrección de Cristo es un acontecimiento real que tuvo manifestaciones históricamente comprobadas como lo atestigua el Nuevo Testamento. Ya san Pablo, hacia el año 56, puede escribir a los Corintios: 'Porque os transmití, en primer lugar, lo que a mi vez recibí: que Cristo murió por nuestros pecados, según las Escrituras; que fue sepultado y que resucitó al tercer día, según las Escrituras; que se apareció a Cefas y luego a los Doce' (1 Cor 15: 3–4). El apóstol habla aquí de la tradición viva de la Resurrección que recibió después de su conversión a las puertas de Damasco (cfr. Hech 9: 3–18)".[41]

> "Ante estos testimonios es imposible interpretar la Resurrección de Cristo fuera del orden físico, y no reconocerlo como un hecho histórico. Sabemos por los

---

[39]Santo Tomás de Aquino: *Summ. Theol.*, IIIª, q. 54, a. 3, co. Cfr. *Quodl.*, 5, q. 3, a. 1; *In Ioan.*, cap. 20, lect. 6.

[40]*Catecismo de la Iglesia Católica*, n. 640–642.

[41]*Catecismo de la Iglesia Católica*, n. 639. Santo Tomás dedica la cuestión 55 de la IIIª parte de la Suma al estudio de las manifestaciones de Jesús resucitado.

hechos que la fe de los discípulos fue sometida a la prueba radical de la Pasión y de la Muerte en Cruz de su Maestro, anunciada por Él de antemano (cfr. Lc 22: 31–32). La sacudida provocada por la Pasión fue tan grande que los discípulos (por lo menos, algunos de ellos) no creyeron tan pronto en la noticia de la Resurrección. Los Evangelios, lejos de mostrarnos una comunidad arrobada por una exaltación mística, nos presentan a los discípulos abatidos ('la cara sombría': Lc 24:17) y asustados (cfr. Jn 20:19). Por eso no creyeron a las santas mujeres que regresaban del sepulcro y 'sus palabras les parecían como desatinos' (Lc 24:11; cfr. Mc 16: 11.13). Cuando Jesús se manifiesta a los once en la tarde de Pascua 'les echó en cara su incredulidad y su dureza de cabeza por no haber creído a quienes le habían visto resucitado' (Mc 16:14)".[42]

"Tan imposible les parece la cosa que, incluso puestos ante la realidad de Jesús resucitado, los discípulos dudan todavía (cfr. Lc 24:38): creen ver un espíritu (cfr. Lc 24:39). 'No acaban de creerlo a causa de la alegría y estaban asombrados' (Lc 24:41). Tomás conocerá la misma prueba de la duda (cfr. Jn 20: 24–27) y, en su última aparición en Galilea referida por Mateo, 'algunos sin embargo dudaron' (Mt 28:17). Por esto la hipótesis según la cual la Resurrección habría sido un 'producto' de la fe (o de la credulidad) de los Apóstoles no tiene consistencia. Muy al contrario, su fe en la Resurrección nació —bajo la acción de la gra-

---

[42] *Catecismo de la Iglesia Católica*, n. 643.

cia divina— de la experiencia directa de la realidad de Jesús resucitado".[43]

2. *Y, también, acontecimiento trascendente.* Siendo verdaderamente una realidad histórica,[44] sin embargo, hay que afirmar al mismo tiempo que también transciende y está por encima de la historia:

> " '¡Qué noche tan dichosa —canta el *Exultet* de Pascua—, solo ella conoció el momento en que Cristo resucitó de entre los muertos!'. En efecto, nadie fue testigo ocular del acontecimiento mismo de la Resurrección y ningún evangelista lo describe. Nadie puede decir cómo sucedió físicamente. Menos aún, su esencia más íntima, el paso a otra vida, fue perceptible a los sentidos. Acontecimiento histórico demostrable por la señal del sepulcro vacío y por la realidad de los encuentros de los Apóstoles con Cristo resucitado, no por ello la Resurrección pertenece menos al centro del Misterio de la fe en aquello que transciende y sobrepasa a la historia. Por eso, Cristo resucitado no se manifiesta al mundo (cfr. Jn 14:22) sino a sus discípulos, 'a los que habían subido con él desde Galilea a Jerusalén y que ahora son testigos suyos ante el pueblo' (Hech 13:31)".[45]

---

[43] *Catecismo de la Iglesia Católica*, n. 644.

[44] Insistamos: porque es un acontecimiento que es localizable en el tiempo y en el espacio.

[45] *Catecismo de la Iglesia Católica*, n. 647.

16.2.4. Significado salvífico

Introducción

Conviene profundizar en el valor soteriológico y salvífico de la Resurrección del Señor.[46] En efecto, además de ser el premio merecido por Cristo por su obediencia y amor al Padre, la Resurrección tiene un valor salvador, que es proclamado por las fuentes de la Revelación, confirmado por el Magisterio y explicado por la teología:

- La Sagrada Escritura lo afirma: "Benedictus Deus et Pater Domini nostri Iesu Christi, qui secundum magnam misericordiam suam regeneravit nos in spem vivam per resurrectionem Iesu Christi ex mortuis, in hereditatem incorruptibilem et incontaminatam et immarcescibilem, conservatam in cælis propter vos" (1 Pe 1: 3–4).

- Los Santos Padres proclaman el valor salvador de la Resurrección. Por ejemplo, San Agustín comentará que ésta confirma la veracidad del ser y de la obra de Jesús y al mismo tiempo nos trae la salvación.[47]

- La teología sostendrá dos principios para entender el carácter salvador de la Resurrección:

  - Porque supone la victoria definitiva sobre la muerte.

  - Porque hay un único Misterio Pascual salvador: la Resurrección es uno de sus elementos esencíales.

---

[46]Cfr. I. Solano y J. A. Aldama: *Sacræ...*, cit., págs. 328–329; F. Ocáriz – L. F. Mateo–Seco – J. A. Riestra: *El Misterio...*, cit., págs. 332–337; A. Janssens: *De Valore Soteriologico Resurrectionis Christi*, en "Ephemerides Theologicæ Lovanienses" 9 (1932) 225–233; J. A. Sayes: *Señor y Cristo...*, cit., págs. 501–503.

[47]Cfr. San Agustín: *Sermo*, 246, 3 (*P. L.*, 38, 1154): "Nihil nobis mortuus prodesset, nisi a mortuis resurrexisset".

San Pablo

San Pablo expresa de modos diversos el carácter salvador de la Resurrección:

1. La Resurrección supone el cumplimiento de la promesa de salvación: "Et nos vobis evangelizamus eam, quæ ad patres promissio facta est, quoniam hanc Deus adimplevit filiis eorum, nobis resuscitans Iesum, sicut et in Psalmo secundo scriptum est: 'Filius meus es tu; ego hodie genui te'. Quod autem suscitaverit eum a mortuis, amplius iam non reversurum in corruptionem, ita dixit: 'Dabo vobis sancta David fidelia'. Ideoque et in alio dicit: 'Non dabis Sanctum tuum videre corruptionem'. David enim sua generatione cum administrasset voluntati Dei, dormivit et appositus est ad patres suos et vidit corruptionem; quem vero Deus suscitavit, non vidit corruptionem" (Hech 13: 32–37).

2. La salvación consiste no solo en la justificación del alma, sino también en la redención de nuestro cuerpo, que se sigue como consecuencia de la Resurrección de la Cabeza del Cuerpo Místico:

   - Ro 8:23, "...non solum autem, sed et nos ipsi primitias Spiritus habentes, et ipsi intra nos gemimus adoptionem filiorum exspectantes, redemptionem corporis nostri".

   - Ro 4:25, "...qui traditus est propter delicta nostra et suscitatus est propter iustificationem nostram".

3. Por eso, nuestra Resurrección corporal está vinculada a la de Cristo: 1 Cor 15: 12–28.

4. Cristo es el Nuevo Adán en el que todos pueden ser salvados, en su alma y en su cuerpo, lo que hace referencia:

- Al misterio de la gracia capital de Cristo:

  - 1 Cor 15: 20–23, "Nunc autem Christus resurrexit a mortuis, primitiæ dormientium. Quoniam enim per hominem mors, et per hominem resurrectio mortuorum: sicut enim in Adam omnes moriuntur, ita et in Christo omnes vivificabuntur. Unusquisque autem in suo ordine: primitiæ Christus; deinde hi, qui sunt Christi, in adventu eius. . . "

  - 1 Pe 1: 3–4, "Benedictus Deus et Pater Domini nostri Iesu Christi, qui secundum magnam misericordiam suam regeneravit nos in spem vivam per resurrectionem Iesu Christi ex mortuis, in hereditatem incorruptibilem et incontaminatam et immarcescibilem, conservatam in cælis propter vos. . . "

- A que el Padre, primero resucitó a Cristo, y después, por, con y en Cristo, nos resucitará a nosotros.

5. Cristo es, pues, "primicia" de los que duermen. La "primicia" es el sacrificio los primeros frutos que se ofrecen a Dios, para pedir así una buena cosecha. Del mismo modo opera, también, "la primicia" de la Resurrección de Cristo con respecto a la nuestra:

- 1 Cor 15: 22–23, "sicut enim in Adam omnes moriuntur, ita et in Christo omnes vivificabuntur. Unusquisque autem in suo ordine: primitiæ Christus; deinde hi, qui sunt Christi, in adventu eius".

- Col 1:18,"Et ipse est caput corporis ecclesiæ; qui est principium, primogenitus ex mortuis, ut sit in omnibus ipse primatum tenens. . . "

- 1 Cor 15:20, "Nunc autem Christus resurrexit a mortuis, primitiæ dormientium".

Causalidad de la Resurrección de Cristo

Por su parte, Santo Tomás de Aquino aplicará la teoría de las causas para explicar la relación entre la Resurrección de Cristo y la nuestra.[48] El Aquinate distingue entre la resurrección de los cuerpos y la resurrección de las almas o justificación. Ambas tienen por causa la resurrección de Cristo. Añadiremos también la causalidad con respecto a la "regeneración" del cosmos creado.

A esa causalidad se refiere San Pablo cuando dice en Flp 3:21, "qui transfigurabit corpus humilitatis nostræ, ut illud conforme faciat corpori gloriæ suæ secundum operationem, qua possit etiam subicere sibi omnia".

Santo Tomás de Aquino parte de la idea de la "primacía" de la Resurrección de Cristo (1 Cor 15: 20–21), que es la clave para todas sus consideraciones sobre la causalidad de la Resurrección de Cristo:

> "Respondeo dicendum quod illud quod est primum in quolibet genere, est causa omnium eorum quæ sunt post, ut dicitur in II Metaphys. Primum autem in genere nostræ resurrectionis fuit resurrectio Christi, sicut ex supra dictis patet. Unde oportet quod resurrectio Christi sit causa nostræ resurrectionis. Et hoc est quod apostolus dicit, I Cor. XV, Christus resurrexit a mortuis primitiæ dormientium, quoniam quidem per hominem mors, et per hominem resurrectio mortuorum. Et hoc rationabiliter. Nam principium humanæ vivificationis est verbum Dei, de quo dicitur

---

[48]Cfr. F. Ocáriz: *Estudio de la Resurrección de Cristo en cuanto Causa de la Resurrección de los Hombres, según la Doctrina de Santo Tomás de Aquino*, en AA.VV. "Cristo, Hijo de Dios...", cit.; F. Holtz, *La Valeur Sotériologique de la Résurrection du Christ selon Saint Thomas*, en "Ephemerides Theologicæ Lovanienses" 29 (1953) 609–645; A. Piolanti, *Dio–Uomo*, Roma, Libreria Editrice Vaticana, 1964, págs. 577–588.

in Psalmo, apud te est fons vitæ, unde et ipse dicit, Ioan.
V, sicut pater suscitat mortuos et vivificat, sic et filius quos
vult vivificat. Habet autem hoc naturalis ordo rerum di-
vinitus institutus, ut quælibet causa primo operetur in id
quod est sibi propinquius, et per id operetur in alia magis
remota, sicut ignis primo calefacit ærem propinquum, per
quem calefacit corpora distantia; et ipse Deus primo illuminat substantias sibi propinquas, per quas illuminat magis
remotas, ut Dionysius dicit, XIII cap. Cæl. Hier. Et ideo
verbum Dei primo attribuit vitam immortalem corpori sibi
naturaliter unito, et per ipsum operatur resurrectionem in
omnibus aliis".[49]

Cristo fue la primicia en todos los sentidos:

- Primicia en el tiempo, porque Él fue el primero en resucitar.

- Primicia en la causa, porque Él es la causa de nuestra resurrección.

- Primicia en dignidad, porque resucitó de un modo más glorioso
  que nosotros.[50]

  "Sicut autem resurrectio corporis Christi, ex eo quod
  corpus illud est personaliter verbo unitum, est prima tempore, ita etiam est prima dignitate et perfectione, ut Glossa
  dicit, I Cor. XV".[51]

---

[49]Santo Tomás de Aquino: *Summ. Theol.*, IIIª, q. 56, a. 1, co. Cfr. *In Sent.*,
Lib. III, dist. 21, q. 2, a. 2, ad 1; Lib. IV, dist. 43, a. 2, q. 1; *De verit.*, q. 29, a.
4, ad 1; *In 1 Cor.*, c. 15, lect. 2; *In 1 Thess.*, c. 4, lect. 2; *Contra Gent.*, IV, cap.
79; *Compend. Theol.*, cap. 239; *In Iob*, c. 19, lect. 2.

[50]Santo Tomás de Aquino: *Summ. Theol.*, IIIª, q. 53, a. 3, co.

[51]Santo Tomás de Aquino: *Summ. Theol.*, IIIª, q. 56, a. 1, ad 3.

$$*\qquad *\qquad *$$

Con respecto a la resurrección de los cuerpos, Cristo es su causa de los siguientes modos:

1. *Causa eficiente instrumental* de nuestra resurrección corporal. Es eficiente por cuanto la Humanidad de Jesucristo en la cual Él resucitó, es en cierto modo instrumento de la Divinidad y obra por virtud de ésta, de quien es propio dar la vida a los muertos:

> "Efficiens quidem, inquantum humanitas Christi, secundum quam resurrexit, est quodammodo instrumentum divinitatis ipsius, et operatur in virtute eius, ut supra dictum est. Et ideo, sicut alia quæ Christus in sua humanitate fecit vel passus est, ex virtute divinitatis eius sunt nobis salutaria, ut supra dictum est; ita et resurrectio Christi est causa efficiens nostræ resurrectionis virtute divina, cuius proprium est mortuos vivificare".[52]

La causa principal es Dios, pero la causa eficiente instrumental será Cristo:

> "Iustitia Dei est causa prima resurrectionis nostræ, resurrectio autem Christi est causa secundaria, et quasi instrumentalis. Licet autem virtus principalis agentis non determinetur ad hoc instrumentum determinate, tamen, ex quo per hoc instrumentum operatur, instrumentum illud est causa effectus. Sic igitur divina iustitia, quantum est de se, non est obligata ad resurrectionem nostram causandam per resurrectionem

---

[52]Santo Tomás de Aquino: *Summ. Theol.*, IIIª, q. 56, a. 1, ad 3.

> Christi, potuit enim alio modo nos Deus liberare quam
> per Christi passionem et resurrectionem, ut supra dic-
> tum est. Ex quo tamen decrevit hoc modo nos libera-
> re, manifestum est quod resurrectio Christi est causa
> nostræ resurrectionis".[53]

Ahora bien, ¿es Cristo causa instrumental como *resucitado* o
como *resucitando*? Lo más adecuado sería optar por lo segundo,
ya que la Sagrada Escritura habla de un "con–morir" y un "con–
resucitar" en Cristo:

- Ro 6: 3–7, "An ignoratis quia, quicumque baptizati sumus
  in Christum Iesum, in mortem ipsius baptizati sumus? Consepulti ergo sumus cum illo per baptismum in mortem, ut
  quemadmodum suscitatus est Christus a mortuis per gloriam Patris, ita et nos in novitate vitæ ambulemus. Si enim
  complantati facti sumus similitudini mortis eius, sed et resurrectionis erimus; hoc scientes quia vetus homo noster
  simul crucifixus est, ut destruatur corpus peccati, ut ultra
  non serviamus peccato. Qui enim mortuus est, iustificatus
  est a peccato".

- Col 2:12, "Consepulti ei in baptismo, in quo et conresuscitati estis per fidem operationis Dei, qui suscitavit illum a
  mortuis".

Para lo cual no obsta la distancia en el tiempo entre la Resurrección de Cristo y la nuestra, al final de los tiempos, por dos
razones:

- Porque la virtud divina alcanza "præsentialiter" a todos los
  lugares y tiempos en razón del eterno presente de Dios.

---

[53]Santo Tomás de Aquino: *Summ. Theol.*, IIIª, q. 56, a. 1, ad 2.

- Si lo anterior vale para todos los actos de Cristo, más sirve para su Resurrección donde la humanidad entra gloriosa en la eternidad.

> "...resurrectio Christi est causa efficiens nostræ resurrectionis virtute divina, cuius proprium est mortuos vivificare. Quæ quidem virtus præsentialiter attingit omnia loca et tempora. Et talis contactus virtualis sufficit ad rationem huius efficientiæ".[54]

Ahora bien, como la causa primordial de la resurrección humana es la justicia divina (el poder de juzgar de Cristo como Hijo del hombre), su poder efectivo se extiende a todos, buenos y malos, pues todos están sometidos a su juicio:

> "Et quia, ut dictum est, primordialis causa resurrectionis humanæ est divina iustitia, ex qua Christus habet potestatem iudicium facere inquantum filius hominis est, virtus effectiva resurrectionis eius se extendit non solum ad bonos, sed etiam ad malos, qui sunt eius iudicio subiecti".[55]

2. La Resurrección de Cristo es *causa ejemplar de la nuestra*. Así se aprecia en los textos paulinos sobre la eficacia del bautismo ("con–sepultados" y "con–resucitados" a una vida nueva): Ro 6; 4:25.

Santo Tomás sostendrá este principio sobre la base de que la Resurrección del Señor es la primera y más perfecta de todas, ya que el cuerpo de Cristo estaba personalmente unido al Verbo.

---

[54]Santo Tomás de Aquino: *Summ. Theol.*, IIIª, q. 56, a. 1, ad 3.

[55]Santo Tomás de Aquino: *Summ. Theol.*, IIIª, q. 56, a. 1, ad 3.

Ahora bien, lo que es más perfecto es ejemplar de las cosas menos perfectas:

> "Sicut autem resurrectio corporis Christi, ex eo quod corpus illud est personaliter verbo unitum, est prima tempore, ita etiam est prima dignitate et perfectione, ut Glossa dicit, I Cor. XV. Semper autem id quod est perfectissimum, est exemplar quod imitantur minus perfecta secundum suum modum. Et ideo resurrectio Christi est exemplar nostræ resurrectionis. Quod quidem necessarium est, non ex parte resuscitantis, qui non indiget exemplari, sed ex parte resuscitatorum, quos oportet illi resurrectioni conformari, secundum illud Philipp. III, reformabit corpus humilitatis nostræ, configuratum corpori claritatis suæ".[56]

Hay que hacer una distinción. Aunque la Resurrección de Cristo en cuanto causa eficiente instrumental de la de los hombres se extiende a todos, buenos y malos, sin embargo como causa ejemplar solo lo es con respecto a los buenos, ya que solo éstos han sido conformados con la filiación del Hijo:

> "Licet autem efficientia resurrectionis Christi se extendat ad resurrectionem tam bonorum quam malorum, exemplaritas tamen eius se extendit proprie solum ad bonos, qui sunt facti conformes filiationis ipsius, ut dicitur Rom. VIII".[57]

---

[56]Santo Tomás de Aquino: *Summ. Theol.*, IIIª, q. 56, a. 1, ad 3.
[57]Santo Tomás de Aquino: *Summ. Theol.*, IIIª, q. 56, a. 1, ad 3.

$$* \qquad * \qquad *$$

Con respecto a la Resurrección de las almas, la Resurrección de Cristo es también su causa. Así lo establece Ro 4:25: "qui traditus est propter delicta nostra et suscitatus est propter iustificationem nostram". Su causalidad se produce de los siguientes modos:

1. Causa ejemplar: Tal y como dice San Pablo en Ro 6: 4.10.11, "Consepulti ergo sumus cum illo per baptismum in mortem, ut quemadmodum suscitatus est Christus a mortuis per gloriam Patris, ita et nos in novitate vitæ ambulemus... scientes quod Christus suscitatus ex mortuis iam non moritur, mors illi ultra non dominatur. Quod enim mortuus est, peccato mortuus est semel; quod autem vivit, vivit Deo. Ita et vos existimate vos mortuos quidem esse peccato, viventes autem Deo in Christo Iesu". Santo Tomás dirá:

   > "Similiter autem (resurrectio Christi) habet rationem exemplaritatis respectu resurrectionis animarum. Quia Christo resurgenti debemus etiam secundum animam conformari, ut sicut, secundum apostolum, Rom. VI, Christus resurrexit a mortuis per gloriam patris, ita et nos in novitate vitæ ambulemus; et sicut ipse resurgens ex mortuis iam non moritur, ita et nos existimemus nos mortuos esse peccato, ut iterum nos vivamus cum illo".[58]

---

[58]Santo Tomás de Aquino: *Summ. Theol.*, IIIª, q. 56, a. 2, co. Cfr. *In Sent.*, Lib. III, dist. 21, q. 2, a. 2, ad 1; *De Verit.*, q. 27, a. 3, ad 7; q. 29, a. 4, ad 1; *Contra Gent.*, IV, cap. 79; *Compend. Theol.*, c. 239.

2. Causa moral: a través de su sacrificio, la Resurrección de Cristo influye en nuestra Redención, ya que aquélla constituye una unidad con su muerte; y esto en razón de que la Resurrección de Cristo es el reconocimiento público y la aceptación de parte de Dios del sacrificio expiatorio del Señor. Por eso, Santo Tomás aclara:

> "In iustificatione animarum duo concurrunt, scilicet remissio culpæ, et novitas vitæ per gratiam. Quantum ergo ad efficaciam, quæ est per virtutem divinam, tam passio Christi quam resurrectio est causa iustificationis quoad utrumque. Sed quantum ad exemplaritatem, proprie passio et mors Christi est causa remissionis culpæ, per quam morimur peccato, resurrectio autem est causa novitatis vitæ, quæ est per gratiam sive iustitiam. Et ideo apostolus dicit, Rom. IV, quod traditus est, scilicet in mortem, propter delicta nostra, scilicet tollenda, et resurrexit propter iustificationem nostram. Sed passio Christi est etiam causa meritoria, ut dictum est".[59]

3. Causa eficiente instrumental: porque nosotros participamos de la vida de Cristo (esto es nuestra justificación), como miembros del Cuerpo de Cristo, cuya Cabeza es Cristo resucitado y glorioso. La conexión entre la Resurrección de Cristo y nuestra justificación se expresa en San Pablo con el símbolo del bautismo (Ro 6: 3–11) y del Nuevo Adán (1 Cor 15: 16–22.45–49), como ya hemos visto. Santo Tomás lo expresa de la siguiente manera:

---

[59]Santo Tomás de Aquino: *Summ. Theol.*, IIIª, q. 56, a. 2, ad 4.

"Respondeo dicendum quod, sicut dictum est, resurrectio Christi agit in virtute divinitatis. Quæ quidem se extendit non solum ad resurrectionem corporum, sed etiam ad resurrectionem animarum, a Deo
enim est et quod anima vivit per gratiam, et quod
corpus vivit per animam. Et ideo resurrectio Christi
habet instrumentaliter virtutem effectivam non solum
respectu resurrectionis corporum, sed etiam respectu
resurrectionis animarum".[60]

*   *   *

Causa de la liberación de la creación entera. Así como el pecado
afectó a la naturaleza creada, también la salvación alcanza a todo el
mundo creado. La Resurrección de Cristo es adelanto de la regeneración del mundo que fue afectado por el estado de muerte que produjo
el pecado del hombre:

- Ro 8: 22–23, "Scimus enim quod omnis creatura congemiscit et
  comparturit usque adhuc; non solum autem, sed et nos ipsi primitias Spiritus habentes, et ipsi intra nos gemimus adoptionem
  filiorum exspectantes, redemptionem corporis nostri."

- Hech 3:21, "...quem oportet cælum quidem suscipere usque in
  tempora restitutionis omnium, quæ locutus est Deus per os sanctorum a sæculo suorum prophetarum".

- Ef 1:10, "...in dispensationem plenitudinis temporum: recapitu-
  lare omnia in Christo, quæ in cælis et quæ in terra, in ipso".

---

[60]Santo Tomás de Aquino: *Summ. Theol.*, IIIª, q. 56, a. 2, co.

16.3.   Ascensión

Una vez que Jesús resucitó, se apareció a sus discípulos en muchas ocasiones, por espacio de cuarenta días, para hablarles del reino de Dios (Hech 1:3). "Después los llevó hasta cerca de Betania y, levantando las manos, los bendijo. Y mientras los bendecía, se apartó de ellos y era llevado al cielo. Ellos después de adorarlo se volvieron a Jerusalén, llenos de inmenso gozo" (Lc 24: 50–52). Es el misterio de la Ascensión del Señor.[61]

Como se dice en el *Catecismo de la Iglesia Católica*, apoyándose en la información proporcionada por el Nuevo Testamento:

"El Cuerpo de Cristo fue glorificado desde el instante de su Resurrección como lo prueban las propiedades nuevas y sobrenaturales, de las que desde entonces su cuerpo disfruta para siempre (cfr. Lc 24:31; Jn 20: 19.26). Pero durante los cuarenta días en los que él come y bebe familiarmente con sus discípulos (cfr. Hech 10:41) y les instruye sobre el reino (cfr. Hech 1:3), su gloria aún queda velada bajo los rasgos de una humanidad ordinaria (cfr. Mc 16:12; Lc 24:15; Jn 20: 14–15; 21:4). La última aparición de Jesús termina con la entrada irreversible de su humanidad en la gloria divina simbolizada por la nube (cfr. Hech 1:9; cfr. también Lc 9: 34–35; Ex 13:22) y por el cielo (cfr. Lc 24:51) donde él se sienta para siempre a la derecha de Dios (cfr. Mc 16:19; Hech 2:33; 7:56; cfr. también Sal 110:1). Solo de manera completamente excepcional y única, se muestra a

---

[61]Cfr. V. Larrañaga: *La Ascensión del Señor en el Nuevo Testamento*, 2 vols., Madrid, Consejo Superior de Investigaciones Científicas, 1943; F. Ocáriz – L. F. Mateo–Seco – J. A. Riestra: *El Misterio...*, cit., pág. 337–341; J. A. Sayés: *Señor y Cristo*, cit., págs 503–506.

Pablo 'como un abortivo' (1 Cor 15:8) en una última aparición que constituye a éste en apóstol (cfr. 1 Cor 9:1; Ga 1:16)."[62]

Sagrada Escritura

La Sagrada Escritura revela este misterio en muchos textos:

1. El evangelista San Lucas: Lc 24: 50–53 y Hech 1: 9–14.

2. El Evangelio de San Marcos: Mc 16:19.

3. San Pedro, en la elección de San Matías: Hech 1: 21–22.

4. Muchos anuncios:

   - Al Sanedrín: Mt 26:64.

   - A los discípulos de Emaus: "...para entrar en su gloria" (Lc 24: 25–26).

   - A los judíos: "ver al Hijo del Hombre subir adonde estaba primero" (Jn 6:62).

   - A los once en el Cenáculo: "voy a prepararos un lugar" (Jn 14:2). "Un poco y no me veréis... porque voy al Padre" (Jn 16:17).

   - A la Magdalena: "Subo a mi Padre y a vuestro Padre" (Jn 20:17).

5. Muchas alusiones:

   - Hech 2:34: "Siéntate a mi derecha..." (discurso de San Pedro en Pentecostés).

---

[62]*Catecismo de la Iglesia Católica*, n. 659.

- Ef 4:10: "El que bajó es el que subió por encima de todos los cielos".

- 1 Tim 3:16: "Unánimemente confesamos que es grande el misterio de la piedad: Él ha sido manifestado en la carne, justificado en el Espíritu; mostrado a los ángeles, predicado a las naciones; creído en el mundo, ascendido en gloria" (una antigua profesión de fe).

- Hebreos: Sumo sacerdote santo que ha entrado en los cielos (Heb 4:14); entró por nosotros como precursor (Heb 6: 19–20); como sacerdote santo que ha llegado a estar en lo más alto del cielo (Heb 7:26; 9:24).

- 1 Pe 3:21, "a la derecha de Dios".

16.3.1. Santos Padres

Hay un testimonio unánime de la Ascensión del Señor. Baste con señalar algunos de los más antiguos:

- San Ireneo.[63]

- Tertuliano.[64]

- Orígenes.[65]

- Etc.

Y, entre los Padres más cercanos valga el testimonio de San Juan Damasceno:

---

[63]San Ireneo: *Adv. Hær.*, I, 10, 1; III, 4, 2.

[64]Tertuliano: *De Præscr.*, 13; *De Virg. Vel.*, I; *Adv. Prax.*, 2.

[65]Orígenes: *De Princ.*, I, præf. 4.

"Por *derecha del Padre* entendemos la gloria y el honor de la Divinidad, donde el que existía como Hijo de Dios antes de todos los siglos como Dios y consubstancial al Padre, está sentado corporalmente después de que se encarnó y de que su carne fue glorificada".[66]

16.3.2. Magisterio

La Ascensión es un artículo de fe[67] que aparece en los símbolos más antiguos, que en este punto, como recuerdan Ocáriz, Mateo–Seco y Riestra, tienen siempre la misma concatenación (ascensión, estar sentado a la derecha de Dios Padre y vendrá para juzgar) y casi la misma redacción.[68] Así, por ejemplo, el Símbolo *Quicumque* dice "Qui passus est pro salute nostra, descendit (discendit) ad inferos, tertia die resurrexit (surrexit) a mortuis, ascendit ad cælos, sedet (sedit) ad dexteram Patris, inde venturus est iudicare vivos et mortuos. . .";[69] y el capítulo *Firmiter* del Concilio de Letrán IV, especifica: "ascendit pariter in utroque" es decir en cuerpo y alma.[70]

La Ascensión del Señor tiene, así pues, un significado múltiple:

- Para Jesucristo supone el "sedet ad dexteram Patri", lo que implica:

  - Señorío de Jesús sobre toda la Creación.
  - La donación de la plenitud de vida y de poder.

---

[66]San Juan Damasceno: *Expositio fidei*, 75; *De fide orthodoxa*, 4, 2 (*P. G.*, 94, 1104).

[67]Cfr. L. Ott: *Manual. . .*, cit. pág. 305, donde califica de fe el que "Cristo subió en cuerpo y alma a los cielos y está sentado a la diestra de Dios Padre".

[68]F. Ocáriz – L. F. Mateo–Seco – J. A. Riestra: *El Misterio. . .*, cit., pág. 337. Cfr. *D. S.* 6, 10, 12, 13, 14, 15, 16, 17, 18, 19, 23, etc.

[69]*D. S.* 76.

[70]*D. S.* 801.

- Reinado universal.

Es la declaración de Mt 28:18, "Data est mihi omnis potestas in cælo et in terra".

- Para nosotros, su Ascensión está vinculada al misterio de nuestra salvación. Así se dice que "por nosotros y por nuestra salvación. . . bajó del cielo. . . y está sentado a la derecha del Padre", como ocurre de un modo u otro en todos los misterios de su vida.[71]

16.3.3. Razonamiento teológico

Cristo subió a los cielos en virtud de su propio poder: de la virtud divina de su naturaleza divina, en primer lugar; pero también lo hizo en virtud del poder de su naturaleza humana, en razón de que ya poseía, en el momento de la Ascensión, la virtud de la gloria, situación en la que el alma glorificada mueve al cuerpo como quiere. Dice Santo Tomás que elevarse hacia arriba es contrario a la naturaleza del cuerpo en el eón presente, en el que el cuerpo no está totalmente sometido al espíritu; pero no será, sin embargo, contrario ni violento a la naturaleza humana glorificada, porque el cuerpo glorioso naturalmente está sujeto al espíritu:

> "Respondeo dicendum quod in Christo est duplex natura, divina scilicet et humana. Unde secundum utramque naturam potest accipi propria virtus eius. Sed secundum humanam naturam potest accipi duplex virtus Christi. Una quidem naturalis, quæ procedit ex principiis naturæ. Et tali virtute manifestum est quod Christus non

---

[71]Cfr. *Sacrosanctum Concilium*, n. 5.

ascendit. Alia autem virtus in humana natura est virtus gloriæ. Secundum quam Christus in cælum ascendit".[72]

*   *   *

El significado de la Ascensión es fundamentalmente doble:

1. Es un cambio de etapa para los discípulos: de la convivencia con Cristo al tiempo de la Iglesia. Desde este momento, los Apóstoles a veces experimentan a Cristo en "visiones" pero ya nunca en "apariciones".

Santo Tomás establece que la Ascensión a los cielos, que nos privó de la presencia corporal de Cristo, es sin embargo más útil para los fieles que su misma presencia sensible. Y da tres razones, además de recordar que en su Divinidad está siempre presente a los fieles (Mt 28:20). En primer lugar, porque sirve para aumentar nuestra fe; en segundo lugar, porque incrementa nuestra esperanza de poder llegar también a donde Él está con su cuerpo; finalmente, porque eleva a los bienes celestiales el afecto de la caridad:

> "Sed ipsa ascensio Christi in cælum, qua corporalem suam præsentiam nobis subtraxit, magis fuit utilis nobis quam præsentia corporalis fuisset. Primo quidem, propter fidei augmentum, quæ est de non visis. Unde ipse dominus dicit Ioan. XVI, quod spiritus sanctus adveniens arguet mundum de iustitia, scilicet

---

[72]Santo Tomás de Aquino: *Summ. Theol.*, III[a], q. 57, a. 3, co. Cfr. *Compend. Theol.*, cap. 240.

eorum qui credunt, ut Augustinus dicit, super Ioan., ipsa quippe fidelium comparatio infidelium est vitupe- ratio. Unde subdit, quia ad patrem vado, et iam non videbitis me, beati enim qui non vident, et credunt. Erit itaque nostra iustitia de qua mundus arguitur, quoniam in me, quem non videbitis, credetis. Secun- do, ad spei sublevationem. Unde ipse dicit, Ioan. XIV, si abiero et præparavero vobis locum, iterum veniam, et accipiam vos ad meipsum, ut ubi ego sum, et vos sitis. Per hoc enim quod Christus humanam naturam assumptam in cælo collocavit, dedit nobis spem illuc perveniendi, quia ubi fuerit corpus, illuc congregabun- tur et aquilæ, ut dicitur Matth. XXIV. Unde et Mich. II dicitur, ascendit pandens iter ante eos. Tertio, ad erigendum caritatis affectum in cælestia. Unde dicit apostolus, Coloss. III, quæ sursum sunt quærite, ubi Christus est in dextera Dei sedens, quæ sursum sunt sapite, non quæ super terram. Ut enim dicitur Matth. VI, ubi est thesaurus tuus, ibi est et cor tuum. Et quia spiritus sanctus est amor nos in cælestia rapiens, ideo dominus dicit discipulis, Ioan. XVI, expedit vobis ut ego vadam. Si enim non abiero, Paraclitus non veniet ad vos, si autem abiero, mittam eum ad vos. Quod exponens Augustinus, super Ioan., dicit, non potestis capere spiritum quandiu secundum carnem nosse per- sistitis Christum. Christo autem discedente corpora- liter, non solum spiritus sanctus, sed et pater et filius illis affuit spiritualiter."[73]

---

[73]Santo Tomás de Aquino: *Summ. Theol.*, IIIª, q. 57, a. 1, ad 3.

2. La Ascensión está en relación con hechos salvíficos futuros:

- Es paso necesario para la futura segunda venida (Parusía).

- Es el periodo de la Iglesia, entre su Ascensión y la Parusía.

- Es un momento previo y necesario para el envío del Espíritu Santo.

- Su "estar a la derecha de Dios" es para:

  - Interceder por nosotros.

  - Ejercer su potestad regia y sacerdotal.

*   *   *

Es conveniente profundizar en el significado de la Ascensión del Señor, señalando su gran importancia con relación a la Resurrección de Cristo y a su obra de la Redención. Con esto se responde a la posición de algunos teólogos que le restan o no le dan relevancia alguna pues, según éstos, tal acontecimiento trataría tan solo de señalar un acto de manifestación de su gloria a sus discípulos y el momento final de su presencia sensible entre los mismos.[74] Sin embargo, esta posición minimalista no se corresponde con la importancia que se le otorga a este misterio, no solo en la Sagrada Escritura, sino también en la Tradición y en la Liturgia de la Iglesia.[75]

Ahondando en lo expuesto, se pueden señalar cuatro razones que prueban la importancia significativa de la Ascensión:

---

[74]Cfr. P. Benoit: *L'Ascensión* en "Revue Biblique" 56 (1949) 201; R. Knoch: *Ascensión del Señor*, en "Diccionario de Teología Bíblica", Barcelona, Herder, 1967, pág. 113.

[75]F. Ocáriz – L. F. Mateo–Seco – J. A. Riestra: *El Misterio...*, cit., pág. 339.

1. *Condición para el envío del Espíritu Santo.* La llegada del Espíritu Santo implica el inicio del tiempo de la Iglesia, es decir, toda una nueva etapa de la "Historia Salutis". Por eso dice Jesús: "Sed ego veritatem dico vobis: Expedit vobis, ut ego vadam. Si enim non abiero, Paraclitus non veniet ad vos; si autem abiero, mittam eum ad vos" (Jn 16:7).

2. *Es causa eficiente de nuestra salvación.* Santo Tomás explica que es causa de nuestra salvación no por vía de mérito (que propiamente hablando ocurre con la Pasión y que produce además la remisión del pecado que nos impedía la entrada en el cielo), sino por vía de eficiencia, como también ocurre en la Resurrección.[76]

Esta causalidad de la Ascensión del Señor puede ser estudiada desde dos perspectivas: desde la nuestra y desde la suya. En el primer sentido, la Ascensión despierta nuestra fe, nuestra esperanza y nuestro amor, además de aumentar nuestra reverencia por Jesucristo.[77] Desde la segunda perspectiva afirmamos que Jesucristo, al subir al cielo, hizo tres cosas por nuestra salvación: nos prepara un lugar en el Cielo, pues como Cabeza del Cuerpo Místico precede a sus miembros;[78] intercede por nosotros como Mediador; y envía sus dones desde el Cielo:

---

[76]"... Ascensio Christi est causa nostræ salutis, non per modum meriti, sed per modum efficientiæ, sicut supra de resurrectione dictum est... passio Christi est causa nostræ ascensionis in cælum, proprie loquendo, per remotionem peccati prohibentis, et per modum meriti. Ascensio autem Christi est directe causa ascensionis nostræ, quasi inchoando ipsam in capite nostro, cui oportet membra coniungi" (Santo Tomás de Aquino: *Summ. Theol.*, IIIª, q. 57, a. 6, ad 1 y ad 2).

[77]Aspecto que ya mencionábamos más arriba al hablar de la conveniencia de no ver corporalmente a Cristo durante el presente eón.

[78]Santo Tomás de Aquino: *Summ. Theol.*, IIIª, q. 57, a. 6, ad 2: "Ascensio autem Christi est directe causa ascensionis nostræ, quasi inchoando ipsam in capite nostro, cui oportet membra coniungi".

"Ascensio Christi est causa nostræ salutis dupliciter, uno modo, ex parte nostra; alio modo, ex parte ipsius. Ex parte quidem nostra, inquantum per Christi ascensionem mens nostra movetur in ipsum. Quia per eius ascensionem, sicut supra dictum est, primo quidem datur locus fidei; secundo, spei; tertio, caritati. Quarto etiam, per hoc reverentia nostra augetur ad ipsum, dum iam non existimamus eum sicut hominem terrenum, sed sicut Deum cælestem, sicut et apostolus dicit, II Cor. V, etsi cognovimus secundum carnem Christum, idest, mortalem, per quod putavimus eum tantum hominem, ut Glossa exponit, sed nunc iam non novimus. Ex parte autem sua, quantum ad ea quæ ipse fecit ascendens propter nostram salutem. Et primo quidem, viam nobis præparavit ascendendi in cælum, secundum quod ipse dicit, Ioan. XIV, vado parare vobis locum; et Mich. II, ascendit pandens iter ante eos. Quia enim ipse est caput nostrum, oportet illuc sequi membra quo caput præcessit, unde dicitur Ioan. XIV, ut ubi sum ego, et vos sitis. Et in huius signum, animas sanctorum quas de Inferno eduxerat, in cælum traduxit, secundum illud Psalmi, ascendens in altum captivam duxit captivitatem, quia scilicet eos qui fuerant a Diabolo captivati, secum duxit in cælum, quasi in locum peregrinum humanæ naturæ, bona captione captivos, utpote per victoriam acquisitos. Secundo quia, sicut pontifex in veteri testamento intrabat sanctuarium ut assisteret Deo pro populo, ita et Christus intravit in cælum ad interpellandum pro nobis, ut dicitur Heb. VII. Ipsa enim repræsentatio sui

ex natura humana, quam in cælum intulit, est quædam interpellatio pro nobis, ut, ex quo Deus humanam
naturam sic exaltavit in Christo, etiam eorum miserea-
tur pro quibus filius Dei humanam naturam assumpsit. Tertio ut, in cælorum sede quasi Deus et dominus
constitutus, exinde divina dona hominibus mitteret,
secundum illud Ephes. IV, ascendit super omnes cælos ut adimpleret omnia, scilicet donis suis, secundum
Glossam."[79]

3. *Cristo está sentado a la derecha del Padre.* Así lo declara
Heb 1: 3–4: "qui, cum sit splendor gloriæ et figura substantiæ
eius et portet omnia verbo virtutis suæ, purgatione peccatorum
facta, consedit ad dexteram maiestatis in excelsis, tanto melior
angelis effectus, quanto differentius præ illis nomen hereditavit".

Esto significa que el sacerdocio de Jesucristo y su realeza son
eternos. En efecto:

A.– Se le otorga dominio efectivo sobre todo lo creado, como
Juez y como Señor del Universo. En la Ascensión, la Humanidad de Cristo recibe el dominio efectivo sobre todo lo creado,
participando de un modo inefable del mismo poder de Dios, como Señor y Juez del universo. Aunque este poder lo tenía Jesús
en su calidad de Hijo, el efectivo ejercicio del mismo sobre el
universo entero solo lo recibe, también como premio a su kenosis
y obediencia (Flp 2: 6–11), en la exaltación gloriosa.[80]

El *Catecismo de la Iglesia Católica* recuerda esta verdad:

---

[79]Santo Tomás de Aquino: *Summ. Theol.*, IIIª, q. 57, a. 6, co. Cfr. Supra q. 49,
a. 5, ad 4; *In Eph.*, 4, lect. 3.

[80]F. Ocáriz – L. F. Mateo–Seco – J. A. Riestra: *El Misterio...*, cit., pág. 340.

"Sentarse a la derecha del Padre significa la inauguración del reino del Mesías, cumpliéndose la visión
del profeta Daniel respecto del Hijo del hombre: 'A
él se le dio imperio, honor y reino, y todos los pueblos, naciones y lenguas le sirvieron. Su imperio es un
imperio eterno, que nunca pasará, y su reino no será
destruido jamás' (Da 7:14). A partir de este momento,
los Apóstoles se convirtieron en los testigos del 'reino
que no tendrá fin'[81]."[82]

La Revelación expresa esta realidad de variados modos:

- Mt 28:19, "Et accedens Iesus locutus est eis dicens: 'Data
  est mihi omnis potestas in cælo et in terra...' ".

- Flp 2: 9–11, "Propter quod et Deus illum exaltavit et donavit illi nomen, quod est super omne nomen, ut in nomine
  Iesu omne genu flectatur cælestium et terrestrium et infernorum, et omnis lingua confiteatur 'Dominus Iesus Christus!' in gloriam Dei Patris".

- Ro 1:4, "Qui constitutus est Filius Dei in virtute secundum
  Spiritum sanctificationis ex resurrectione mortuorum, Iesu
  Christo Domino nostro".

- 1 Tim 3:16, "Et omnium confessione magnum est pietatis
  mysterium: Qui manifestatus est in carne, iustificatus est
  in Spiritu, apparuit angelis, prædicatus est in gentibus, creditus est in mumdo, assumptus est in gloria".

- Ef 1: 20–21, "Quam operatus est in Christo, suscitans illum
  a mortuis et constituens ad dexteram suam in cælestibus

---

[81]Símbolo de Niceno–Constantinopolitano: *D. S.* 150.

[82]*Catecismo de la Iglesia Católica*, n. 664.

supra omnem principatum et potestatem et virtutem et dominationem et omne nomen, quod nominatur non solum in hoc sæculo sed et in futuro".

- Col 2:15, "Exspolians principatus et potestates traduxit confidenter, triumphans illos in semetipso".

Esta nueva situación se revelará totalmente en la Parusía:

- 1 Tes 1:10, "Et exspectare Filium eius de cælis, quem suscitavit ex mortuis, Iesum, qui eripit nos ab ira ventura".

- Flp 3:20, "Qui transfigurabit corpus humilitatis nostræ, ut illud conforme faciat corpori gloriæ suæ secundum operationem, qua possit etiam subicere sibi omnia".

B.– El ejercicio del sacerdocio eterno. El estar sentado a la derecha de Dios Padre y haber entrado en el Santuario, le permite ejercer a Cristo su sacerdocio eterno. Como dice el *Catecismo de la Iglesia Católica*:

> *"Cuando yo sea levantado de la tierra, atraeré a todos hacia mí* (Jn 12:32). La elevación en la Cruz significa y anuncia la elevación en la Ascensión al cielo. Es su comienzo, Jesucristo, el único Sacerdote de la Alianza nueva y eterna, 'no... penetró en un Santuario hecho por mano de hombre..., sino en el mismo cielo, para presentarse ahora ante el acatamiento de Dios en favor nuestro' (Heb 9:24). En el cielo, Cristo ejerce permanentemente su sacerdocio. 'De ahí que pueda salvar perfectamente a los que por él se llegan a Dios, ya que está siempre vivo para interceder en su favor'(Heb 7:25). Como 'Sumo Sacerdote de los bienes

futuros' (Heb 9:11), es el centro y el oficiante principal de la liturgia que honra al Padre en los cielos (cfr.
Ap 4: 6–11)". [83]

Santo Tomás de Aquino profundiza sobre el misterio del "estar sentado a la derecha del Padre", distinguiendo su significado
desde diferentes puntos de vista; esto es, desde la perspectiva
trinitaria (naturaleza divina de Cristo) y desde la cristológica
propiamente dicha (unión hipostática y naturaleza humana). En
cuanto hace relación con el misterio trinitario, hay unidad de
naturaleza divina y distinción de Personas: y en este sentido,
Cristo como Hijo de Dios, está sentado a la diestra del Padre
porque posee la misma naturaleza que el Padre, de modo que
la gloria de la Divinidad, el poder judicial y el real, pertenecen
esencialmente al Hijo como al Padre (porque se halla en igualdad
con el Padre). Desde la perspectiva cristológica de la unión hipostática, importa subrayar la distinción entre naturalezas y la
única Persona divina: Cristo, en cuanto hombre, es Hijo de Dios,
y por tanto está sentado a la derecha del Padre, pero en cuanto
Persona y no en cuanto a su naturaleza humana. Finalmente,
centrados ya en la naturaleza humana de Cristo, su posición a
la derecha del Padre hace referencia a que Él tiene la gracia
habitual más abundante que en cualquier otra criatura, porque
su naturaleza humana aventaja en bienaventuranza a las demás
creaturas, y tiene además el poder regio y judicial. Por eso:

"... nomine dexteræ patris intelligitur vel ipsa gloria divinitatis ipsius, vel beatitudo æterna eius, vel
potestas iudiciaria et regalis. Hæc autem præpositio

---

[83] *Catecismo de la Iglesia Católica*, n. 662.

ad quendam ad dexteram accessum designat, in quo
designatur convenientia cum quadam distinctione, ut
supra dictum est. Quod quidem potest esse tripliciter.
Uno modo, ut sit convenientia in natura et distinctio
in persona. Et sic Christus, secundum quod filius Dei,
sedet ad dexteram patris, quia habet eandem naturam cum patre. Unde prædicta conveniunt essentiali-
ter filio sicut et patri. Et hoc est esse in æqualitate
patris. Alio modo, secundum gratiam unionis, quæ
importat e converso distinctionem naturæ et unitatem personæ. Et secundum hoc Christus, secundum
quod homo, est filius Dei, et per consequens sedens ad
dexteram patris, ita tamen quod ly secundum quod
non designet conditionem naturæ, sed unitatem sup-
positi, ut supra expositum est. Tertio modo potest
prædictus accessus intelligi secundum gratiam habi-
tualem, quæ abundantior est in Christo præ omnibus
aliis creaturis, in tantum quod ipsa natura humana in
Christo est beatior ceteris creaturis, et super omnes
alias creaturas habens regiam et iudiciariam potestatem. Sic igitur, si ly secundum quod designet conditionem naturæ, Christus, secundum quod Deus, sedet ad
dexteram patris, idest in æqualitate patris. Secundum
autem quod homo, sedet ad dexteram patris, idest in
bonis paternis potioribus præ ceteris creaturis, idest in
maiori beatitudine, et habens iudiciariam potestatem.
Si vero ly secundum quod designet unitatem supposi-
ti, sic etiam, secundum quod homo, sedet ad dexteram
patris secundum æqualitatem honoris, inquantum scilicet eodem honore veneramur ipsum filium Dei cum

eadem natura assumpta, ut supra dictum est."[84]

4. *Cristo nos da sus dones de salvación.* A saber:

- Ser "nuevas creaturas en Cristo Jesús".
- Nuestra gloria.
- Nuestra resurrección.

Por eso dice San Pablo que:

- "... et conresuscitavit et consedere fecit in cælestibus in Christo Iesu" (Ef 2:6).
- "Noster enim municipatus in cælis est, unde etiam salvatorem exspectamus Dominum Iesum Christum, qui transfigurabit corpus humilitatis nostræ, ut illud conforme faciat corpori gloriæ suæ secundum operationem, qua possit etiam subicere sibi omnia" (Flp 3: 20–21).

En conclusión, la Ascensión no añade nada a la Resurrección con respecto a la glorificación de Cristo en sí misma. Pero sí lo añade con respecto a nosotros y a toda la "Historia Salutis", por el hecho de "estar sentado a la derecha del Padre".

16.4. Pentecostés

Cristo, desde el Cielo, envía al Espíritu Santo a la Iglesia, y con ello se inicia una nueva etapa de la Historia de la Salvación: el tiempo de la Iglesia bajo la guía y el cuidado del Espíritu Santo.

---

[84]Santo Tomás de Aquino: *Summ. Theol.*, IIIª, q. 58, a. 3, co. Cfr. *In Sent.*, Lib. III, dist. 22, q. 3, a. 3, q. 2; *In Hebr.*, 1, lect. 2 et 6; 8, lect. 1; 10, lect. 1; *Compend, Theol.*, cap. 240.

Hay dos líneas que convergen en la relación entre Jesucristo y el Espíritu Santo en la Revelación neotestamentaria:[85]

1. Por un lado, el Espíritu aparece guiando a Jesucristo durante toda su vida terrena:

    - En la Encarnación: Mt 1: 18.20; Lc 1:35.

    - En el bautismo en el Jordán: Mt 3:16; Mc 1:10; Lc 3:22; Jn 1: 32–33.

    - Lo lleva al desierto para orar y ser tentado: Mt 4:1; Mc 1:12; Lc 4:1.

    - El Espíritu también es instrumento en la Resurrección: 1 Pe 3:18, "Quia et Christus semel pro peccatis passus est, iustus pro iniustis, ut vos adduceret ad Deum, mortificatus quidem carne, vivificatus autem Spiritu".

2. Pero, por otro lado, hay una serie de textos en los que aparece el Hijo enviando al Espíritu Santo:

    - Ora al Padre para que envíe al Espíritu: Jn 14: 16–17.

    - Su partida es condición para que venga el Espíritu: Jn 16:7; 14:26.

    - Da el Espíritu a sus Apóstoles tras la Resurrección: Jn 20:22.

---

[85]Cfr. A. Aranda: *Cristología y Pneumatología*, en "Cristo, Hijo de Dios y Redentor del Hombre. III Simposio Internacional de Teología de la Universidad de Navarra", Pamplona, Eunsa, 1982, págs. 649–669; M. Bordoni: *Cristologia e Pneumatologia. L'Evento Pasquale Come Atto del Cristo e dello Spirito*, en "Lat" 47 (1981) 432–492; J. A. Domínguez Asensio: *La Teología del Espíritu Santo*, en AA.VV. "Trinidad y Salvación" Eunsa, Pamplona, 1990, págs. 206–219; I. de la Potterie: *Cristologie et Pneumatologie*, en Pontificia Comisión Bíblica: "Bible et Christologie", Paris, Cerf, 1984, 271–287; J. A. Sayés: *Señor y Cristo*, cit., págs. 507–515.

- Promete la plenitud del Espíritu antes de la Ascensión: Hech 1:8.

- Finalmente se produce el gran milagro de Pentecostés y el descenso del Espíritu sobre la Iglesia naciente: Hech 2: 1ss.

San Juan dice, comentando la exclamación de Jesús "si alguno tiene sed que venga a mí; y beba quien cree en mí", que se refería al Espíritu "que iban a recibir los que creyeran en Él. Porque aún no había Espíritu, pues todavía Jesus no había sido glorificado" (Jn 7: 37–39). Con estas palabras queda clara la conexión entre la resurrección de Cristo y la intervención del Espíritu Santo.[86] Esta presencia del Espíritu que envía Jesucristo a su Iglesia, tiene tres rasgos según propone J. A. Sayés:

1. Es una *presencia permanente*; del régimen de la Ley, se pasa al régimen definitivo del Espíritu (cfr. Jer 31: 31–33).

2. Es una *presencia comunitaria*; no se excluye la presencia del Espíritu en las personas individuales (inhabitación del Espíritu Santo), pero se insiste en su presencia en el Nuevo Pueblo de Dios.

3. Es una *presencia intrahistórica*; cuando cesa la presencia intrahistórica de Jesucristo, comienza la del Espíritu Santo, que presidirá el tiempo de la Iglesia desde Pentecostés a la Parusía.[87]

Sin embargo, la realidad del Espíritu Santo en este tiempo de la Iglesia, no significa que la presencia de Cristo desaparezca. Sí desaparece su presencia física tal y como estaba en la Palestina de hace

---

[86]Dice J. A. Sayés, con toda razón, que no se está hablando del la "Trinidad inmanente", sino de la "Trinidad económica", o de la intervención de las Personas divinas en la Historia de la Salvación (*Señor y Cristo*, cit., pág. 510).

[87]J. A. Sayés: *Señor y Cristo*, cit., pág. 510.

veintiún siglos; pero sigue entre nosotros con una nueva y real presencia. Es más, el Espíritu tiene una importancia fundamental para hacer posible esta nueva y real presencia y para hacer llegar hasta cada cristiano de toda época los frutos de la Encarnación y de la Redención. Esto ocurre de tres modos:

1. *La Eucaristía.* En la Eucaristía se realiza, en primer lugar, la acción recíproca entre Cristo y el Espíritu Santo. En la epíclesis de la Santa Misa se pide al Espíritu que transforme las ofrendas en el Cuerpo y la Sangre de Cristo. La presencia de Cristo en favor de la Iglesia en la Eucaristía es más eficaz que la que tuvo en su vida terrena: por su presencia real eucarística y por su continua intercesión sacerdotal ante el Padre.

2. *La filiación divina.* El Espíritu nos hace presente a Cristo y nos une a Él, y con Él nos lleva hasta el Padre. Es el artífice de nuestra filiación divina (Ro 8: 14). Nos hace hijos en el Hijo.

3. *El Cuerpo Místico de Cristo.* El Espíritu es el que construye la unidad del Cuerpo Místico de Cristo, que es la Iglesia. Los cristianos nos hacemos uno en Cristo, participando de su vida filial y siendo como "piedras vivas" en torno a la piedra angular que es Cristo.[88]

Así pues, la donación del Espíritu es el origen y la vida de la Iglesia:

1. Hech 2: 32–33: "Hunc Iesum resuscitavit Deus, cuius omnes nos testes sumus. Dextera igitur Dei exaltatus, et promissione Spiritus Sancti accepta a Patre, effudit hunc, quem vos videtis et auditis".

---

[88]Cfr. J. A. Sayés: *Señor y Cristo*, cit., págs. 512–513; F. Ocáriz – L. F. Mateo–Seco – J. A. Riestra: *El Misterio...*, cit., págs. 341–343.

2. Jn 7:39, "Hoc autem dixit de Spiritu, quem accepturi erant qui crediderant in eum. Nondum enim erat Spiritus, quia Iesus nondum fuerat glorificatus".

3. 1 Cor 12: 12–13, "Sicut enim corpus unum est et membra habet multa, omnia autem membra corporis, cum sint multa, unum corpus sunt, ita et Christus; etenim in uno Spiritu omnes nos in unum corpus baptizati sumus, sive Iudæi sive Græci sive servi sive liberi, et omnes unum Spiritum potati sumus".

16.5. Cristo, Cabeza de la Iglesia y Rey universal

Al tratar del misterio de Jesucristo "sentado a la derecha del poder de Dios" se profundiza sobre el papel de Cristo como Sacerdote eterno que intercede por nosotros ante el Padre y como Rey y Señor del Universo. Estos particulares entroncan también con los apartados dedicados a la gracia capital de Jesucristo y al reinado universal del Señor explicados más arriba.[89]

Baste ahora con subrayar algunas ideas conclusivas.

En primer lugar, Cristo *como Cabeza del Cuerpo Místico* que es la Iglesia, significa que Cristo, exaltado en la vida eterna:

1. Da la vida a la Iglesia, como la vid a los sarmientos (Jn 15: 1–8).

2. La Iglesia es el "pléroma" de Cristo: el Señor la vivifica constantemente por su gracia capital; y la Iglesia surge de la participación de la gracia de Cristo.

3. Todo ello es posible por la efusión del Espíritu Santo:

---

[89]Capítulo 11.5; capítulo 9.2.

"Como Señor, Cristo es también la cabeza de la Iglesia
que es su Cuerpo (cfr. Ef 1:22). Elevado al cielo y glorificado, habiendo cumplido así su misión, permanece en la
tierra en su Iglesia. La Redención es la fuente de la autoridad que Cristo, en virtud del Espíritu Santo, ejerce sobre
la Iglesia (cfr. Ef 4: 11–13). 'La Iglesia, o el reino de Cristo
presente ya en misterio' (L. G. 3), 'constituye el germen y
el comienzo de este reino en la tierra' (L. G. 5)".[90]

Por otro lado, al afirmar a Cristo *como Rey del Universo*, se ha
de tener en cuenta que, a pesar de que el reino de Dios ya está im-
plantado en el mundo y que Cristo es Rey del mismo, sin embargo su
plenitud no ha llegado todavía: el mundo y los hombres están llamados a "cristificarse" también. La vocación final de los seres humanos
es la de salvarse por la aceptación de la gracia y salvación que nos
viene de Jesucristo (Redención objetiva sobreabundante); lo cual, exige también del ser humano, su aceptación libre de esa gracia —don—
de Dios (Redención subjetiva). El que lo rechaza libremente, por su
propia voluntad se excluye de la única salvación. Por eso:

1. Estamos llamados a ser hijos en el Hijo por el Espíritu Santo
   (Ro 8: 14–17).

2. Nuestra vocación consiste en identificarnos con Cristo en toda
   nuestra vida; identificación que tiene los siguientes rasgos:

   - Es una realidad presente: un "ya" (Ef 2:6), porque el reino
     de Cristo es ya una realidad:

     " 'Cristo murió y volvió a la vida para eso, para
     ser Señor de muertos y vivos' (Ro 14:9). La Ascen-
     sión de Cristo al Cielo significa su participación,

---

[90] *Catecismo de la Iglesia Católica*, n. 669.

en su humanidad, en el poder y en la autoridad de Dios mismo. Jesucristo es Señor: posee todo poder en los cielos y en la tierra. El está por encima de todo principado, potestad, virtud, dominación porque el Padre 'bajo sus pies sometió todas las cosas'(Ef 1: 20–22). Cristo es el Señor del cosmos (cfr. Ef 4:10; 1 Cor 15: 24. 27–28) y de la historia. En Él, la historia de la humanidad e incluso toda la Creación encuentran su recapitulación (Ef 1:10), su cumplimiento transcendente".[91]

- Pero al mismo tiempo es un "todavía no" (Flp 3:21). En efecto:

"El reino de Cristo, presente ya en su Iglesia, sin embargo, no está todavía acabado 'con gran poder y gloria' (Lc 21:27; cfr. Mt 25:31) con el advenimiento del Rey a la tierra. Este reino aún es objeto de los ataques de los poderes del mal (cfr. 2 Tes 2:7), a pesar de que estos poderes hayan sido vencidos en su raíz por la Pascua de Cristo. Hasta que todo le haya sido sometido (cfr. 1 Cor 15:28), y 'mientras no... haya nuevos cielos y nueva tierra, en los que habite la justicia, la Iglesia peregrina lleva en sus sacramentos e instituciones, que pertenecen a este tiempo, la imagen de este mundo que pasa. Ella misma vive entre las criaturas que gimen en dolores de parto hasta ahora y que esperan la manifestación de los hijos de Dios' (L. G. 48). Por esta razón los cristianos piden, sobre todo en la Eucaristía (cfr. 1 Cor 11:26), que se

---

[91] *Catecismo de la Iglesia Católica*, n. 668.

apresure el retorno de Cristo (cfr. 2 Pe 3: 11–12) cuando suplican: 'Ven, Señor Jesús' (Ap 22:20; cfr. 1 Cor 16:22; Ap 22: 17–20)".[92]

- De lo que se deduce el desafío a vivir en un "esfuerzo constante" por llegar a esa meta (Ef 4: 23):

> "Cristo afirmó antes de su Ascensión que aún no era la hora del establecimiento glorioso del reino mesiánico esperado por Israel (cfr. Hech 1: 6–7) que, según los profetas (cfr. Is 11: 1–9), debía traer a todos los hombres el orden definitivo de la justicia, del amor y de la paz. El tiempo presente, según el Señor, es el tiempo del Espíritu y del testimonio (cfr. Hech 1:8), pero es también un tiempo marcado todavía por la 'tribulación (1 Cor 7:26) y la prueba del mal (cfr. Ef 5:16) que afecta también a la Iglesia (cfr. 1 Pe 4:17) e inaugura los combates de los últimos días (1 Jn 2:18; 4:3; 1 Tim 4:1). Es un tiempo de espera y de vigilia (cfr. Mt 25: 1–13; Mc 13: 33–37)".[93]

16.6. Cristo, Juez de vivos y muertos

La exaltación de Jesucristo llegará a su plenitud en la Parusía, con su segunda venida en gloria a la Tierra, como juez de vivos y muertos.

El Magisterio ha proclamado esta verdad en muchos de los símbolos de la Iglesia.[94] Y su naturaleza entra dentro del misterio de salvación que preside toda la vida de Jesucristo. Por eso, se incluye en el dictado

---

[92] *Catecismo de la Iglesia Católica*, n. 671.

[93] *Catecismo de la Iglesia Católica*, n. 672.

[94] Cfr. *D. S.* 11, 12, 30, 41, 44, 76, etc.

de Nicea del "... por nosotros los hombres y por nuestra salvación". En el símbolo Quicumque se ve cómo éste aspecto del misterio de Cristo está unido al de los otros misterios salvadores:

> "... Christus. Qui passus est *pro salute nostra*, descendit (discendit) ad inferos, tertia die resurrexit (surrexit) a mortuis, ascendit ad cælos, sedet (sedit) ad dexteram Patris, inde venturus est iudicare vivos et mortuos. Ad cuius adventum omnes homines resurgere habent (in) corporibus suis, et reddituri sunt de factis propriis rationem; et qui bona egerunt, ibunt in vitam æternam, qui vero mala, in ignem æternum".[95]

La Sagrada Escritura habla del fin de los tiempos y del papel de Cristo como Juez de vivos y muertos en muchas ocasiones:

1. Ya anunciado en las profecías del Antiguo Testamento y preparatorias de la vida pública de Jesucristo:

   - Da 7: 13–14, "Aspiciebam ergo in visione noctis: et ecce cum nubibus caeli quasi Filius hominis veniebat et usque ad Antiquum dierum pervenit, et in conspectu eius obtulerunt eum; et data sunt ei potestas et honor et regnum; et omnes populi, tribus et linguae ipsi servierunt: potestas eius potestas aeterna, quae non auferetur, et regnum eius, quod non corrumpetur".

   - Mt 3: 1–12, "... ipse vos baptizabit in Spiritu Sancto et igni, cuius ventilabrum in manu sua, et permundabit aream suam et congregabit triticum suum in horreum, paleas autem comburet igni inexstinguibili".

---

[95] *D. S.* 76.

2. A través de las profecías del Nuevo Testamento, sobre del fin del mundo:

  - Mt 24: 30–31, "Et tunc parebit signum Filii hominis in cae-lo, et tunc plangent omnes tribus terrae et videbunt Filium hominis venientem in nubibus caeli cum virtute et gloria multa; et mittet angelos suos cum tuba magna, et congre-gabunt electos eius a quattuor ventis, a summis caelorum usque ad terminos eorum".

  - Mc 13: 26–27, "Et tunc videbunt Filium hominis venientem in nubibus cum virtute multa et gloria. Et tunc mittet ange-los et congregabit electos suos a quattuor ventis, a summo terrae usque ad summum caeli".

  - Lc 21:27, "Et tunc videbunt Filium hominis venientem in nube cum potestate et gloria magna..."

  - Etc.

3. Por eso, es parte esencial del "kerygma" más primitivo de la Iglesia:

  - 1 Pe 4:5, "...qui reddent rationem ei, qui paratus est iudi-care vivos et mortuos..."

  - Hech 10:42 y 17:31, "et praecepit nobis praedicare populo et testificari quia ipse est, qui constitutus est a Deo iudex vivorum et mortuorum"; "...eo quod statuit diem, in qua iudicaturus est orbem in iustitia in viro, quem constituit, fidem praebens omnibus suscitans eum a mortuis".

  - 2 Tim 4:1, "Testificor coram Deo et Christo Iesu, qui iudica-turus est vivos ac mortuos, per adventum ipsius et regnum eius..."

4. Este poder de juzgar lo recibe Jesucristo hombre en su exaltación de manos del Padre:

- Jn 5:27, ". . . et potestatem dedit ei iudicium facere, quia Filius hominis est".
- Jn 8:26, "Multa habeo de vobis loqui et iudicare; sed, qui misit me, verax est, et ego, quae audivi ab eo, haec loquor ad mundum".
- Jn 9:39, "Et dixit Iesus: *In iudicium ego in hunc mundum veni, ut, qui non vident, videant, et, qui vident, caeci fiant*".
- Jn 12:48, "Qui spernit me et non accipit verba mea, habet, qui iudicet eum: sermo, quem locutus sum, ille iudicabit eum in novissimo. . . "

Es importante subrayar que el poder judicial lo recibe Jesucristo como hombre, pues como Dios lo tuvo siempre. El Magisterio lo subrayó con ocasión de la fe propuesta a los valdenses por Inocencio III:

> ". . . sedet ad dexteram Patris et in eadem (veram carnem) venturus est judicare vivos et mortuos".[96]

Santo Tomás encuentra tres razones para afirmar que el poder judicial le compete a Cristo en cuanto hombre. En primer lugar, por su parentesco de afinidad con los hombres; en efecto, es un hecho que Dios decidió obrar por las causas segundas, porque están más próximas a los efectos; del mismo modo, Dios decidió juzgar a los hombres por Cristo hombre, puesto que está más cercano a los propios seres humanos, consiguiendo de este modo que su juicio sea llevadero a los hombres. En segundo lugar, porque el juicio definitivo tendrá lugar

---

[96] *D. S.*, 791.

en la resurrección de los muertos; y este milagro Dios lo operará por medio del Hijo del hombre. Y, finalmente, en tercer lugar, porque es justo que vean a su juez los buenos y los malos (para lo cual tiene que mostrarse Cristo como hombre), reservándose para solo los buenos la forma de Dios (cuando han sido salvados):

> "...Competit autem Christo hoc modo secundum humanam naturam iudiciaria potestas, propter tria. Primo quidem, propter convenientiam et affinitatem ipsius ad homines. Sicut enim Deus per causas medias, tanquam propinquiores effectibus, operatur; ita iudicat per hominem Christum homines, ut sit suavius iudicium hominibus. Unde apostolus dicit, Heb. IV, non habemus pontificem qui non possit compati infirmitatibus nostris, tentatum per omnia per similitudinem, absque peccato. Adeamus ergo cum fiducia ad thronum gratiæ eius. Secundo, quia in finali iudicio, ut Augustinus dicit, super Ioan., erit resurrectio corporum mortuorum, quæ suscitat Deus per filium hominis, sicut per eundem Christum suscitat animas inquantum est filius Dei. Tertio quia, ut Augustinus dicit, in libro de verbis domini, rectum erat ut iudicandi viderent iudicem. Iudicandi autem erant boni et mali. Restabat ut in iudicio forma servi et bonis et malis ostenderetur, forma Dei solis bonis servaretur".[97]

Es una realidad que está en estrecha relación con el status de Cristo como Cabeza de la Iglesia y Rey del universo. Santo Tomás de Aquino explicará que el poder judicial le compete a Cristo por varias razones:

---

[97]Santo Tomás de Aquino: *Summ. Theol.*, IIIª, q. 59, a. 2, co. Cfr. *In Sent.*, Lib. IV, dist. 48, q. 1, a. 1; *Contra Gent.*, Lib IV, cap. 96; *Compend. Theol.*, c. 24 *Quodl.*, 10, q. 1, a. 2; *In Io.*, 5, lect. 4 et 5.

por su dignidad de Persona divina,[98] por su dignidad de Cabeza del Cuerpo Místico y por la plenitud de gracia habitual. Además, también le corresponde por sus méritos, pues quiso la justicia de Dios que fuese juez el que luchó y venció por la justicia de Dios y el que injustamente fue juzgado:

> "... iudiciaria potestas homini Christo competit et prop-
> ter divinam personam, et propter capitis dignitatem, et
> propter plenitudinem gratiæ habitualis, et tamen etiam ex
> merito eam obtinuit, ut scilicet, secundum Dei iustitiam,
> iudex esset qui pro Dei iustitia pugnavit et vicit, et iniuste
> iudicatus est. Unde ipse dicit, Apoc. III, ego vici, et sedi
> in throno patris mei. In throno autem intelligitur iudicia-
> ria potestas, secundum illud Psalmi, sedet super thronum,
> et iudicat iustitiam".[99]

El poder judicial de Jesucristo se ejerce individualmente tras la muerte de cada ser humano, en lo que se denomina *juicio particular*, y que Santo Tomás llama "el juicio que se realiza en el tiempo presente"[100]; y se realizará solemne y públicamente en el llamado Juicio

---

[98]Santo Tomás recuerda que el poder judicial es común a toda la Trinidad, pero se atribuye por cierta apropiación al Hijo, que es la "sabiduría engendrada" y es la Verdad que procede del Padre; y la verdad es la que forma el juicio justo (Santo Tomás de Aquino: *Summ. Theol.*, IIIª, q. 59, a. 1, co; cfr. *In Sent.*, Lib. IV, dist. 47, q. 1, a. 2, q. 3; dist. 48, q. 1, a. 1, ad 4; *In Io.*, 5, lect. 4; *Expos. super Symb.*, a. 7).

[99]Santo Tomás de Aquino: *Summ. Theol.*, IIIª, q. 59, a. 2, co. Cfr. *In Sent.*, Lib. IV, dist. 47, q. 1, a. 2, q. 2 ad 4; dist. 48, q. 1, a. 1; *Compend. Theol.*, cap. 241.

[100]Santo Tomás de Aquino: *Summ. Theol.*, IIIª, q. 59, a. 5, co., donde el Aquinate expone además hasta cinco razones de porqué el juicio universal es necesario y no es una copia del individual. Cfr. *In Sent.*, Lib. IV, dist. 47, q. 1, a. 1, q. 1; *In Mt.*, 25; *Contra Gent.*, IV, cap. 96; *Quodl.*, 10, q. 1, a. 2; *Compend. Theol.*, c. 242.

Final, esto es, en el momento de su segunda venida al final de los tiempos, gloriosa y no pasible, que se conoce como "Parusía" (1 Cor 15:23; 1 Tes 2:19; 3:13; etc.) o como "Epifanía" (2 Tes 2:8; 1 Tim 6:14; etc.). Es objeto de esperanza para toda la Iglesia que clama "marán athá" (Ap 22:20). Supone el triunfo final de Jesucristo (1 Cor 15:28).

"Siguiendo a los profetas (cfr. Da 7:10; Jl 3:4; Mt 3:19) y a Juan Bautista (cfr. Mt 3: 7–12), Jesús anunció en su predicación el Juicio del último Día. Entonces, se pondrán a la luz la conducta de cada uno (cfr. Mc 12: 38–40) y el secreto de los corazones (cfr. Lc 12: 1–3; Jn 3: 20–21; Ro 2:16; 1 Cor 4:5). Entonces será condenada la incredulidad culpable que ha tenido en nada la gracia ofrecida por Dios (cfr. Mt 11: 20–24; 12: 41–42). La actitud con respecto al prójimo revelará la acogida o el rechazo de la gracia y del amor divino (cfr. Mt 5:22; 7: 1–5). Jesús dirá en el último día: 'Cuanto hicisteis a uno de estos hermanos míos más pequeños, a mí me lo hicisteis' (Mt 25:40)".

"Cristo es Señor de la vida eterna. El pleno derecho de juzgar definitivamente las obras y los corazones de los hombres pertenece a Cristo como Redentor del mundo. 'Adquirió' este derecho por su Cruz. El Padre también ha entregado 'todo juicio al Hijo' (Jn 5:22; cfr. Jn 5:27; Mt 25:31; Hech 10:42; 17:31; 2 Tim 4:1). Pues bien, el Hijo no ha venido para juzgar sino para salvar (cfr. Jn 3:17) y para dar la vida que hay en él (cfr. Jn 5:26). Es por el rechazo de la gracia en esta vida por lo que cada uno se juzga ya a sí mismo (cfr. Jn 3:18; 12:48); es retribuido según sus obras (cfr. 1 Cor 3: 12–15) y puede incluso condenarse eternamente al rechazar el Espíritu de amor (cfr. Mt 12:32; Heb 6: 4–6; 10: 26–31)."[101]

---

[101] *Catecismo de la Iglesia Católica*, nn. 678–679.

17

Contenido de la Redención

Una vez estudiados en los capítulos precedentes el valor salvífico de toda la vida de Jesús, que llega a su punto culminante y fundamental en la Pasión, Muerte, Resurrección y Glorificación de Cristo, se va a proceder en los capítulos siguientes al estudio del contenido y naturaleza de esa obra de salvación. En primer lugar, por tanto, a lo que Jesús consiguió para el género humano en todas sus perspectivas: en los aspectos que podrían ser denominados *negativos*, es decir, "liberaciones" de los distintos males, sobre todo del pecado y de sus consecuencias; y en los aspectos *positivos*, esto es, la reconciliación con Dios en toda la riqueza de esta realidad, dándonos la "vida", la "gracia" y la "gloria" (con la profundidad y belleza que estas realidades suponen). En segundo lugar se centrará la atención al modo de su consecución, a la naturaleza de la Salvación, lo que implicará el estudio de los temas clásicos de la satisfacción por los pecados, el mérito de Cristo, la causalidad de Jesucristo, la razón de la Redención y su universalidad.

La *salvación* se entiende de un modo general como la liberación de un mal físico o moral (peligro, enfermedad, esclavitud, etc.). Por eso la salvación tendrá tantos aspectos como clases de males a los que los seres humanos se pueden ver abocados. Así se puede comprobar en el conocido pasaje evangélico de la predicación de Jesús en la Sinagoga de Nazareth, donde el Señor resume el objetivo de su obra redentora, entroncándola con las profecías del Antiguo Testamento sobre el Mesías salvador y, en el fondo, con toda la Historia de la Salvación:

> "Spiritus Domini super me; propter quod unxit me evangelizare pauperibus, misit me prædicare captivis remissionem et cæcis visum, dimittere confractos in remissione, prædicare annum Domini acceptum" (Lc 4: 18–19).

Hay pues una relación profunda entre los conceptos de "salud", "salvación" y "liberación".

Hay que afirmar que la salvación operada por Jesucristo será:

1. Total, y no circunscrita a un aspecto de nuestra esclavitud o de nuestros males.

2. Universal, es decir para todos los hombres (*Redención objetiva*), que, no obstante, tendrán que recibir voluntaria y libremente el don de Jesucristo para salvarse (*Redención subjetiva*).

3. Transcendente a todo lo meramente temporal y accidental. En este sentido es una salvación religiosa estrictamente hablando, es decir, no puede ser reducida a una liberación de tipo social o político. Siendo el pecado y el rechazo de la "religación" con Dios la raíz de todos los males del universo, la obra de Cristo erradicará la fuente de todo verdadero mal; y dará sentido y valor a los males físicos que todavía pudiéramos sufrir en el presente eón.

Por eso, Jesucristo será verdaderamente *El* Salvador, el "Jesús" de Mt 1:21 ("... pariet autem filium, et vocabis nomen eius Iesum: ipse enim salvum faciet populum suum a peccatis eorum").

Conviene también señalar que la salvación debe ser entendida también como un proceso dinámico, por el que pasamos de la muerte a la vida.

17.1. Liberación religiosa

La salvación operada por Jesucristo, en lo que convinimos en llamar su aspecto "negativo", es, pues, esencialmente una liberación de tipo religioso. El Señor claramente lo estableció en todo el Evangelio:

1. "Si el Hijo os libera, seréis realmente libres" (Jn 8:36).

2. "Conoceréis la verdad y la verdad os hará libres" (Jn 8:32).

3. "El que comete pecado es esclavo del pecado" (Jn 8 34).

4. "Se fue Jesús a Galilea, donde proclamaba el Evangelio diciendo: 'Se ha cumplido el tiempo; el reino de Dios está cerca; convertíos y creed en el evangelio'" (Mc 1: 14–15).

Como dicen Ocáriz, Mateo–Seco y Riestra:

> "El concepto antiguo de libertad (la ἐλευθερία griega) no se refiere directamente a la libertad interior de la persona, sino a su *estado o situación*; es decir, a la libertad en cuanto opuesta a la esclavitud, a la ligazón por un vínculo exterior. A partir de este sentido, en el Nuevo Testamento, se designa con el término ἐλευθερία sobre todo la condición de los hijos en contraposición a la condición de los siervos; se designa, más en concreto, la condición de libertad de los

hijos de Dios. De ahí que esta libertad no sea ya un simple estado o situación exterior, jurídico, sino una condición ontológica: es *la libertad de los hijos de Dios*. Como escribe reiteradamente San Pablo en la Epístola a los Gálatas (cfr. Ga 4: 1.5.21–31; 5:13; 6:2)".[1]

Así pues, la libertad que nos trae Cristo, afecta sobre todo a la raíz de todos los males: el pecado (Ge 3; Ro 5: 12ss). Cristo "revierte" todo, hasta la muerte (1 Cor 15:26).

Consideremos ahora las diferentes dimensiones de la liberación de Cristo.

17.1.1. Del pecado

Que Cristo nos liberó del pecado es un hecho que aparece en la Biblia extensa y claramente, tanto en la predicación de Nuestro Señor, como en la de San Pablo:

1. Así lo proclama Jesucristo:

    a) Lc 5:32, "Non veni vocare iustos sed peccatores in pænitentiam".

    b) Mt 9:2 y Lc 5:20, donde la curación de un paralítico es signo de la remisión de los pecados.

    c) Jn 20:23, donde Cristo transmite su poder de perdonar los pecados a los Apóstoles.

2. Por su parte San Pablo presenta el misterio de la liberación del pecado desde múltiples perspectivas:

---

[1]F. Ocáriz – L. F. Mateo–Seco – J. A. Riestra: *El Misterio*. . . , cit., pág. 351.

a) 1 Tim 1:15, fue la misión de Cristo, "Fidelis sermo et omni acceptione dignus: Christus Iesus venit in mundum peccatores salvos facere; quorum primus ego sum".

b) Ef 1:7, solo en Cristo se produce la remisión de los pecados: "in quo habemus redemptionem per sanguinem eius, remissionem peccatorum, secundum divitias gratiæ eius".

c) Ro 6: 17–18, es una liberación del pecado para ser "esclavos" de la Justicia.

d) Ro 5: 12–21, se presenta el papel de Cristo como el de un Nuevo Adán salvador que recompone lo que el Primer Adán había destruido.

Santo Tomás da tres razones para probar que Cristo nos salvó de nuestros pecados por su Pasión: en primer lugar porque nos mueve a la caridad (cfr. Ro 5: 8–9), y por ésta conseguimos la remisión de nuestros pecados (cfr. Lc 7:47); en segundo lugar, porque el Misterio Pascual de Cristo es causa de la remisión de los pecados por vía de Redención, ya que, siendo Él la Cabeza del Cuerpo Místico, por su pasión sufrida por caridad y obediencia nos libró de nuestros pecados en razón de que somos miembros suyos; y, en tercer lugar, por vía de eficiencia en cuanto que la carne en la que Cristo sufrió es instrumento de la Divinidad, por cuya fuerza es expulsado el pecado:

> "...passio Christi est propria causa remissionis peccatorum, tripliciter. Primo quidem, per modum provocantis ad caritatem. Quia, ut apostolus dicit, Rom. V, commendat Deus suam caritatem in nobis, quoniam, cum inimici essemus, Christus pro nobis mortuus est. Per caritatem autem consequimur veniam peccatorum, secundum illud Luc. VII, dimissa sunt ei peccata multa, quoniam dilexit

multum. Secundo, passio Christi causat remissionem peccatorum per modum redemptionis. Quia enim ipse est caput nostrum, per passionem suam, quam ex caritate et obedientia sustinuit, liberavit nos, tanquam membra sua, a peccatis, quasi per pretium suæ passionis, sicut si homo per aliquod opus meritorium quod manu exerceret, redimeret se a peccato quod pedibus commisisset. Sicut enim naturale corpus est unum, ex membrorum diversitate consistens, ita tota Ecclesia, quæ est mysticum corpus Christi, computatur quasi una persona cum suo capite, quod est Christus. Tertio, per modum efficientiæ, inquantum caro, secundum quam Christus passionem sustinuit, est instrumentum divinitatis, ex quo eius passiones et actiones operantur in virtute divina ad expellendum peccatum".[2]

La victoria de Cristo sobre el pecado aparece con las siguientes notas:[3]

1.– Es *victoria total*. Es decir:

1. Lo denuncia.

2. Lo destruye con su Muerte.

3. Inunda con su gracia (vida) lo que antes pertenecía al reino del pecado (muerte), en una justificación que no es extrínseca (al estilo de la teología luterana) sino intrínseca. Lutero sostuvo que el hombre está intrínsecamente corrompido y la justificación consiste tan solo en la no imputación de los

---

[2]Santo Tomás de Aquino: *Summ. Theol.*, IIIª, q. 49, a. 1, co. Cfr. q. 69, a. 1, ad 2 et 3; *In Sent.*, Lib. III, dist. 19, a. a, q. 1 y 2 expos. text.; *Compend. Theol.*, c. 239; *Expos. super Symb.*, a. 4.

[3]La doctrina católica está perfectamente explicada en el Concilio de Trento, Decr. *De Iustificatione.*

pecados en atención a los méritos de Cristo.[4] Aunque el
estudio propio de este aspecto se realiza en el tratado de
gracia, es interesante la siguiente síntesis de su pensamiento
del Reformador, tomada de su *Comentario a la Carta a los
Romanos*:

> "¿Qué es, por lo tanto, el pecado original? Se-
> gún las sutilezas de la teología escolástica, es la
> privación o la falta de la gracia..., pero según el
> Apóstol y la simplicidad del sentido cristiano...
> es la privación entera y universal de rectitud y del
> poder para el bien en todas las energías, tanto del
> cuerpo como del alma, en el hombre entero, tanto
> interior como exterior. Además, es la inclinación
> misma al mal, la náusea para el bien, la repugnan-
> cia de la luz y de la sabiduría, el amor del error y
> de las tinieblas, la huida y la abominación de las
> buenas obras... Como dijeron los mismos antiguos
> Padres, el pecado original es el mismo incentivo
> (*fomes*), la ley de la carne, la ley de los miem-
> bros, el abatimiento (*languor*) de la naturaleza, el
> tirano, la enfermedad de origien..."[5]

2.– **Libera de la *culpa* del pecado.** En efecto:

1. El ser humano ve purificada su alma manchada, y devuelta
   a la vida desde el estado de muerte en que había caído.

---

[4]Cfr. J. Paquier: *Luther*, en DTC, IX, 1146–1335, sobre todo "Le serf arbitre e
la prédestination" (1283–1287).

[5]M. Lutero: *Comentario a la Carta a los Romanos*, ed. Weimar, 56, 312–313,
cit. por J. Morales: *El Misterio...*, cit., pág. 260.

2. El hombre puede, también con la gracia, vencer la concupiscencia, que, a pesar de ser justificado, permanece como una
de las consecuencias de la caída de la naturaleza humana.
No es pecado, sino solo "fomes peccati".[6]

3.– **Libera de la** *pena* **del pecado.** Es decir de la condenación eterna en el infierno y de las penas temporales (Ro 8: 1–2). Santo
Tomás habla de la doble servidumbre del pecado: el sometimiento a Satanás y el sometimiento al reato de pena según la divina
justicia. De ambas, nos libró Cristo con una satisfacción suficiente y abundante:

> "Respondeo dicendum quod per peccatum dupli-
> citer homo obligatus erat. Primo quidem, servitute
> peccati, quia qui facit peccatum, servus est peccati,

---

[6]Por tanto, no es pecado que permanezca tras el bautismo, sino solo inclinación
al pecado que Dios permite para bien de nuestras almas. Como dice Trento: Canon
5 del Decreto sobre la justificación: "Si quis per Iesu Christi Domini nostri gratiam,
quæ in baptismate confertur, reatum originalis peccati remitti negat, aut etiam
asserit non tolli totum id, quod veram et propriam peccati rationem habet, sed illud
dicit tantum radi aut non imputari: an. s. In renatis enim nihil odit Deus, quia 'nihil
est damnationis iis, qui vere consepulti sunt cum Christo per baptisma in mortem'
(Ro 6:4), qui 'non secundum carnem ambulant' (Ro 8:1), sed veterem hominem
exuentes et novum, qui secundum Deum 'creatus est, induentes' (cf: Ef 4: 22ss;
Col 3: 9ss), innocentes, immaculati, puri, innoxii ac Deo dilecti filii effecti sunt,
'heredes quidem Dei, coheredes autem Christi' (Ro 8:17), ita ut nihil prorsus eos ab
ingressu cæli remoretur. Manere autem in baptizatis concupiscentiam vel fomitem,
hæc sancta Synodus fatetur et sentit; quæ cum ad agonem relicta sit, nocere non
consentientibus et viriliter per Christi Iesu gratiam repugnantibus non valet. Quin
immo 'qui legitime certaverit, coronabitur' (2 Tim 2:5). Hanc concupiscentiam,
quam aliquando Apostolus 'peccatum' (cfr. Ro 6: 12ss; 7: 7.14–20) appellat, sancta
Synodus declarat, Ecclesiam catholicam numquam intellexisse, peccatum appellari,
quod vere et proprie in renatis peccatum sit, sed quia ex peccato est et ad peccatum
inclinat. Si quis autem contrarium senserit: an. s" (*D. S.* 1515).

ut dicitur Ioan. VIII; et II Pet. II, a quo quis supera-
tus est, huic et servus addictus est. Quia igitur Diabolus hominem superaverat inducendo eum ad peccatum, homo servituti Diaboli addictus erat. Secundo,
quantum ad reatum poenæ, quo homo erat obligatus
secundum Dei iustitiam. Et hæc est servitus quædam, ad servitutem enim pertinet quod aliquis patia-
tur quod non vult, cum liberi hominis sit uti seipso
ut vult. Igitur, quia passio Christi fuit sufficiens et
superabundans satisfactio pro peccato et reatu generis humani, eius passio fuit quasi quoddam pretium,
per quod liberati sumus ab utraque obligatione. Nam
ipsa satisfactio qua quis satisfacit sive pro se sive pro
alio, pretium quoddam dicitur quo se redimit a peccato et poena, secundum illud Dan. IV, peccata tua
eleemosynis redime. Christus autem satisfecit, non
quidem pecuniam dando aut aliquid huiusmodi, sed
dando id quod fuit maximum, seipsum, pro nobis. Et
ideo passio Christi dicitur esse nostra redemptio".[7]

4.– El hombre no es impecable. Puede pecar todavía después de
ser justificado, pero puede acudir con confianza a los méritos de
Cristo para ser perdonado a través, sobre todo, del sacramento de la confesión. Por eso, insiste Santo Tomás en que Cristo
nos liberó del pecado "causaliter", de modo que también puede
salvarnos de los pecados que se puedan cometer en el futuro:

"Ad tertium dicendum quod Christus sua passione a peccatis nos liberavit causaliter, idest, instituens

---

[7]Santo Tomás de Aquino: *Summ. Theol.*, IIIª, q. 48, a. 4, co. Cfr. a. 6, ad 3;
In Sent., Lib. III, dist. 19, a. 4, q. 1; *In Rom.*, 3, lect. 3.

causam nostræ liberationis, ex qua possent quæcum-
que peccata quandocumque remitti, vel præterita vel
præsentia vel futura, sicut si medicus faciat medici-
nam ex qua possint etiam quicumque morbi sanari,
etiam in futurum".[8]

5.– *Aceptación libre por parte del hombre* **de la salvación de
Jesucristo.** La salvación operada por el Señor es objetivamente universal y sobreabundante. Pero no se puede imponer. Dios
quiso que el hombre fuera libre, y que optara por el amor o por
el "des–amor", en otras palabras, en favor o en contra de Él.
La salvación solo se recibe subjetivamente cuando se acepta por
el ser humano ejerciendo su libre voluntad. Es consecuencia del
misterio por el que Dios quiso entablar con el hombre relaciones
de verdadero amor, y éste no se puede imponer ni exigir: solo se
ofrece y se acepta libremente. El hombre acepta el perdón conseguido por Cristo, a través de la fe, del bautismo y del sacramento
de la penitencia. Como dice Santo Tomás:

"...necesse est quod singulis adhibeatur ad dele-
tionem propriorum peccatorum. Hoc autem fit per
Baptismum et poenitentiam et alia sacramenta, quæ
habent virtutem ex passione Christi, ut infra patebit".

"...etiam per fidem applicatur nobis passio Christi ad percipiendum fructum ipsius, secundum illud
Rom. III, quem proposuit Deus propitiatorem per fidem in sanguine eius. Fides autem per quam a peccato mundamur, non est fides informis, quæ potest esse

---

[8]Santo Tomás de Aquino: *Summ. Theol.*, IIIª, q. 49, a. 1, ad 3.

> etiam cum peccato, sed est fides formata per carita-
> tem, ut sic passio Christi nobis applicetur non solum
> quantum ad intellectum, sed etiam quantum ad affec-
> tum. Et per hunc etiam modum peccata dimittuntur
> ex virtute passionis Christi".[9]

6.– **Liberación de las *consecuencias del pecado*.** Cristo libera la
hombre de las consecuencias del pecado: el error, el dominio de
Satanás y la muerte.

17.1.2. Del poder del demonio

Cristo se enfrentó al demonio, a su poder y a las consecuencias
del mismo, durante toda su vida.[10] En el Nuevo Testamento los datos
son muy abundantes. Su actividad demoniaca está presente en todo el
ministerio de Jesucristo, incluso ya desde su inicio con las tentaciones
en el desierto. Cristo tiene un poder absoluto sobre el demonio como
se puede apreciar en los exorcismos que realizó. También predica y
avisa contra sus asechanzas y peligros. Su poder sobre los demonios es
signo de su mesianismo. Cristo quiso transmitir ese poder sobre Satanás, concediendo a sus Apóstoles y sucesores la facultad de expulsar
demonios. Como sostiene A. Fernández:

> "En síntesis, la acción salvadora de Cristo se presenta
> en el Nuevo Testamento como la victoria contra el demonio
> (Mt 8:16; 8: 28–34; 9: 32–34; 15: 21–28; Mc 1: 23–26.32–
> 34.39; 3: 11–12.15; 5: 1–17; 7: 24–30; etc.). Y, como se

---

[9]Santo Tomás de Aquino: *Summ. Theol.*, IIIª, q. 49, a. 1, ad 4 y 5.

[10]Juan A. Jorge: *Tratado de Creación y Elevación*, Santiago de Chile, Shoreless
Lake Press, 2016, págs. 579–587. Cfr. los estudios de J. A. Sayés: *El demonio.
¿Realidad o Mito?*, cit.; Id.: *Teología de la Creación*, cit., págs 335–347; Id.: *Pecado
original y Redención de Cristo* cit.

deduce de las tentaciones en el desierto al inicio de su vida pública, el demonio intentó a lo largo de la vida pública torcer la obra salvadora de Jesucristo (Lc 4:13; Mt 16:23)".[11]

Habiendo sido vencido definitivamente por Jesucristo en su Pasión y Resurrección ("Ahora el príncipe de este mundo va a ser arrojado fuera" Jn 12:31; 16:11; cfr. 2 Cor 4:4), sin embargo se le ha concedido todavía poder (Ap 13:7), que ejercerá en el tiempo de la Iglesia; su acción perdurará hasta el fin de los tiempos, cuando será definitivamente arrojado al infierno (las profecías del Apocalipsis). Los tiempos de la Iglesia, desde la Resurrección hasta la Parusía, serán, pues, tiempos de lucha contra Satanás; lucha que reviste formas variadas (Hech 5:3; 1 Cor 7:5; 2 Cor 2:11; 1 Tes 2:18; Ap 2:24; etc.). Según Ap 12: 7–9 y Mc 3: 22–27, Satanás y los demonios forman un ejército rebelde a Dios, un grupo y un reino del mal. Su objetivo será hacer esclavos suyos a los seres humanos (1 Jn 2: 8.10; 3:8). Satanás se ha introducido en medio de las Iglesias de Asia (Ap 2: 9.13); se oculta bajo formas de poder, riquezas, ambición, falsa religión (Ap 13: 1–17). Pero es impotente ante el poder de Dios y será derrotado por la victoria del Cordero y de su esposa, la Iglesia (Ap 18–22).[12]

Algunos Santos Padres sostuvieron ideas erróneas tanto en relación al poder del demonio sobre los hombres, como sobre la salvación que trajo Jesucristo. Recordemos dos de ellas:

---

[11] A. Fernández: *Teología...*, cit., vol. 2, pág. 174.

[12] Para más detalles, cfr. S. Lyonnet: *Le Démon dans l'Écriture*, en "Dictionnaire de Spiritualité", 3, 1957, 141–152; A. González: *La Demonología del Cuarto Evangelio*, en "Miscelánea Comillas" 48 (1967) 21–40; J. Morales: *El Misterio...*, cit., págs. 191–192 y 195; A. Fernández: *Teología...*, cit., vol. 2, págs. 172–175; S. García–Rodríguez: *Demonio. Sagrada Escritura*, en GER, vol. 7, págs. 385–388; E. Mangenot: *Démon*, en DTC, vol. VI, 321–339; P. van Imschoot: *Los Ángeles y los Demonios*, en "Teología del Antiguo Testamento", Madrid, 1969, 157–189; etc.; todos con abundante bibliografía.

1. Teoría de "los derechos del demonio". Los hombres se habrían sometido libremente al poder del demonio, conquistados por sus artimañas y tentaciones. El hombre se vendió al demonio, y ahora Dios rescata a los hombres de la esclavitud mediante el pago al demonio de un precio: la sangre de su Hijo.[13] Muchos Santos Padres rechazaron esta grotesca interpretación.[14]

2. Teoría del "fraude del demonio" o del "abuso de poder del demonio". El demonio urdiendo la muerte de Jesucristo se habría excedido en sus atribuciones, abusando de su poder, y habría merecido ser justamente despojado del mismo: Cristo, al sufrir injustamente el abuso del poder del demonio, nos rescató justamente del poder que éste había adquirido sobre nosotros como consecuencia de nuestros pecados cometidos libremente.[15] San Anselmo criticó este modo de entender la Redención[16] y Santo Tomás puntualizó el pensamiento de San Agustín para interpretarlo correctamente:

> "Ad secundum dicendum quod homo peccando obligatus erat et Deo et Diabolo. Quantum enim ad

---

[13]Cfr. J. Riviere: *Rédemption*, DTC, cit., cols. 1939–1940. Expresiones inadecuadas, por ejemplo, en Orígenes: *In Rom.*, II, 13 (*P. G.*, 14, 991); San Basilio: *Hom. in Psal.*, 48, 3 (*P. G.*, 29, 437); San Gregorio de Nisa: *Orat. Cat.*, 18 (*P. G.*, 45, 53).

[14]Cfr. Adamantius: *De Recta in Deum Fidei*, sect. 1; S. Gregorio Nacianceno: *Or.*, 45, 22 (*P. G.*, 36, 653).

[15]Cfr. las teorías de San Agustín (*De Trinitate*, 13, 12, 16–18 *P. L.*, 42, 1026–1028), San Ambrosio, San Fulgencio o San Gregorio Magno (*Moralia*, II, 22, 41 en *P. L.*, 75, 575) entre los latinos. Y San Juan Crisóstomo (*In Rom. Hom.*, 13, 5, en *P. G.*, 60, 514), San Cirilo de Alejandría (*In Ioan.*, 6, 8, 44, en *P. G.*, 73, 894) entre los orientales. Para más detalles, cfr. J. Rivière: *Rédemption*, cit., cols. 1933–1938.

[16]San Anselmo: *Cur Deus Homo?* 1 (*P. L.*, 158, 567).

culpam, Deum offenderat, et Diabolo se subdiderat,
ei consentiens. Unde ratione culpæ non erat factus
servus Dei, sed potius, a Dei servitute recedens, Diaboli servitutem incurrerat, Deo iuste hoc permittente
propter offensam in se commissam. Sed quantum ad
poenam, principaliter homo erat Deo obligatus, sicut
summo iudici, Diabolo autem tanquam tortori, secundum illud Matth. V, ne forte tradat te adversarius
tuus iudici, et iudex tradat te ministro, idest Angelo
poenarum crudeli, ut Chrysostomus dicit. Quamvis
igitur Diabolus iniuste, quantum in ipso erat, hominem, sua fraude deceptum, sub servitute teneret, et
quantum ad culpam et quantum ad poenam, iustum
tamen erat hoc hominem pati, Deo hoc permittente
quantum ad culpam, et ordinante quantum ad poenam. Et ideo per respectum ad Deum iustitia exigebat
quod homo redimeretur, non autem per respectum ad
Diabolum".[17]

La verdadera respuesta es que solo a Dios se le debe "satisfacción"
y nunca al demonio.

---

[17]Santo Tomás de Aquino: *Summ. Theol.*, IIIª, q. 48, a. 4, ad 2. La objeción es
la referencia al texto de San Agustín: "Præterea, sicut Augustinus dicit, XIII de
Trin., Diabolus a Christo iustitia superandus fuit. Sed hoc exigit iustitia, ut ille
qui invasit dolose rem alienam, debeat privari, quia fraus et dolus nemini debet
patrocinari, ut etiam iura humana dicunt. Cum ergo Diabolus creaturam Dei,
scilicet hominem, dolose deceperit et sibi subiugaverit, videtur quod non debuit
homo per modum redemptionis ab eius eripi potestate".

17.1.3. De la muerte

La muerte es consecuencia y castigo por el pecado. Así aparece con toda claridad entre los efectos del pecado original:

- Ge 2:17, "De ligno autem scientiæ boni et mali ne comedas; in quocumque enim die comederis ex eo, morte morieris".

- Ge 3:22, "Et ait Dominus Deus: 'Ecce homo factus est quasi unus ex nobis, ut sciat bonum et malum; nunc ergo, ne mittat manum suam et sumat etiam de ligno vitæ et comedat et vivat in æternum!' ".

- Ro 5:12, "Propterea, sicut per unum hominem peccatum in hunc mundum intravit, et per peccatum mors, et ita in omnes homines mors pertransiit, eo quod omnes peccaverunt".

Una verdad que ratifican los grandes concilios que sientan la doctrina sobre el pecado original:

- Concilio XVI de Cartago, "Can. 1. Placuit omnibus episcopis... in sancta Synodo Carthaginensis Ecclesiæ constitutis: ut quicumque dixerit, Adam primum hominem mortalem factum ita, ut, sive peccaret sive non peccaret, moreretur in corpore, hoc est de corpore exiret non peccati merito, sed necessitate naturæ, anathema sit".[18]

  Por tanto, la muerte corporal de Adán es consecuencia de su pecado.

---

[18]Canon 1 (*D. S.* 222). El primer documento importante sobre el pecado original es el Concilio XVI de Cartago del año 418, que tiene un valor singular que va más allá de su condición de sínodo de una Iglesia particular, ya que fue aprobado por el Papa Zósimo en su acta *Tractoria* y se aceptó su doctrina como de fe también en documentos posteriores (cfr. Capítulos Pseudo–Clementinos, *D. S.* 239, y Orange, *D. S.* 372).

- Concilio de Orange, Can. 2. "Si quis soli Adæ prævaricationem suam, non et eius propagini asserit nocuisse, aut certe mortem tantum corporis quæ poena peccati est, non autem et peccatum, quod mors est animæ, per unum hominem in omne genus humanum transiisse testatur, iniustitiam Deo dabit contradicens Apostolo dicenti : 'Per unum hominem peccatum intravit in mundum (mundo), et per peccatum mors, et ita in omnes homines (mors) pertransiit, in quo omnes peccaverunt' (cfr. Ro 5:12)".[19]

Es decir:

- El pecado de Adán dañó a sí mismo y a su descendencia.
- Como consecuencia pasó a todos los hombres:
  ○ La muerte corporal.
  ○ La muerte del alma (pecado).[20]

- Trento recoge ambas declaraciones en el Decreto sobre la justificación: la muerte es castigo del pecado original para Adán y para todos los hombres.

1. Canon 1: "Si quis non confitetur, primum hominem Adam, cum mandatum Dei in paradiso fuisset transgressus, statim sanctitatem et iustitiam, in qua constitutus fuerat, amisisse incurrisseque per offensam prævaricationis huiusmodi

---

[19]*D. S.* 371–372.

[20]Canon 2 (*D. S.* 372).En este concilio provincial del año 529 aprobado por Bonifacio II, se da doctrina contra los semipelagianos. Cfr. J. Pohle: *Semipelagianism*, en "The Catholic Encyclopedia", Vol. 13, New York, Robert Appleton Company, 1912; L. Arias Álvarez: *Semipelagianismo*, en GER, vol. XXI, Rialp, Madrid, págs. 162–164. Su interés y contenido es principalmente sobre la gracia, pero abordó el tema del pecado original y sus consecuencias en el hombre. Interesan ante todo sus cánones primero y segundo.

iram et indignationem Dei atque ideo mortem, quam antea illi comminatus fuerat Deus, et cum morte captivitatem sub eius potestate, 'qui mortis' deinde 'habuit imperium' (Heb 2:14), hoc est diaboli, 'totumque Adam per illam prævaricationis offensam secundum corpus et animam in deterius commutatum fuisse'[21]: anathema sit".[22]

- Equivale al canon 1 del Conc. de Orange.
- Se refiere al *pecado original originante*: Adán por su transgresión:
  - Perdió la justicia, la santidad (gracia) en que fue constituido.
  - Incurrió en la muerte.

2. Canon 2: " 'Si quis Adæ prævaricationem sibi soli et non eius propagini asserit nocuisse', acceptam a Deo sanctitatem et iustitiam, quam perdidit sibi soli et non nobis etiam eum perdidisse; aut inquinatum illum per inoboedientiæ peccatum 'mortem' et poenas 'corporis tantum in omne genus humanum transfudisse, non autem et peccatum, quod mors est animæ': an. s. 'cum contradicat Apostolo dicenti: 'Per unum hominem peccatum intravit in mundum, et per peccatum mors et ita in omnes homines mors pertransiit, in quo omnes peccaverunt' (Ro 5:12).[23]"[24]

   - Equivale al canon 2 del conc. de Orange.
   - Se refiere al *pecado original originado*: El pecado de Adán pasó a los hombres:

---

[21] Cfr. *D. S.* 371.

[22] *D. S.* 1511.

[23] Cfr. *D. S.* 372.

[24] *D. S.* 1512.

◦ La pérdida de la justicia y la santidad de Adán pasó a todos los hombres.

◦ Adán nos transmitió un pecado que *es muerte del alma.*[25]

Pero Cristo vence a la muerte con su propia Muerte y Resurrección. Con ello, el Señor, conquista para nosotros también:

1. Nuestra propia resurrección, unida a la suya:

- Ro 8: 10–11, "Si autem Christus in vobis est, corpus quidem mortuum est propter peccatum, Spiritus vero vita propter iustitiam. Quod si Spiritus eius, qui suscitavit Iesum a mortuis, habitat in vobis, qui suscitavit Christum a mortuis vivificabit et mortalia corpora vestra per inhabitantem Spiritum suum in vobis".

- 1 Cor 15: 20–24.27–28, "Nunc autem Christus resurrexit a mortuis, primitiae dormientium. Quoniam enim per hominem mors, et per hominem resurrectio mortuorum: sicut enim in Adam omnes moriuntur, ita et in Christo omnes vivificabuntur. Unusquisque autem in suo ordine: primitiae Christus; deinde hi, qui sunt Christi, in adventu eius; deinde finis, cum tradiderit regnum Deo et Patri, cum evacuaverit omnem principatum et omnem potestatem et virtutem...; omnia enim subiecit sub pedibus eius. Cum autem dicat:

---

[25]El Concilio más importante que trata del pecado original es el de Trento, sobre todo su famosa sesión V (1546), con ocasión de la herejía protestante. Cfr. L. Penagos: *La Doctrina del Pecado Original en el Concilio de Trento*, Madrid, Universidad Pontificia, 1945; Id.: *La Doctrina del Pecado Original en el Concilio de Trento*, en "Miscelanea Comillas" 4 (1945) 127–274; F. Cavallera: *Le Décret du Concile de Trente sur la Péché Originel*, en "Bulletin de Littérature Ecclésiastique" 5 (1913) 241–258. 283–315.

'Omnia subiecta sunt', sine dubio praeter eum, qui subiecit ei omnia. Cum autem subiecta fuerint illi omnia, tunc ipse Filius subiectus erit illi, qui sibi subiecit omnia, ut sit Deus omnia in omnibus".

2. Nos quita el miedo a la muerte:

- Heb 2: 14–15, "Quia ergo pueri communicaverunt sanguini et carni, et ipse similiter participavit iisdem, ut per mortem destrueret eum, qui habebat mortis imperium, id est Diabolum, et liberaret eos, qui timore mortis per totam vitam obnoxii erant servituti".

- 1 Cor 15: 54–55, "Cum autem corruptibile hoc induerit incorruptelam, et mortale hoc induerit immortalitatem, tunc fiet sermo, qui scriptus est: 'Absorpta est mors in victoria. Ubi est, mors, victoria tua? Ubi est, mors, stimulus tuus?'"

3. El hombre puede dar sentido co–redentor a su propia muerte y sufrimiento, uniéndolos a los de Cristo:[26]

- Ro 8:17, "... heredes quidem Dei, coheredes autem Christi, si tamen compatimur, ut et conglorificemur".

- Col 1:24, "Nunc gaudeo in passionibus pro vobis et adimpleo, ea quæ desunt passionum Christi in carne mea pro corpore eius, quod est ecclesia".

---

[26]Sobre la transformación profunda del sentido de la muerte para el ser humano que hace Cristo, cfr. A. Gálvez: *Sentido de la Muerte Cristiana, I, II y III* en http://www.alfonsogalvez.com/es/editoriales/2505.

17.1.4. De la Ley Antigua

Con la llegada de Jesucristo, se produce la plenitud de la Ley; el
Señor le da cumplimiento y la supera al mismo tiempo:[27]

- Mt 5:17, "Nolite putare quoniam veni solvere Legem aut Prop-
  hetas; *non veni solvere, sed adimplere*".

- Lc 22:20, "...Hic calix *novum testamentum* est in sanguine meo,
  qui pro vobis funditur".

Como dice Santo Tomás, la Ley Nueva de algún modo no es diferente de la Antigua, porque tienen la misma finalidad, la de someterse
a Dios, que es el mismo en el Antiguo y en el Nuevo Testamento. Pero,
de otro modo, sí lo es: es la ley perfecta, pues está basada en la caridad
que es el vínculo de toda perfección. En efecto:

> "...Dicendum est ergo quod secundum primum mo-
> dum, lex nova non est alia a lege veteri, quia utriusque est
> unus finis, scilicet ut homines subdantur Deo; est autem
> unus Deus et novi et veteris testamenti, secundum illud
> Rom. III, unus Deus est qui iustificat circumcisionem ex
> fide, et præputium per fidem. Alio modo, lex nova est alia
> a veteri. Quia lex vetus est quasi pædagogus puerorum,
> ut apostolus dicit, ad Gal. III, lex autem nova est lex per-
> fectionis, quia est lex caritatis, de qua apostolus dicit, ad
> Colos. III, quod est vinculum perfectionis".[28]

---

[27]Cfr. el completo estudio de C. Spicq: *Teología Moral del Nuevo Testamento*,
vol II, Pamplona, Eunsa, 1972; L. Illanes Maestre: *La Ley de Cristo*, en GER, XIV,
págs. 262–267; R. Banks: *Jesus and the Law in the Synoptic Tradition*, Cambridge,
Cambridge University Press, 2005.

[28]Santo Tomás de Aquino: *Summ. Theol.*, Iª-IIæ, q. 107, a. 1, co. Cfr. q. 91, a.
5; *In Gal.*, 1, lect. 2.

Santo Tomás señala cómo Cristo, padeciendo, cumplió todos los preceptos de la Ley: tanto los morales, que se fundan últimamente en la caridad, y Cristo padeció por amor al Padre y a nosotros hasta el fin; como los preceptos ceremoniales, porque su sacrificio en la Cruz es la consumación y perfeccionamiento de todos los sacrificios de la Antigua Alianza; y también los preceptos judiciales de la Ley, que permiten dar satisfacción a los que padecen injurias, y eso lo hizo Cristo en la Cruz de un modo perfecto:

"Quia tamen in morte Christi lex vetus consummata est, secundum illud quod ipse moriens dixit, Ioan. XIX, consummatum est; potest intelligi quod patiendo omnia veteris legis præcepta impLevit. Moralia quidem, quæ in præceptis caritatis fundantur, implevit inquantum passus est et ex dilectione patris, secundum illud Ioan. XIV, ut cognoscat mundus quia diligo patrem, et sicut mandatum dedit mihi pater sic facio, surgite, eamus hinc, scilicet ad locum passionis, et etiam ex dilectione proximi, secundum illud Galat. II dilexit me, et tradidit semetipsum pro me. Cæremonialia vero præcepta legis, quæ ad sacrificia et oblationes præcipue ordinantur, implevit Christus sua passione inquantum omnia antiqua sacrificia figuræ fuerunt illius veri sacrificii quod Christus obtulit moriendo pro nobis. Unde dicitur Coloss. II, nemo vos iudicet in cibo aut in potu, aut in parte diei festi aut Neomeniæ, quæ sunt umbra futurorum, corpus autem Christi, eo scilicet quod Christus comparatur ad illa sicut corpus ad umbram. Præcepta vero iudicialia legis, quæ præcipue ordinantur ad satisfaciendum iniuriam passis, implevit Christus sua passione, quoniam, ut in Psalmo dicitur, quæ non rapuit, tunc exsolvit, permittens se ligno affigi pro pomo quod de ligno homo rapuerat contra Dei mandatum".[29]

Sin embargo, la justicia de la Ley Antigua era insuficiente, pues nos daba a conocer lo que era pecado, pero no aportaba las gracias necesarias para cumplirla. En este sentido la Ley Nueva nos rescató de la Antigua:

- Ga 4:5, "...ut eos, qui sub lege erant, redimeret, ut adoptionem filiorum reciperemus".

- Ro 6:14, "Peccatum enim vobis non dominabitur; non enim sub lege estis sed sub gratia".

- San 1:25, "Qui autem perspexerit in lege perfecta libertatis et permanserit, non auditor obliviosus factus sed factor operis, hic beatus in facto suo erit".

Cristo da la gracia para cumplir la Ley. Y, en este sentido, nos rescató de la maldición de la Ley (Ga 3:13): con Cristo, podemos cumplir la Ley de Dios. Por eso la Ley Nueva se compara con la Antigua como lo perfecto con respecto a lo imperfecto. Santo Tomás considera que la Ley Nueva suple lo que le faltaba a la Antigua. Ésta tenía dos aspectos: su fin y sus preceptos. En ambas realidades la Ley Nueva es más perfecta. En efecto, con respecto al fin (hacer que los hombres fueran justos y virtuosos, para que alcanzaran la justificación ante Dios): la Ley Antigua no podía conseguirlo, pero sí lo hace la Nueva, porque nos justifica por la Pasión de Jesucristo. En cuanto a los preceptos de la Ley, la Nueva es superior a la Antigua de tres modos: porque declara el verdadero sentido de la Ley; porque perfecciona sus preceptos

---

[29]Santo Tomás de Aquino: *Summ. Theol.*, III\u1d43, q. 47, a. 2, ad 1. Cfr. I\u1d43-II\u1d49\u1d49, q. 103, a. 3, ad 2.

ordenando el modo de observarlos con mayor seguridad; y porque les añade ciertos consejos de perfección que antes no tenían. En efecto:

"Lex nova comparatur ad veterem sicut perfectum ad imperfectum. Omne autem perfectum adimplet id quod imperfecto deest. Et secundum hoc lex nova adimplet veterem legem, inquantum supplet illud quod veteri legi deerat. In veteri autem lege duo possunt considerari, scilicet finis; et præcepta contenta in lege. Finis vero cuiuslibet legis est ut homines efficiantur iusti et virtuosi, ut supra dictum est. Unde et finis veteris legis erat iustificatio hominum. Quam quidem lex efficere non poterat, sed figurabat quibusdam cæremonialibus factis, et promittebat verbis. Et quantum ad hoc, lex nova implet veterem legem iustificando virtute passionis Christi. Et hoc est quod apostolus dicit, ad Rom. VIII, quod impossibile erat legi, Deus, filium suum mittens in similitudinem carnis peccati, damnavit peccatum in carne, ut iustificatio legis impleretur in nobis. Et quantum ad hoc, lex nova exhibet quod lex vetus promittebat; secundum illud II ad Cor. I, quotquot promissiones Dei sunt, in illo est, idest in Christo. Et iterum quantum ad hoc etiam complet quod vetus lex figurabat. Unde ad Colos. II dicitur de cæremonialibus quod erant umbra futurorum, corpus autem Christi, idest, veritas pertinet ad Christum. Unde lex nova dicitur lex veritatis, lex autem vetus umbræ vel figuræ. Præcepta vero veteris legis adimplevit Christus et opere, et doctrina. Opere quidem, quia circumcidi voluit, et alia legalia observare, quæ erant illo tempore observanda; secundum illud Gal. IV, factum sub lege. Sua autem doctrina adimplevit præcepta legis tripliciter. Primo quidem, verum intellectum legis expri-

mendo. Sicut patet in homicidio et adulterio, in quorum
prohibitione Scribæ et Pharisæi non intelligebant nisi ex-
teriorem actum prohibitum, unde dominus legem adimplevit, ostendendo etiam interiores actus peccatorum cadere
sub prohibitione. Secundo, adimplevit dominus præcepta legis, ordinando quomodo tutius observaretur quod lex
vetus statuerat. Sicut lex vetus statuerat ut homo non
peiuraret, et hoc tutius observatur si omnino a iuramen-
to abstineat, nisi in casu necessitatis. Tertio, adimplevit
dominus præcepta legis, superaddendo quædam perfectio-
nis consilia, ut patet Matth. XIX, ubi dominus dicenti se
observasse præcepta veteris legis, dicit, unum tibi deest.
Si vis perfectus esse, vade et vende omnia quæ habes, et
cetera".[30]

Pero, además, Cristo lleva a plenitud la Ley Antigua, ya que el
cristiano ya no está bajo la letra de la Ley. Los antiguos preceptos
judiciales carecen de vigencia; los ceremoniales carecen de sentido.
Pero los preceptos morales siguen vigentes, aunque ahora imbuidos de
profunda espiritualidad, y llevados a su plenitud de exigencias y de
belleza, que además pueden ser cumplidos con la ayuda de la gracia
que el Señor nos trajo. Basta con recordar la interpretación que Cristo
hace de los preceptos del Antiguo Testamento en el Sermón de la
Montaña (Mt 5–7): "Sabéis que se dijo a los antiguos..., pero yo os
digo...".

La Ley ha quedado marcada desde Cristo por el reino de la gracia
(Ro 6:4), del amor (1 Cor 13, el himno a la caridad; Jn 14:34, el
mandamiento nuevo) y de la libertad (San 1:25).

---

[30]Santo Tomás de Aquino: *Summ. Theol.*, Iᵃ-IIᵉ, q. 107, a. 2, co. Cfr. *In Sent.*,
Lib. IV, dist. 1, q. 2, a. 5, q.ᵃ 2, ad 1.3; *In Eph.*, 2, lect. 5; *In Rom.*, 3, lect. 4; 9,
lect. 5.

17.2. Reconciliación con Dios

La obra de Cristo también puede ser considerada desde el punto de vista que hemos denominado "positivo".[31] Es tanto y tan importante lo que Cristo consiguió en la Redención que la Iglesia canta en la Noche de la Vigilia de la Resurrección: "¡Oh feliz culpa que nos mereció tan gran Redentor!"

La Sagrada Escritura proclama esta verdad de multiples maneras. Veamos algunas más señeras:

- Ro 5:10, "Si enim, cum inimici essemus, reconciliati sumus Deo per mortem Filii eius, multo magis reconciliati salvi erimus in vita ipsius".

- Col 1: 19–20, "... quia in ipso complacuit omnem plenitudinem habitare et per eum reconciliare omnia in ipsum, pacificans per sanguinem crucis eius, sive quæ in terris sive quæ in cælis sunt".

- 2 Cor 5:19, "quoniam quidem Deus erat in Christo mundum reconcilians sibi, non reputans illis delicta ipsorum; et posuit in nobis verbum reconciliationis".

Los Santos Padres insisten en que la reconciliación con Dios lograda por Cristo no es algo meramente superficial, exterior o legal, la no imputación de una culpa, sino algo que renueva interiormente al ser humano:

- San Ireneo: utiliza la contraposición entre la obra de Adán y la de Cristo. Éste, el Segundo Adán, nos consigue la reconciliación con Dios por su obediencia hasta la muerte.[32]

---

[31]F. Ocáriz – L. F. Mateo–Seco – J. A. Riestra: *El Misterio...*, cit., págs. 364–365, hablan del término "ad quem" la realidad nueva a la que se llega tras el término "a quo" (liberación del pecado, del demonio, de la muerte y de la Ley Antigua).

[32]San Ireneo de Lyon: *Adv. Hær.*, 5, 16, 3.

- Orígenes: Cristo es el sumo pontífice que nos reconcilia con el Padre.[33]

- Etc.

Y el Magisterio, recogiendo una larga tradición, lo sostuvo con firmeza frente a los errores del luteranismo, en el Concilio de Trento:

> "Si quis hoc Adæ peccatum, quod origine unum est et propagatione, non imitatione transfusum omnibus inest unicuique proprium, vel per humanæ naturæ vires, vel per aliud remedium asserit tolli, quam per meritum unius mediatoris Domini nostri Jesu Christi (cfr. *D. S.* 1340), qui nos Deo reconciliavit in sanguine suo, 'factus nobis justitia, sanctificatio et redemptio' (1 Cor 1:30)..."[34]

En consecuencia, los seres humanos redimidos son:

1. "Nuevas creaturas":

   - 2 Cor 5: 17–18, "Si quis ergo in Christo, nova creatura; vetera transierunt, ecce, facta sunt nova. Omnia autem ex Deo, qui reconciliavit nos sibi per Christum et dedit nobis ministerium reconciliationis".

   - Ga 6:15, "Neque enim circumcisio aliquid est neque præputium sed nova creatura".

   - Etc.

2. No es una mera vuelta al estado original de Adán y Eva:

   - No se devuelven los dones preternaturales.

---

[33]Orígenes: *In Lev.*, 9, 10; *In Ioan.*, 1, 37 y 6, 33.

[34]*D. S.* 1513.

- Permanecen todavía el dolor y el sufrimiento, pero Cristo les da un nuevo valor, puesto que se hacen, por un lado, corredentores junto con los de Él para la Iglesia, para el mundo y para nosotros mismos; y, por otro lado, se convierten en un modo de expresar y profundizar el amor a Jesucristo y a los demás seres humanos.

- Solo en el eón futuro desaparecerá el dolor y el sufrimiento: Ap 21:4, "...et absterget omnem lacrimam ab oculis eorum, et mors ultra non erit, neque luctus neque clamor neque dolor erit ultra, quia prima abierunt".

3. Sin embargo es un estado inmensamente superior porque estamos llamados a "cristificarnos", a hacernos hijos de Dios en el Hijo, a ser, en lenguaje de San Pablo, "co–muertos", "con–sepultados", "con–resucitados", etc. con Cristo. Como expresa el Canon de la Santa Misa, nuestra vida cristiana es alabanza y gloria al Padre: "Por Cristo, con Él y en Él...". San Pablo dice que Cristo es nuestra reconciliación con el Padre, nuestra salvación:

- 2 Cor 5:19, "...quoniam quidem Deus erat in Christo mundum reconcilians sibi, non reputans illis delicta ipsorum; et posuit in nobis verbum reconciliationis".

- Ro 5:11, "...non solum autem, sed et gloriamur in Deo per Dominum nostrum Iesum Christum, per quem nunc reconciliationem accepimus".

- Col 1:20, "...et per eum reconciliare omnia in ipsum, pacificans per sanguinem crucis eius, sive quæ in terris sive quæ in cælis sunt".

Santo Tomás de Aquino da dos razones por las cuales podemos afirmar que la Pasión de Cristo nos reconcilió con Dios: en primer lugar

porque quita el pecado que constituye a los hombres en enemigos de
Dios; en segundo lugar, porque es para Dios un sacrificio gratísimo:

> "... passio Christi est causa reconciliationis nostræ ad
> Deum dupliciter. Uno modo, inquantum removet pecca-
> tum, per quod homines constituuntur inimici Dei, secun-
> dum illud Sap. XIV, similiter odio sunt Deo impius et
> impietas eius; et in Psalmo, odisti omnes qui operantur
> iniquitatem. Alio modo, inquantum est Deo sacrificium
> acceptissimum. Est enim hoc proprie sacrificii effectus, ut
> per ipsum placetur Deus, sicut cum homo offensam in se
> commissam remittit propter aliquod obsequium acceptum
> quod ei exhibetur. Unde dicitur I Reg. XXVI, si dominus
> incitat te adversum me, odoretur sacrificium. Et simili-
> ter tantum bonum fuit quod Christus voluntarie passus
> est, quod propter hoc bonum in natura humana inven-
> tum, Deus placatus est super omni offensa generis humani,
> quantum ad eos qui Christo passo coniunguntur secundum
> modum præmissum".[35]

La salvación de Cristo llega hasta la eternidad, porque nos abrió las
puertas del Cielo, que estaban cerradas como consecuencia del pecado,
tanto original como los personales, que son borrados, aquél y éstos, no
solo en cuanto a la culpa sino también en lo que se refiere al reato de
pena:

> "... clausio ianuæ est obstaculum quoddam prohibens
> homines ab ingressu. Prohibebantur autem homines ab in-
> gressu regni cælestis propter peccatum, quia, sicut dicitur

---

[35]Santo Tomás de Aquino: *Summ. Theol.*, IIIª, q. 49, a. 4, co. Cfr.*In Sent.*,
Lib. III, dist. 19, a. 5, q. 1; *Expos. super Symb.*, a. 4.

Isaiæ XXXV, via illa sancta vocabitur, et non transibit per eam pollutus. Est autem duplex peccatum impediens ab ingressu regni cælestis. Unum quidem commune totius humanæ naturæ, quod est peccatum primi parentis. Et per hoc peccatum præcludebatur homini aditus regni cælestis, únde legitur Gen. III quod, post peccatum primi hominis, collocavit Deus Cherubim, et flammeum gladium atque versatilem, ad custodiendam viam ligni vitæ. Aliud autem est peccatum speciale uniuscuiusque personæ, quod per proprium actum committitur uniuscuiusque hominis. Per passionem autem Christi liberati sumus non solum a peccato communi totius humanæ naturæ, et quantum ad culpam et quantum ad reatum poenæ, ipso solvente pretium pro nobis, sed etiam a peccatis propriis singulorum qui communicant eius passioni per fidem et caritatem et fidei sacramenta. Et ideo per passionem Christi aperta est nobis ianua regni cælestis. Et hoc est quod apostolus dicit, Heb. IX, quod Christus, assistens pontifex futurorum bonorum, per proprium sanguinem introivit semel in sancta, æterna redemptione inventa. Et hoc significatur Num. XXXV, ubi dicitur quod homicida manebit ibi, scilicet in civitate refugii, donec sacerdos magnus, qui oleo sancto unctus est, moriatur, quo mortuo, poterit in domum suam redire".[36]

Como se puede apreciar estamos muy lejos de todas las teologías políticas, de la secularización, revolucionarias, de la liberación, etc., que tanto pululan en los últimos tiempos y que responden a plan-

---

[36]Santo Tomás de Aquino: *Summ. Theol.*, III^a, q. 49, a. 5, co. Cfr. q. 39, a. 5, ad 3; *In Sent.*, Lib. III, dist. 18, a. 6, q. 2 y 3; dist. 22, q. 3, a. 1, ad 4; Lib. IV, dist. 4, q. 2, a. 2, q. 6; *Expos. super Symb.* a. 4.

teamientos de las filosofías del momento (sobre todo de impronta in-manentista, historicista, materialista o marxista) y a preocupaciones puramente horizontalistas. Baste, por ahora, con señalar su insuficiencia y su error de base.

También conviene remitir al tratado correspondiente de escatología todo el problema de la relación entre la Parusía y la construcción del reino de Dios en la tierra, con las diferentes posiciones que se dan al respecto y con las llamadas teologías de la esperanza.

El tema de la reconciliación con Dios será profundizado en el capítulo siguiente, donde se completarán los datos básicos que aquí se han aportado.

18

Naturaleza de la Redención

18.1. Presentación del problema

La doctrina de la Redención, que presenta muchos aspectos, esencialmente consiste en la investigación, con la ayuda de la fe, de la naturaleza de la obra de Cristo en favor de la salvación de la humanidad, que, como ya se ha examinado, consiste en, por un lado, la destrucción del pecado y sus consecuencias, y, por otro, en la reconciliación con Dios y la justificación del hombre.[1]

La Sagrada Escritura utiliza diversos nombres y analogías para referirse al modo como la vida, Pasión, Muerte, Resurrección y Exaltación de Cristo operan nuestra salvación. Como dice A. Ducay:

> "La obra de Cristo no puede ser afrontada más que con
> muchas y plurales perspectivas. Está clara la afirmación

---

[1] Para todo este capítulo he seguido fundamentalmente las ideas de J. A. Sayés: *Señor y Cristo*, cit., págs. 415–486; Id.: *Cristología Dogmática*, cit., págs. 351–411; F. Ocáriz – L. F. Mateo–Seco – J. A. Riestra: *El Misterio*..., cit., pág. 372–421. Es un clásico importantísimo, J. Rivière: *Redemption*, cit., cols. 1912–2004.

central de todas ellas: el amor a Dios, la justificación de Dios, la riqueza y bendición de Dios le son ofrecidos al hombre (en Jesucristo) para que acogiéndolos sea justo, rico, santo y pleno, con la riqueza, santidad, justicia y vida de Dios. Pero a la hora de desglosar esta afirmación, un solo lenguaje resulta insuficiente. De ahí que se acumulen 'categorías', con frecuencia metafóricas, y se hable de: salvación, redención y rescate, liberación, justificación, entrega por los pecados, perdón y purificación, reconciliación, vivificación, adopción filial, expiación, sacrificio y propiciación, pacificación, cambio de reino y otros más. Sin olvidar que cuando las palabras terminan en *–ción*, con frecuencia, tienen valor tanto de verbos como de sustantivos. Palabras como redención, salvación, reconciliación, pueden referirse en la Escritura al *proceso* de ser redimidos, salvados, reconciliados, o al *resultado* de esa acción (el *estado* de redimido, salvado o reconciliado), o incluso a las dos a la vez. Lo que da idea de la amplitud a la que nos hemos referido anteriormente".[2]

Se puede hacer una correspondencia entre los términos utilizados para describir el pecado y los contrapuestos que califican la salvación de Cristo:

1. "Caída" versus "levantar al caído".

2. "Enfermedad" versus "remedio".

3. "Deuda" versus "pago", "compra" o "rescate".

4. "Falta" versus "expiación".

---

[2]A. Ducay: *Soteriología...*, cit., pág. 27.

5. "Esclavitud" versus "liberación".

6. "Ofensa a Dios" versus "satisfacción", "propiciación" o "reconciliación con Dios".[3]

La acción de Jesucristo hay que enmarcarla dentro de las expectativas de salvación que recorren todo el Antiguo Testamento, desde sus primeras páginas. En efecto, Dios se manifiesta como un "Dios salvador" (cfr. Sal 27:1; 62:2; 43:3; etc.). Él es el único salvador, aunque a veces se sirva de intermediarios. Su salvación es gratuita y fruto de su amor fiel y misericordioso (cfr. Ge 12: 1–3; Ex 2:24; 6: 4–5; etc.). Es un Dios celoso y fiel que no deja de ofrecer su salvación una y otra vez a pesar de los fallos e infidelidades de su pueblo, porque lo ama de verdad (Sal 117:1). El pueblo puede reafirmar su confianza en la salvación de Dios por los milagros obrados en el pasado con esa finalidad y por la presencia de Yahveh en medio de su pueblo, en el templo y en el valor de los sacrificios que purifican al pueblo de sus transgresiones y pecados para volverlo un pueblo santo de Dios. La obra salvadora de Dios llegará a su culminación en un tiempo futuro, nuevo, en que todo cambiará, y donde Dios justificará a su pueblo, lo librará de sus enemigos, le concederá prosperidad como nunca la tuvo, derramando su espíritu que llenará a Israel de bienestar y paz.[4]

El problema fundamental que hay que enfrentar cuando se profundiza en la naturaleza de la salvación operada por Cristo, es el de comprender las razones que explicarían el modo concreto que tuvo de operar la salvación, es decir, fundamentalmente en virtud del Misterio Pascual (Pasión, Muerte y Resurrección), y muy en especial, a través

---

[3]F. Ocáriz – L. F. Mateo–Seco – J. A. Riestra: *El Misterio*..., cit., págs. 372–373. F. Prat: *Teología de San Pablo*, cit., vol. 2, págs. 221–222.

[4]Cfr. A. Ducay: *Soteriología*..., cit., págs 24–25.

de su Pasión y Muerte. Aceptando que no podemos pedir explicaciones a Dios por sus decisiones, o probar la necesidad de las acciones de Dios, quien es soberanamente libre y omnipotente, sin embargo, buscamos razones de conveniencia para las mismas, de modo que podamos acercarnos al misterio, hasta donde el ser humano puede llegar.

¿Cómo un Dios bueno y santo, que es Amor por Esencia, puede querer el horror de la muerte de su Hijo en medio de los sufrimientos a los que se vio sometido, con una muerte propia de esclavos y ominosa, despreciado y rechazado por las autoridades civiles y religiosas de su tiempo, abandonado de sus discípulos, odiado de las multitudes, con el triunfo de la malicia humana y de la injusticia, etc...? ¿Acaso esto tiene alguna explicación? Y si la tiene, ¿cuál es?

La teología ha ido profundizando sobre este particular desde sus inicios, buscando explicaciones y dando razones de lo que no deja de ser un misterio. En este largo caminar en busca de soluciones, las ha habido más certeras, mientras otras son claramente rechazables.

Para poder determinar las teorías sobre la naturaleza de la Redención que son más aceptables, distinguiéndolas de las que son erróneas, insuficientes o incluso heréticas, hemos, en primer lugar, que atender a los datos que nos ofrece la Revelación —tanto escrita (Sagrada Escritura) como oral (Tradición apostólica, y en particular la doctrina de los Padres de la Iglesia)—; en segundo lugar, hemos de recopilar los datos que el Magisterio haya aportado; en tercer lugar, conviene hacer una historia de las diferentes soluciones presentadas por los teólogos a lo largo de los siglos. Con ello, estaremos mejor dotados para proponer la explicación que parezca más certera.

Con todo, es necesario tener en cuenta, y distinguir con claridad, varios conceptos que se emplearon en la historia de la teología de la Redención, y que son claves para entenderla:[5]

1. "Redención": tomado en su sentido propio, designa la obra de Cristo *como un todo*.

2. "Mérito": denota la obra de Cristo en tanto que es *una obra buena, que agrada a Dios y que obtiene dones* para los seres humanos.

3. "Satisfacción": es una especie del mérito, que se refiere a la raíz última por la que Dios considera la obra de Cristo agradable, precisamente en orden a dar dones a los pecadores, esto, es, la *compensación o reparación del honor divino herido*.

4. "Sacrificio": determina todavía más *la manera concreta en la que se realiza al satisfacción* de Cristo, esto es, mediante el ejercicio del acto más perfecto de la virtud de la religión.

5. "Expiación" es el sacrificio que se hacía en el Antiguo Testamento para purificar al pueblo de sus pecados, que era cruento, como ya se ha señalado anteriormente.[6] Este *sacrificio buscaba recobrar el favor divino después del pecado cometido*, pidiéndole a Dios al mismo tiempo misericordia para no ser tratados como merecíamos por nuestros pecados.[7] La Carta a los Hebreos presenta la pasión redentora de Cristo desde esta perspectiva.

6. "Redención en un sentido inadecuado": consiste en la consideración del *efecto de la Redención en sentido propio en los seres*

---

[5]Cfr. I. Solano y J. A. Aldama: *Sacræ...*, cit., pág. 327; J. A. Sayés: *Cristología Dogmática*, cit., págs. 357–361; 392 ss.

[6]Cfr. supra cap. 14.5.

[7]Cfr. Le 16: 11–33.

humanos, quienes cautivos por el pecado, son liberados por la acción de Cristo.

7. "Causalidad de Jesucristo": *Cristo produce en nosotros la vida* de la gracia aquí en la Tierra, y nos da la gloria en la vida futura.

La determinación exacta y correcta de la naturaleza de la Redención es de una importancia extrema, pues muchos de los más importantes y fundamentales dogmas de la Iglesia están vinculados a la misma, y quedan afectados por la solución que se aporte. Entre ellos podemos señalar los siguientes:

1. El concepto de Dios y sus atributos: su Amor, su Justicia, su Omnipotencia, su Bondad, su Trascendencia, su Impasibilidad (¿Dios puede sufrir o ser afectado por nuestros pecados, desobediencias o desprecios? ¿tiene sentido decir que hemos de reparar una injusticia hecha a Dios?).

2. La realidad del pecado: su naturaleza y efectos (¿existe el pecado? ¿cuál es la naturaleza del pecado? ¿afectan a Dios realmente nuestros pecados? ¿el pecado es solo una acción mala contra nuestros hermanos? ¿el pecado es algo tan malo?).

3. La existencia y efectos del pecado original en la naturaleza humana.

4. La gracia y la libertad humana (¿puede el hombre salvarse a sí mismo, con solo seguir el ejemplo de Cristo? ¿la gracia es debida a la naturaleza humana? ¿cuál es la relación entre lo natural y lo sobrenatural?). Hay que saber guardar el equilibrio entre la Scila del protestantismo y sus epigonos y el Caribdis del pelagianismo y sus derivados.

5. La verdadera naturaleza y el ser de Jesucristo (¿es verdaderamente Dios hecho hombre, dos naturalezas perfectas en una sola Persona? ¿es un hombre total, con personalidad humana, pero máximamente abierto a la Divinidad?).

6. La auténtica misión de Jesucristo (¿es religiosa o es más bien de tipo político y social? ¿fue una misión teocéntrica o antropocéntrica? ¿se encarnó el Hijo de Dios para salvarnos de nuestros pecados, o como primicia de la creación —el famoso teologúmeno del *Cur Deus homo*— ?).

7. La mediación de Jesucristo (¿es el único mediador entre Dios y los hombres? ¿existen otras mediaciones?), y su efecto sobre la existencia de una única Iglesia verdadera o no.

8. El ser y la misión de la Iglesia (¿es llevar la salvación sobrenatural a los hombres haciéndolos hijos de Dios y conduciéndolos al Cielo, o más bien, todos los hombres están ya salvados y la misión de la Iglesia es ayudar a construir un paraíso terreno, donde no exista el mal y sus consecuencias? ¿qué clase de "pecados" ha de denunciar la Iglesia?).

9. Etc.

Lamentablemente, no siempre se han sabido responder adecuadamente a todas esas interrogantes. En los últimos tiempos, buena parte de la soteriología pareciera haber perdido el rumbo. A. Ducay señala en este sentido:

> "Anclada en pocos puntos de referencia y convertida en emblema de la nueva sensibilidad teológica, la soteriología ha sufrido como pocos otros tratados los vaivenes del proceso de renovación. Se ha visto obligada a prestar servicio en áreas muy diversas, secundando el juego del 'giro

antropológico' y de los parámetros que han ido mostrando ambiciones de protagonismo en la escena teológica: la revelación, la fe y la existencia humana, la historia de la salvación, el 'Jesús histórico', la 'imagen' de Dios... Todo ello ha determinado un notable pluralismo de horizontes y contextos en la producción soteriológica, y no ha facilitado una serena renovación de este tratado teológico".[8]

Vivimos en una sociedad post–cristiana, sumamente soberbia, con actitudes blasfemas muchas veces, que ha decidido que el hombre se basta a sí mismo, se regula a sí mismo, decide lo que es bueno o malo, justo o injusto, verdad o mentira según el parecer de cada uno, etc. Ante esta situación algunos teólogos han pensado que la doctrina tradicional de la Redención tenía que ser repensada para adecuarla al modo de entender las cosas del mundo... Lamentablemente, este arrodillamiento ante el mundo y el consiguiente complejo de inferioridad han movido a muchos de los teólogos actuales. Para hacerse amigos del mundo, no han dudado en traicionar las verdades y los derechos de Dios.

Pero al presentar una teología basada en la mentira y en el error, esta teología no le hace bien a nadie: ni al mundo, que sigue con sus problemas, y cada vez más agudos; ni a la Iglesia, que va perdiendo su identidad propia, traicionando su mismísimo ser; ni al hombre, que está cada vez más perdido y destruido en su soberbia.

Como se dice vulgarmente: en el pecado llevamos la penitencia.

Veamos pues cómo enfrentar bien todos estos desafíos buscando la verdad ante todo.

---

[8]A. Ducay: *Examen...*, cit., pág. 123.

18.2. Revelación

La Sagrada Escritura nos habla muchas veces de la Pasión y Muerte del Señor como de un sacrificio redentor. ¿Qué se entiende por esto? Vamos a recabar los datos que preparan en el Antiguo Testamento la realidad de lo que se produce en el Nuevo Testamento; luego veremos lo que el Nuevo Testamento nos aporta, para acabar con la lectura de los mismos que hace la Tradición de la Iglesia, sobre todo en el pensamiento patrístico.

18.2.1. Antecedentes del Antiguo Testamento

El sacrificio de Jesucristo es el culmen, la perfección y la recopilación de todos los sacrificios del Antiguo Testamento.[9] El sacrificio, como ya se explicó, es el acto de la virtud de la religión más perfecto, por el cual se buscan diferentes finalidades: el perdón de los pecados y ofensas que el pueblo hace a Dios; se establece un pacto entre Dios y el pueblo escogido; se hacen acciones de gracias por beneficios recibidos; se reconoce el señorío de Dios entregándole lo mejor de los dones que de Él recibe su pueblo; se impetra de Dios su ayuda en diferentes necesidades; etc. Como dice A. Ducay:

> "A la hora de explicar cómo se abre cauce en la historia la justicia salvadora de Dios, el Nuevo Testamento recurre sobre todo al lenguaje sacrificial... En general, la muerte–glorificación de Jesús lleva a su plenitud el sistema sacrificial judío, pero como éste comprende varios tipos de sacrificios con diferente finalidad e importancia, esa

---

[9]Cfr. los diversos sacrificios del Antiguo Testamento en G. A. Anderson: *Sacrifice and Sacrificial Offerings (OT)*, en "A. B. Beck – D. N. Freedman – G. A. Herion, The Anchor Bible Dictionary", New York, Doubleday an Co., 1992, págs. 870–886; R. de Vaux: *Les Sacrifices d l'Ancien Testament*, Paris, Gabalda, 1964.

idea general acaba dando lugar a una pluralidad de imágenes con contenido diverso. Los polos principales son, sin embargo, dos: la pascua judía, que evoca las categorías liberación–redención y de alianza, y los sacrificios expiatorios (en particular el rito del Día de la Expiación), o elementos relacionados con la expiación como el Propiciatorio. De todas estas imágenes la más importante, pero también la más delicada, es la del sacrificio de expiación, o sacrificio por nuestros pecados..."[10]

Cristo hace el sacrificio definitivo y máximo que resume y perfecciona todos los sacrificios de la Antigua Alianza. Ya nos referimos a estos sacrificios en temas anteriores.[11] Baste ahora con recordar los principales sacrificios del Antiguo Testamento que preparan el sacrificio redentor del Señor.

La Pascua y el sacrificio del cordero pascual. (Ex 12: 1–14.21–27.46–47). El sacrificio cruento del cordero pascual sin mancha ni defecto, que salva la vida de los primogénitos judíos de la muerte a manos del ángel exterminador, es figura de Jesucristo, "Cordero de Dios que quita el pecado del mundo", entregando su propia sangre en la Cruz. Con este sacrificio se consigue vencer las reticencias del Faraón a dejar marchar al pueblo judío y supone la la liberación del pueblo judío de su esclavitud. Del mismo modo, el sacrificio de Jesucristo en la Cruz librará al ser humano de la esclavitud al demonio y al pecado.

Este cordero pascual es figura de Cristo; el Señor muere a las tres de la tarde y en el mismo día de la Pascua judía (la misma hora en que los corderos pascuales eran inmolados en el templo,

---

[10] A. Ducay: *Soteriología...*, cit., págs. 30–31.
[11] Cfr. supra cap. 14.5.1.

antes de la seis de la tarde); a Cristo no se le rompe ningún hueso, como al cordero pascual (Jn 19: 31–37, Ex 12: 43–49). En efecto:

- En el Bautismo del Señor, San Juan Bautista lo proclama "Cordero de Dios que quita el pecado del mundo" (Jn 1: 29.36).[12]

- En la Última Cena se celebra la Pascua... ahora de un modo pleno y verdadero:
  - Todo la narración es en contexto de la celebración de la Pascua.
  - Se pide a los Apóstoles que hagan esto "en memoria mía", es decir, en el sentido de memorial (mucho más que un recuerdo: una actualización de lo ocurrido en el pasado; 1 Cor 11:24.26; Ex 12:14).

- San Juan también alude a Cristo como el Cordero Pascual:
  - No le quebraron los huesos (Jn 19: 33–36 en referencia a Ex 12:46 y Nú 9:12).
  - La figura del "Cordero" en el Apocalipsis (Ap 5: 6–9; 12:14; 15:3).

- San Pablo se refiere a Cristo como "nuestra Pascua" (1 Cor 5:7).

Sacrificio de Alianza. (Ex 24: 4–8). Es un sacrificio cruento que establece la Antigua Alianza sinaítica entre Yahveh y su Pueblo.

En el Nuevo Testamento se identifica el sacrificio de la Nueva Alianza con la Pasión y Muerte de Jesús:

---

[12]Cfr. E. May: *Ecce Agnus Dei!...*, cit.; J. Leal: *El Sentido Soteriológico...*, cit., págs. 147 ss.

- Así el contenido del la última cena y la institución de la Eucaristía, adelanto de la Muerte del Señor (Mt 26:28; Mc 14:24; Lc 22:20).

- San Pablo en su narración de la Eucaristía (1 Cor 11: 23–27).

- La carta a los Hebreos: "Cristo es mediador de un nuevo Testamento" (Heb 7:22).[13]

El sacrificio de expiación. (Le 16: 1–34). También un sacrificio cruento para limpiar los pecados del Sumo Sacerdote y del pueblo en la fiesta del Yom kippur.

En el Nuevo Testamento, se refiere el sacrificio del Señor también como un sacrificio de expiación, el perfecto y verdadero, que supera y hace obsoletos los antiguos sacrificios que eran inútiles para conseguir la purificación de los pecados. En efecto:

1. La Carta a los Hebreos, como ya se dijo, presenta el sacrificio de Cristo desde esta perspectiva (cfr. Heb 2: 17ss; 9: 1–7.26.28; 10: 4–14; 13: 11ss.).

   "Talis enim et decebat ut nobis esset pontifex, sanctus, innocens, impollutus, segregatus a peccatoribus et excelsior cælis factus; qui non habet necessitatem cotidie, quemadmodum pontifices, prius pro suis delictis hostias offerre, deinde pro populi; hoc enim fecit semel semetipsum offerendo. Lex enim homines constituit pontifices infirmitatem habentes; sermo autem iuris iurandi, quod post legem est, Filium in æternum consummatum" (Heb 7: 26–28).

---

[13]Cfr. C. Spicq: *L'Épître aux Hébreux*, II, cit., págs. 285–299.

2. San Juan habla de Jesús como la "víctima propiciatoria por nuestros pecados" (1 Jn 2:2; 1:7; 4:10), lo que manifiesta el amor de Dios.

3. San Pablo hace referencia a la misma idea en Ro 3: 23–25. Cristo es "instrumento de propiciación por nuestros pecados". Es Dios el *sujeto* de la expiación y el objetivo del acto de la expiación es la remoción del pecado, ya sea de la persona o del lugar sagrado. San Pablo también alude a este tipo de sacrificio cuando habla de la "condena del pecado" (Ro 8:3): Dios envió a su Hijo con una carne semejante a la del pecado, y en orden al pecado, condenó el pecado en la carne; Cristo tomó una carne sufriente para poder cancelar en ella el pecado, como en el sacrificio expiatorio antiguo la víctima representaba la conciencia del pecador y la inmolación sacrificial removía el pecado.[14] Es lo que hace Cristo con respecto a nosotros, que con ello, alcanzamos nuestra justicia (Ro 8:4). También se puede encontrar este mismo conjunto de ideas en la figura de Cristo como "nuevo Adán" (cfr. Ro 5 y 2 Cor 5:14).

El sacrificio del Siervo de Yahveh de Isaías. La figura más importante de este tipo del Mesías, será la del "ebed yahveh", descrito en los llamados "cánticos de Isaías". Se han señalado cuatro cánticos.[15]

1. El primero está en Is 42: 1–7 y se refiere a la presentación del Siervo y su misión.

---

[14] A. Ducay: *Soteriología...*, cit., pág. 33.

[15] Cfr. El estudio realizado en la primera parte de la presente Cristología, cap. 2.4.3. P. Grelot: *Les Poèmes du Serviteur. De la Lecture Critique à l'Herméneutique*, Paris, Cerf, 1981; *I Canti del Servo del Signore*, Bologna, EDB, 1983.

2. El segundo corresponde a Is 49: 1–6, donde se recoge la vocación del Siervo de parte de Dios, su respuesta a la misma y su misión universal.

3. El tercer cántico está en Is 50: 4–9, donde se detalla el lamento del Siervo por sus persecuciones y sufrimientos.

4. El cuarto se encuentra en Is 52:13 a Is 53:12 que tiene a su vez cuatro partes: la primera (52: 13–15), que narra cómo Dios habla del éxito y la exaltación del Siervo; la segunda (53: 1–6), en la que es ahora todo el pueblo el que se lamenta por los padecimientos del Siervo, con un claro sentido penitencial; en la tercera (53: 7–10), es el profeta mismo el que describe los sufrimientos del Siervo; y finalmente, en la cuarta (53: 11–12) vuelve a ser Dios quien alaba lo conseguido por el Siervo.

El siervo de Yahveh entrega su vida cruentamente para salvar al pueblo, asumiendo sus pecados y culpas. Es lo que haría Cristo en plenitud y en verdad: cargó con nuestras culpas y miserias, consecuencias de nuestros pecados, y sufriendo y dando la vida en la Cruz, como sacrificio, nos libró de las mismas y destruyó nuestro pecado.

Todas estas narraciones son un verdadero adelanto profético de la Pasión y Muerte de Jesús que narran los Evangelios. Por eso alguno de ellos ha sido titulado como "la pasión de Cristo según Isaías".[16]

Pero además, Jesucristo interpretará su Muerte también en esta clave del Siervo de Yahveh:

---

[16]Cfr. A. Amato: *Jesús...*, cit., pág. 145.

- Mc 6:4, el profeta que es rechazado en su patria y por los suyos (cfr. también Mt 13:57; Lc 4:24 y Jn 4:44).

- La comparación entre Jesucristo y San Juan el Bautista; y la muerte del Bautista aparece como la del profeta perseguido (Mc 6: 17ss.; cfr. Mc 6: 14–16 y Mt 21: 26.46).

- La contestación a los fariseos al informar a Cristo de los planes de Herodes para matarle: "Ite, dicite vulpi illi: 'Ecce eicio dæmonia et sanitates perficio hodie et cras et tertia consummor. Verumtamen oportet me hodie et cras et sequenti ambulare, quia non capit prophetam perire extra Ierusalem' " (Lc 13: 32–33).

- La polémica contra los fariseos en las que les acusa de hacer lo mismo que sus padres: matar a los profetas (Mt 23:32).

- Las parábolas de los enviados por el dueño de la viña y que son apaleados, expulsados y asesinados... , suerte que correrá también "su propio Hijo" (Mt 21: 33–46).

- Etc.

18.2.2. Los datos del Nuevo Testamento

¿Cómo aparece descrita y calificada la Pasión y Muerte de Jesús en el Nuevo Testamento? ¿Qué sentido se le da? De nuevo, la clave es la de sacrificio redentor.[17] Veamos los hitos más significativos:

Cristo descarta el sentido político a su Muerte. Son muchos los datos: rechaza el intento de hacerle rey (Jn 6:15); confiesa ante Pilato que su reino no es de este mundo (Jn 18:36); acepta la

---

[17]Cfr. J. Rivière: *Redemption*, cit.; Id.: *Expiation et Rédemption dans l'Ancient Testament*, en Bull. Lit. Eccl. 47 (1946) 3–22; J. Dupont: *La Réconciliation dans la Théologie de S. Paul*, Brujas, 1953; S. Lyonnet: *Le Dogme de la Rédemption dans l'Apocapyse*, en "Bul. Lit. Eccl. 58 (1957) 65–92.

necesidad de pagar tributo al César (Mt 12:17); rechaza las tentaciones del demonio de dominar el mundo por la fuerza (Mt 4:8); reacciona fuertemente contra las insinuaciones de San Pedro de que no sufriera y muriera para cumplir su misión (Mt 16:23); sus discípulos han de anunciar el reino y serán perseguidos (Jn 15:20; Lc 11:49; 21:12; Mt 10:16); entra pacíficamente en Jerusalén sobre un asno (Mt 21: 1–11); sus enemigos no eran los romanos sino Satanás (Jn 8: 33–34; 12:31); etc.[18]

Cristo interpreta su Muerte como el martirio del profeta. Ya se mencionó este aspecto al hablar del sacrificio del siervo de Yahveh (cfr. Mc 6:4; Mt 13:57; Lc 4:24; Jn 4:44). Y con relación al martirio de San Juan Bautista, cfr. Mc 6: 14–16; Mt 21: 26.46; Lc 13: 32–33.

La institución de la eucaristía como sacrificio. En ésta encontramos un claro sentido sacrificial.[19] En efecto:

- Cristo ofrece "su cuerpo y su sangre" en paralelismo con los elementos de los sacrificios del Antiguo Testamento, en los que la carne y la sangre de la víctima se separan: la carne es comida o quemada y la sangre es derramada en el altar (cfr. Ge 9:4; Le 17: 11.14; De 12:33; Ez 39: 17–19; Heb 13:11).

---

[18]Cfr. los prejuicios y errores de la llamada Teología de la Liberación, en L. F. Mateo–Seco: *G. Gutiérrez, H. Assmann, R. Alvés: Teología de la Liberación*, Madrid, Emesa, 1981; Id.: *Teología de la Liberación*, en GER, t. XXV, 1139–1146; Id.: *El Futuro de la Teología de la Liberación* en "Scripta Theologica" 22 (1990) 195–211.

[19]Cfr. J. Jeremías: *La Última Cena. Palabras de Jesús*, Madrid, 1980, págs. 243–244; H. Schürmann: *Le Récit de la Dernière Cène*, Lc 22: 7–38, Le Puy, 1966; J. A. Sayés: *Cristología Dogmática*, cit., págs. 370–376; Id.: *El Misterio Eucarístico*, Madrid, BAC, 1986, págs. 41 ss.; Id.: *Señor y Cristo*, cit., págs. 223–231.

- El uso de los adjetivos "entregado" (διδόμενον) y "derramada" (ἐχχυννόμενον) son claramente sacrificiales (Mc 14:24).

- San Pablo expone la eucaristía en el contexto de los sacrificios paganos que suponían la comunión con Dios mediante la consumición de la carne sacrificada (1 Cor 10:16).

- La Carta a los Hebreos pone en relación el sacrificio de expiación del Yom Kippur con el derramamiento de la sangre de Cristo (Heb 9 y 10).

- San Juan narra el discurso en la sinagoga de Cafarnaúm en el que Cristo insiste en comer su carne y beber su sangre para vivir en Él (Jn 6: 51–58).

En conclusión, se trata pues de una sangre sacrificial y de un cuerpo ofrecido en oblación. El sacrificio de Cristo, se presenta como un sacrificio de la Nueva Alianza en su sangre.

Cristo también relaciona su Muerte con el reino de Dios que había venido a traer. Así no beberá el cáliz de nuevo hasta que lo beba en el reino de Dios (Mc 14:25 y par).

Sentido expiatorio de la Muerte de Cristo. Aparece en todo el Nuevo Testamento:

1. Así aparece en la preposición "ùpér" (ὑπέρ, por)[20] "los muchos" (περὶ πολλῶν) (Mc y Mt, en clara alusión al sufrimiento del Siervo de Yahveh), o "vosotros" (ὑπὲρ ὑμῶν) (Lc y Pablo), de las palabras de la consagración. San Juan utiliza la expresión "por la vida del mundo" (Jn 6:51). El uso de las preposiciones "ùpér" y "perí", es característico de los

---

[20]San Marcos y San Mateo utilizan esta preposición para la sangre; San Pablo y San Juan para el cuerpo; San Lucas para ambos.

sacrificios expiatorios. El sacrificio de expiación se ofrece a Dios por los pecados de los hombres.

2. Ro 5:8: "siendo pecadores... murió por nosotros".

3. 2 Cor 5:31: "Dios le hizo pecado por nosotros..."

4. Tit 2:14: "El cual se entregó por nosotros..."

5. 1 Cor 15:3: "Os transmití... murió por nuestros pecados..."

6. 1 Jn 4:10: "Nos envió a su Hijo como propiciación por nuestros pecados"; 2:2 "El es la victima de propiciación por nuestros pecados, no solo por los nuestros, sino también por los del mundo entero".

7. Ro 3:25: "Puso en público como sacrificio expiatorio por su sangre".

8. 1 Pe 1: 18–19: "Habéis sido rescatados... con una sangre preciosa"; 2: 24–25 "el mismo que sobre el madero llevó nuestros pecados en su propio cuerpo".

9. Ef 1:7; 2: 13.16: "En el Hijo tenemos la Redención por su sangre" (Ro 3:25; Col 1: 20.22; 2:14).

10. 1 Cor 1: 17–18.25: la Redención en la Cruz es la sustancia del Evangelio.

11. Hech 20:28: La Iglesia ha sido adquirida por Dios "al precio de su propia sangre".

12. Etc.

Se ha de tener en cuenta que la "expiación" no se puede entender como que Dios sea indigente o necesite restituir algo en su naturaleza que haya sido arrebatado por el pecado del hombre; ni tampoco como un acto mágico que consiguiera el perdón como consecuencia de la pura fuerza del rito. En realidad la expiación tiene un doble sentido: por un lado es, antes que nada, un medio empleado por Dios en nuestro favor, para que se puedan reparar las infracciones a la alianza que Dios establece con su pueblo (lo que la teología llama "sentido descendente" de la expiación... viene de Dios a nosotros); por otro, es también un acto del hombre que quiere reparar en Dios la ofensa que su pecado le ha causado, pues el pecado afecta misteriosamente a Dios[21] (lo que la teología denomina "sentido ascendente" de la expiación... va del ser humano pecador al Dios que es Amor).

El logión del rescate. Mt 20:28: "El Hijo del Hombre no ha venido a ser servido sino a servir y a dar la vida en rescate por muchos". Cfr. 1 Tim 2:6 : "Un solo mediador entre Dios y los hombres, un hombre, Cristo Jesús, que se ha dado en rescate por muchos".[22]

Por eso, J. A. Sayés sintetiza todo lo anterior de la siguiente manera:

> "Concluyendo nuestro análisis, podríamos decir que la Redención de Cristo incluye una doble dimensión: la dimensión descendente del don de Dios que da a su Hijo para salvarnos y que nos libera de la esclavitud del pecado y del maligno, y la dimensión ascendente del sacrificio que se entrega al Padre en expiación de nuestros pecados. El sacrificio de Cristo tiene tales dimensiones que la Sagrada Escritura se limita a describirlas sin intentar una síntesis teológica que nos dé la clave integradora de las mismas.

---

[21]Es necesario recordar la naturaleza del pecado, lo que se hace en la teología moral. Algo avanzaremos sobre el particular un poco más adelante. Baste ahora con recordar que el pecado hiere a Dios ofendiéndole en su amor, aunque no afecte a su ser en el sentido de que lesione su naturaleza trascendente.

[22]Cfr. R. Feuillet: *Le Logion sur la Rançon*, en "Rev. Scien. Phil. Theol." 51 (1967) 368–379.

En ninguna parte aparece que el Padre haya castiga-
do a su Hijo o haya pedido un acto de compensación por
justicia vindicativa. Sin embargo, la idea del sacrificio ofrecido al Padre en expiación de nuestros pecados es una idea
intensamente bíblica que habrá que integrar y comprender
en la medida de lo posible. Será el esfuerzo de la teología
el que tendrá que llegar a ello".[23]

18.2.3.   La sagrada Tradición y los Santos Padres

Los Santos Padres siguen en su pensamiento el modo de exponer la
Redención que hace la Sagrada Escritura, es decir, resaltan los aspectos
ya mencionados según lo necesitan en sus exposiciones.[24] No hay una
teoría sistemática, pues no se había cuestionado la obra de Cristo
por ninguna herejía importante. Su interés estaba centrado sobre las
grandes herejías cristológicas del momento que hacían referencia más
al ser de Cristo, a su constitución ontológica.

Con todo, se ponen las bases, se avanzan las ideas, y a veces,
se explican los misterios deficiente o erróneamente. Vamos a repasar
los hitos principales de esta historia más primitiva del pensamiento
cristiano:

Padres prenicenos. Siguen el modo bíblico de hablar sobre la Redención, por lo que encontramos en ellos elaboraciones sobre

---

[23] J. A. Sayés: *Señor y Cristo...*, cit., págs. 427–428.

[24] J. Rivière: *Sur les Premières Applications du Terme "satisfactio" à l'Oeuvre du
Christ*, en "Bulletin Littéraire Ecclesiastique", 25 (1924) 361–365; Id.: *Le Dogme de
la Rédemption. Essai d'Étude Historique*, Paris, V. Lecoffre, 1906, págs. 101–278;
H. E. W. Turner: *The Patristic Doctrine of Redemption*, London, Mowbray, 1952;
T. E. Clarke: *S. Augustine end Cosmic Redemption*, en "Theological Stududies" 19
(1958) 133–164; L. Malfre: *Le Dogme de la Rédemption Pendant les XI Premiers
Siècles,* Montauban, Typographie de Victor Bertout, 1869.

"el rescate", "expiación", "sacrificio", "reconciliación", "recapitulación":[25]

- San Ignacio de Antioquía: "Cristo fue verdaderamente clavado por nosotros... para congregar a sus santos y fieles, tanto judíos como gentiles, en el único cuerpo de su Iglesia. Todo lo sufrió por nosotros para que fuésemos salvados".[26]

- San Justino: rechaza el entendimiento de la crucifixión de Cristo como si fuera un maldito de Dios, y defiende el sentido verdadero de la expiación por propia voluntad del Señor: "Si fue voluntad del Padre del universo que su Cristo cargara por amor al género humano con las maldiciones de todos, sabiendo que le había de resucitar después de crucificado y muerto, ¿por qué vosotros habláis como de un maldito del que se dignó padecer todo esto por designio del Padre?"[27]

- Tertuliano: fue el primero en utilizar el término "satisfacción" para designar la conducta del penitente: "Afligiendo la carne y el espíritu, satisfacemos por el pecado y al mismo tiempo nos fortalecemos de antemano contra las tentaciones".[28]

- Orígenes: fue el primero en sostener la teoría de la muerte de Cristo como pago al demonio para liberar a los hombres caídos bajo su poder por el pecado.[29] También hace

---

[25]Cfr. E. Chantre: *Exposition des Opinions d'Irénée, Tertulien, Clément d'Alexandrie et Origène su l'Oeuvre Rèdemptrice de Jèsus–Christ*, Geneve, 1860.

[26]San Ignacio de Antioquía: *Ep. Ad Smyrn.*, 1, 2 (*P. G.*, 5, 708).

[27]San Justino: *Dial. Trif.*, 95 (*P. G.*, , 702).

[28]Tertuliano: *De Bapt.*, 20, 1 (*P. L.*, 1, 1123). Cfr. *De Poen.*, 7 (*P. L.*, 1, 1124); *In Rom.*, 2, 13 (*P. L.*, 14, 911). San Ambrosio aplicará el término a la Pasión y Muerte de Cristo.

[29]Orígenes: *In Matth.*, 16, 8 (*P. G.*, 13, 1397–1400).

hincapié en el aspecto propiciatorio del sacrificio de Cristo: "Dios es justo, y en cuanto justo, no podía justificar a unos injustos; por eso fue necesaria la intervención de un propiciador para que por la fe en él fuéramos justificados los que no podían serlo por sus obras".[30]

- San Ireneo: es uno de los principales exponentes de la teoría de la recapitulación, según la cual, Cristo con su victoria sobre el demonio destruyó el pecado y sus consecuencias; con su obediencia, destruyó nuestra desobediencia. Por eso recapitula la creación al destruir las raíces del mal: el pecado original y al demonio. Lo que habíamos perdido en Adán, Cristo lo recapitula, "lo que habíamos perdido en Adán, esto es ser imagen y semejanza de Dios, lo recobramos en Cristo Jesús".[31] La obra recapituladora y recuperadora de Cristo, llega al mundo entero: "...hay un solo Cristo Jesús, nuestro Señor, que viene en el transcurso de la economía universal y todo lo recapitula en sí".[32] Al mismo tiempo sostiene la relación entre la salvación de Cristo y el medio de su consecución, que es su sacrificio, que es el único sacrificio válido ante los ojos de Dios; el Santo penetra en la relación existente entre la eucaristía como sacrificio, el culto cristiano, y la Cruz del Señor.[33]

---

[30]Orígenes: *In Lev.*, 9, 10 (*P. G.*, 12, 523). Cfr. *In Johan.*, 6, 35 (*P. G.*, 14, 292; 28, 14 (*P. G.*, 14, 720–721); *In Rom.*, 3, 8; 4, 12 y 5, 1 (*P. G.*, 14, 946–951. 1002–1005). Cfr. A. Fournier: *Exposition Critique des Idées d'Origen sur la Rédemption*, Strasbourg, 1860.

[31]San Ireneo: *Adv. Hær.*, 3, 18, 1 (*P. G.*, 7, 932).

[32]San Ireneo: *Adv. Hær.*, 3, 16, 6 (*P. G.*, 7, 925).

[33]San Ireneo: *Adv. Hær.*, 4, 18, 3 (*P. G.*, 7, 1026).

Padres Griegos de s. IV y V. Dos son los grandes temas que se desarrollan en este periodo de tiempo en Oriente en relación a la Redención. El primero es el tema de la divinización concedida a toda la humanidad por la Encarnación;[34] y, el segundo, el valor de salvación de la Muerte y Resurrección de Cristo como expiación universal de los pecados de los hombres.

- San Atanasio:

  - Aspecto divinizador y recapitulador: "El Verbo era capaz de recrear todas las cosas, de sufrir por todos los hombres y de ser en nombre de todos un digno mensajero ante el Padre".[35]

  - Aspecto de sacrificio expiatorio: "Como un sacrificio y una víctima pura de toda mancha, ofreciendo a la muerte el cuerpo que había tomado para él, destruyó inmediatamente a la muerte de todos los otros cuerpos semejantes".[36]

- San Basilio: "Se ofreció a sí mismo como sacrificio y oblación a Dios a causa de nuestros pecados".[37] El sacrificio de expiación verdadero solo podía hacerlo Dios, ofreciéndolo por todos los hombres.[38]

---

[34] A veces se afirmaba esta idea sobre la base de la teoría platónica de que la naturaleza humana universal se encuentra en la particular. Sin embargo, hay que sostener que en absoluto se entiende como si la Encarnación fuera colectiva y que desapareciera la individualidad de Jesús.

[35] San Atanasio: *De Incarnat.*, 7 (*P. G.*, 25, 109).

[36] San Atanasio: *De Incarnat.*, 8 (*P. G.*, 25, 109). Cfr. también 20 (*P. G.*, 25, 132).

[37] San Basilio: *Hom. in Psal.*, 28, 5 (*P. G.*, 29, 296).

[38] San Basilio: *Hom. in Psal.*, 48, 3 (*P. G.*, 29, 437–439).

- San Gregorio de Nisa: basa la razón de la Redención cruenta por el Señor en la teoría de la deuda pagada al diablo, que ya se explicó antes.[39] Tesis que también siguieron San Juan Crisóstomo,[40] San Basilio[41] y otros. San Gregorio Magno rechazó este pensamiento, negando que haya que "pagar rescate" ni al demonio ni a Dios Padre.[42]

- San Cirilo de Alejandría:

  - Aspecto divinizador y recapitulador: "Toda la naturaleza humana estaba en Cristo, en cuanto que era hombre".[43]

  - Aspecto de sacrificio de expiación: "¿Por qué tenemos que llamarle sacerdote a causa de su humanidad? Pues nos ofrece a nosotros en sacrificio agradable a Dios a causa de la fe, y él se ofrece al Padre como víctima sabrosamente grata".[44]

Padres latinos de s. IV y V. Tienden a darle mayor énfasis a la Pasión y Muerte de Cristo como principio de liberación del pecado.

1. San Ambrosio: recoge el concepto de satisfacción de Tertuliano y lo aplica a Jesucristo en su obra redentora. El Señor no pecó, pero cargó con nuestros pecados, y de este

---

[39]San Gregorio de Nisa: *Orat. Cat.*, 22 y 24 (*P. G.*, 45, 65).

[40]San Juan Crisóstomo: *Hom. in Ev. John.*, 67, 2 (*P. G.*, 59, 372–373).

[41]San Basilio: *Hom. in Psalm.*, 7, 2 (*P. G.*, 29, 232–233).

[42]San Gregorio Magno: *Orat.*, 45, 22 (*P. G.*, 36, 653).

[43]San Cirilo de Alejandría: *In Ioh.*, 5 (*P. G.*, 73, 753).

[44]San Cirilo de Alejandría: *Orat.*, 45, 22 (*P. G.*, 36, 653).

modo satisfizo por nuestros pecados.[45] También considera el sacrificio de Cristo como propiciatorio.[46]

2. San Agustín: Considera la naturaleza del sacrificio de Cristo, diciendo que el sacrificio visible es sacramento, es decir, signo sagrado del sacrificio invisible, que es el amor total al Padre.[47] Cristo es sacerdote y víctima (a la vez y de un modo perfecto) de ese sacrificio, como resalta la Carta a los Hebreos.[48] Cristo es el único mediador entre el Padre y la humanidad.[49] Cristo paga la deuda adquirida por Adán, lo que explica con la teoría de la sustitución vicaria, al saldar Cristo por nosotros una deuda que no era suya.[50] Aceptó también la teoría del abuso del poder por parte del demonio.[51]

Conclusión. En los Santos Padres observamos que existe un uso de los términos e ideas sobre la Redención que aparecen en la Sagrada Escritura, así como unos primeros intentos de explicar la naturaleza de la misma, que no siempre serán los más adecuados. Entre estas insuficiencias se pueden recordar los casos de:

---

[45]San Ambrosio: *In Ps. 36 Enarr.*, 53 (*P. L.*, 14, 1036).

[46]San Ambrosio: *De Abrah.*, 3. 16 (*P. L.*, 14, 427).

[47]San Agustín: *De Civ. Dei*, 10, 5 (*P. L.*, 41, 282).

[48]San Agustín: *In Psalm.*, 130, 4 (*P. L.*, 37, 1706).

[49]San Agustín: *De Civ. Dei*, 10, 6 (*P. L.*, 41, 284).

[50]San Agustín: *De Trinit.*, 13, 16, 21 (*P. L.*, 42, 1031).

[51]San Agustín: *De Trinit.*, 13, 14, 18 (*P. L.*, 42, 1027–1028). Cfr. C. van Cormburgghe: *La Doctrine Christologique et Sotériologique de Saint Augustin et ses Rapports avec le Néoplanonisme*, en "Revue d'Histoire Ecclesiastique, 5 (1904) 237–257, 477–503; H. Gallerand: *La Rédemption dans Saint Augustin*, en "Revue d'Histoire et de Littérature" 8 (1922) 38–77; Id.: *La Rédemption dans l'Église Latine d'Augustin à Anselme*, en "Revue d'Histoire des Religions" 91 (1925) 35–76.

- La teoría mística para justificar el valor salvífico de la Encarnación, afirmando, en base a las ideas de la filosofía de cuño platónico de la época, que toda la naturaleza humana constituiría un solo ser viviente (cfr. la teoría de las ideas platónicas, verdaderamente existentes en el mundo de las ideas suprasensible), de modo que la experiencia de una parte se convierte en la experiencia del todo; es lo que ocurriría con la humanidad que participaría de lo que Cristo realizó.

- La teoría de los derechos del demonio, de la deuda o rescate pagados a Satanás, o la del abuso del poder de diablo.

Es necesario tener en cuenta, también, que se utilizan con frecuencia metáforas y comparaciones para acercarse al misterio y que, por lo tanto, han de ser consideradas como tales metáforas y comparaciones, sin pretender extraer conclusiones que ellos no quisieron deducir.

Por lo demás, hay que recordar que no había grandes desafíos heréticos en contra de este aspecto de la fe de la Iglesia, por lo que no se exigieron de los Santos Padres mayores o más sistemáticos y profundos estudios. Sí se percibe en ellos, la consideración de las dimensiones descendente (obra del amor de Dios Padre que ofrece a su propio Hijo) y ascendente (obra de los hombres que ofrecen un sacrificio de expiación por sus pecados a Dios Padre) del sacrificio de Cristo. En cualquier caso, los Santos Padres pusieron las bases del pensamiento que posibilitarán las construcciones mucho más sistemáticas y cuidadas de la teología escolástica. Además, su teología nos recuerda importantes aspectos de la soteriología que hoy tienden a olvidarse. Como dice Galot:

"...a pesar de sus imperfecciones, los textos pa-
trísticos contienen un dato que no se debe desatender.
Subrayan un aspecto del drama redentor que el pensamiento moderno propende a pasar por alto o a dejar
en la penumbra: la lucha de los poderes espirituales
del mal. Al recalcar esta lucha, los Padres, no hacen,
por lo demás, otra cosa que acoger una idea esencial
en la Escritura: Cristo ha librado a la humanidad mediante el triunfo sobre Satanás y despojándole de su
poder esclavizador... El demonio ha sido vencido allí
mismo donde él había triunfado provisionalmente: en
el corazón del hombre".[52]

18.3.   Magisterio de la Iglesia

La doctrina del Magisterio de la Iglesia sobre el sacrificio redentor
de Jesucristo se ha ido produciendo a lo largo de los siglos, de un modo
más bien fragmentario, conforme a las necesidades de cada momento
de la Historia y de los desafíos que se fueron presentando. En comparación con otros ámbitos de la teología, "las afirmaciones magisteriales
que tocan este ámbito son sobrias y escasas".[53] Por eso, no encontramos un tratamiento completo en algún concilio o por parte de algún
Papa. Con todo, se puede hacer la siguiente ordenación de los datos
que existen:

1.– **Afirmación de la fe en la salvación de nuestros pecados
por Jesucristo.** Es parte de las profesiones solemnes de fe de
la Iglesia:

---

[52] J. Galot: II, págs. 219–220, cit. por J. A. Sayés: *Señor...*, cit., págs. 441–442.
[53] A. Ducay: *Examen...*, cit., pág. 123.

- El Credo Niceno–constantinopolitano proclama que Jesucristo "por nosotros los hombres y por nuestra salvación" se hizo hombre, fue crucificado bajo Poncio Pilato y resucitó al tercer día:

  > "...qui propter nos homines et propter nostram salutem descendit de cælis, et incarnatus est de Spiritu Sancto (et) ex Maria virgine et homo factus (inhumanatus) est, crucifixus etiam pro nobis sub Pontio Pilato, (et) passus et sepultus est, et resurrexit tertia die secundum Scripturas, et ascendit in cælum (cælos), (et) sedet ad dexteram Patris, et iterum venturus est cum gloria, iudicare vivos et mortuos: cuius regni non erit finis".[54]

- El Símbolo Quicumque también afirma el mismo hecho: Jesucristo padeció por nuestra salvación. En efecto:

  > "Qui passus est pro salute nostra, descendit (discendit) ad inferos, tertia die resurrexit (surrexit) a mortuis, ascendit ad cælos, sedet (sedit) ad dexteram Patris, inde venturus est iudicare vivos et mortuos".[55]

- Concilio de Éfeso.[56]

- El Sínodo de Orange II (a. 529) declaró que Cristo murió para reparar la naturaleza perdida por Adán:

  > "Ideo Christus non gratis mortuus est, ut et lex per illum impleretur, qui dixit: 'Non veni legem solvere, sed adimplere' (Mt 5:17), et natura

---

[54] *D. S.* 150.

[55] *D. S.* 76.

[56] *Anathematismi S. Cyrilli*, 10. *D. S.* 261.

per Adam perdita per illum repararetur, qui dixit, venisse se 'quærere et salvare, quod perierat'
(Lc 19:10)".[57]

- El Concilio XI de Toledo (a. 675) utiliza la expresión gráfica
de que el Señor se "hizo sacrificar por nuestros pecados",
para afirmar el carácter de la Muerte de Cristo:

  "In qua suscepta hominis forma juxta evangeli-
  cam veritatem sine peccato conceptus, sine peccato natus, sine peccato mortuus creditur, qui solus
  pro nobis 'peccatum est factus' (cfr. 2 Cor 5:21), id
  est, sacrificium pro peccatis nostris. Et tamen passionem ipsam, salva divinitate sua, pro delictis nostris sustinuit, motique adjudicatus et cruci veram
  carnis mortem excepit, tertio quoque die virtute
  propria sua suscitatus e sepulchro surrexit".[58]

- El IV Concilio de Letrán (a. 1215), en la definición contra
los cátaros y albigenses, recoge, una vez más, la doctrina
tradicional sobre la Redención:

  "Qui cum secundum divinitatem sit immortalis
  et impassibilis, idem ipse secundum humanitatem
  factus est passibilis et mortalis: qui(n) etiam pro
  salute humani generis in ligno crucis passus et mortuus, descendit ad infernos, resurrexit a mortuis et
  ascendit in cælum".[59]

- Etc.

---

[57] *De Gratia*, c. 21. *D. S.* 391.
[58] *Symbolum*, *D. S.* 539.
[59] *D. S.* 801.

2.– Universalidad de la Redención. El Sínodo de Quiercy (a 853) proclamará el alcance universal de la Redención:

> "Christus Jesus D. N., sicut nullus homo est, fuit vel erit, cujus natura in illo assumpta non fuerit, ita nullus est, fuit vel erit homo, pro quo passus non fuerit; licet non omnes passionis ejus mysterio redimantur. Quod vero omnes passionis ejus mysterio non redimuntur, non respicit ad magnitudinem et pretii copiositatem, sed ad infidelium et ad non credentium ea fide 'quæ per dilectionem operatur' (Ga 5:6), respicit partem; quia poculum humanæ salutis, quod confectum est infirmitate nostra et virtute divina, habet quidem in se, ut omnibus prosit: sed si non bibitur, non medetur".[60]

3.– Doctrina de la satisfacción vicaria. Contra la posición de Abelardo quien, apartándose de la consideración del aspecto satisfactorio de la Muerte de Cristo, sostuvo que Cristo no asumió la carne para librarnos del yugo de Satanás, el Concilio de Sens (a. 1140) declaró tal posición como un error:

> "Quod Christus non assumpsit carnem, ut nos a jugo diaboli liberaret".[61]

Cuando el Concilio de Trento trata de la causa meritoria de nuestra justificación,[62] menciona el término de "satisfacción". También en el Decreto sobre la Penitencia, se habla de la satisfacción

---

[60] *D. S.* 624.

[61] *D. S.* 723.

[62] Sesión VI *Decr. De Iustificatione*, cap. 7, *D. S.* 1529.

como acto del penitente y se dice que, "...nos hacemos confor-
mes a Cristo Jesús, que por ellos satisfizo".[63]

El concepto es recogido, en varias ocasiones, por el Magisterio
posterior:

- Así ocurre con la encíclica *Tametsi Futura* de León XIII:

  "El Unigénito de Dios hecho hombre satisfizo
  ubérrima y cumplidamente con su sangre al Dios
  ofendido por los hombres".[64]

- Encíclica *Haurietis Aquas* de Pio XII:

  "(La Redención) un misterio del amor de Cristo
  a su Padre celestial, a quien el sacrificio de la Cruz,
  ofrecido con amor y obediencia, presenta una satisfacción sobreabundante e infinita por los pecados
  del género humano".[65]

- Hay que mencionar que el Concilio Vaticano I había prepa-
  rado una definición de la satisfacción vicaria en los siguientes términos: "Si alguien osa afirmar que la *satisfacción vicaria*, es decir, la satisfacción de un solo mediador para todos los hombres, repugna a la justicia divina, sea anatema.
  Si alguien deja de reconocer que Dios, el Verbo, sufriendo
  y muriendo en la carne por él asumida, *pudo satisfacer a
  Dios por nuestros pecados y verdaderamente satisfizo*, sea
  anatema".

- Pío XII, en su *Humani Generis*, en contra de la *Nouvelle
  Théologie* que negaba el valor satisfactorio de la Muerte de
  Cristo, dice: "Se pervierte la noción de pecado original, sin

---

[63]Sesión XIV, *De Sacramento Pœnitentiæ, D. S.* 1690.

[64]Leon XIII: Enc. *Tametsi Futura*, 1, IX, 1900, AAS 33 (1900–1901) 275.

[65]Pio XII, Enc. *Haurietis Aquas*, AAS 48 (1956) 321.

atención a las definiciones de Trento, y al mismo tiempo la
noción de pecado en general, en cuanto ofensa a Dios, y el
de *satisfacción que Cristo pagó por nosotros*".[66]

- Pablo VI en el *Credo del Pueblo de Dios* (en contra del *Catecismo Holandés* y de las desviaciones teológicas del momento), reafirma la doctrina clásica: "Padeció bajo Poncio
  Pilato: Cordero de Dios, que lleva los pecados del mundo,
  murió por nosotros clavado en la Cruz, trayéndonos la salvación con la sangre de la Redención".[67]

4.– **Noción de mérito de Cristo.** La realidad del mérito de Cristo
es la que explica la razón de las indulgencias para la Bula de
Clemente VI (a. 1343) "Unigenitus Dei Filius":

> "Unigenitus Dei Filius... 'factus nobis a Deo sa-
> pientia, iustitia, sanctificatio et redemptio' (cfr. 1 Cor
> 1:30), 'non per sanguinem hircorum aut vitulorum,
> sed per proprium sanguinem introivit semel in sancta,
> æterna redemptione inventa' (Heb 9:12). 'Non enim
> corruptibilibus auro et argento, sed sui ipsius agni in-
> contaminati et immaculati pretioso sanguine nos re-
> demit' (cfr. 1 Pe 1: 18ss.), quem in ara crucis inno-
> cens immolatus non guttam sanguinis modicam, quæ
> tamen propter unionem ad Verbum pro redemptio-
> ne totius humani generis suffecisset, sed copiose ve-
> lut quoddam profluvium noscitur effudisse ita, ut 'a
> planta pedis usque ad verticem capitis nulla sanitas'
> (cfr. Is 1:6) inveniretur in ipso. Quantum ergo exinde,
> ut nec supervacua inanis aut superflua tantæ effusio-

---

[66] *D. S.* 3891.

[67] Pablo VI: *Credo del Pueblo de Dios*, n. 12.

nis miseratio redderetur, *thesaurum militanti Ecclesiæ
acquisivit*, volens suis thesaurizare filiis pius Pater, ut
sic sit 'infinitus thesaurus hominibus, quo qui usi sunt,
Dei amicitiæ participes sunt effecti' (cfr. Sab 7:14)".[68]

También se encuentra la realidad del mérito de Jesucristo, en
las siguientes declaraciones del Decreto para los Jacobitas del
Concilio de Florencia (a. 1439), cuando afirma que nadie está
libre del dominio del diablo si no es por mérito del Mediador
entre Dios y los hombres:

> "Firmiter credit, profitetur et docet, neminem un-
> quam ex viro feminaque conceptum a diaboli domina-
> tu fuisse liberatum, nisi per fidem mediatoris Dei et
> hominum Jesu Christi Domini nostri: qui sine pecca-
> to conceptus, natus et mortuus, humani generis ho-
> stem, peccata nostra delendo, solus sua morte pro-
> stravit,et regni cælestis introitum, quem primus ho-
> mo peccato proprio cum omni successione perdide-
> rat, reservavit: quem aliquando venturum omnia Vete-
> ris Testamenti sacra sacrificia, sacramenta, ceremoniæ
> præsignarunt".[69]

Trento, por su parte, en el Decreto sobre la Justificación, describe el mérito de Cristo como "causa meritoria de nuestra justificación", precisamente al exponer las diferentes causas de la
misma:

> "Hujus justificationis causæ sunt: ... meritoria au-
> tem dilectissimus Unigenitus suus, Dominus noster Je-

---

[68] *D. S.* 1025.
[69] *D. S.* 1347.

sus Cristus, qui 'cum essemus inimici' (cfr. Ro 5:10),
'propter nimiam caritatem, qua dilexit nos' (Ef 2:4),
sua sanctissima passione in ligno crucis nobis justi-
ficationem meruit (can. 10), et pro nobis Deo Patri
satisfecit".[70]

También en el Decreto sobre el Pecado Original, Trento vuelve
a hablar del mérito de Cristo, como única causa que nos redime
de aquél:

"Si quis hoc Adæ peccatum, quod origine unum
est et propagatione, non imitatione transfusum omnibus inest unicuique proprium, vel per humanæ naturæ
vires, vel per aliud remedium asserit tolli, quam *per
meritum unius mediatoris Domini nostri Jesu Christi*
(cfr. *D. S.* 1340), qui nos Deo reconciliavit in sanguine suo, 'factus nobis justitia, sanctificatio et redemptio' (1 Cor 1:30); aut negat, *ipsum Christi Jesu meritum* per baptismi sacramentum, in forma Ecclesiæ ri-
te collatum, tam adultis quam parvulis applicari: an.
s.".[71]

5.– **Valor propiciatorio de la Muerte de Cristo.** Aparece en los
cánones sobre el Santo Sacrificio de la Misa del Concilio Triden-
tino. En efecto la misa tiene valor propiciatorio por los pecados
al tener la misma victima y sacerdote que la Cruz. Cristo se
ofreció una vez sola sobre el ara de la Cruz y muriendo en ella
efectuó una Redención eterna.

---

[70] *D. S.* 1529.
[71] *D. S.* 1513.

> "Si quis dixerit, Missæ sacrificium tantum esse lau-
> dis et gratiarum actionis, aut nudam commemoratio-
> nem sacrificii in cruce peracti, *non autem propitia-*
> *torium*; vel soli prodesse sumenti; neque pro vivii et
> defunctis, pro peccatis, poenis, satisfactionibus et aliis
> necessitatibus offerri debere: an. s. (cfr. *D. S.* 1743)".[72]

18.4. Historia de las principales explicaciones teológicas

Los datos de la Revelación fueron elaborados por los Santos Padres y la teología posterior, buscando una teoría que los integrara a todos, y al mismo tiempo, explicara la naturaleza de la Redención.

Es conveniente, aún a riesgo de repetir algunos datos conocidos, examinar el conjunto de las principales posiciones históricas, para comprender mejor la posición más ortodoxa.

Teoría de los derechos del demonio. Algunos Santos Padres sostuvieron que Satanás era dueño de los hombres pecadores. Por eso, tuvieron que ser comprados al demonio por la liberación de su esclavitud pagando por ello la sangre de Cristo, que tiene un valor infinito.[73]

Teoría del abuso de poder del demonio. Otros Santos Padres y escritores antiguos sostuvieron que Satanás quiso ejercer sobre Cristo un derecho que no poseía: el castigar y matar a un inocen-

---

[72] *D. S.* 1753. Cfr. 1740.

[73] Pero el demonio no tiene derecho de propiedad sobre nadie; solo a Dios pertenecen todas las creaturas.

te, Cristo, que no tenía ningún pecado. Este abuso le supuso la pérdida de su poder sobre toda la humanidad pecadora.[74]

Teoría del desquite. También es otra teoría muy antigua, según la cual convenía que Dios triunfase donde había vencido el demonio. Se habla de una trampa tendida al demonio: se le engañó para hacerle creer que Cristo era un pecador y que podía castigarle.[75]

Teoría de la satisfacción estrictamente jurídica. Surge el término con Tertuliano, quien lo usa para explicar la conducta del penitente en el sacramento de la confesión. San Ambrosio es el que lo aplica a la obra redentora de Cristo. Este término se toma del Derecho romano: prestación con la que se cumple una obligación de forma inversa a como fue establecida en un principio. La satisfacción sustituye al pago de una deuda. La satisfacción va dirigida a Dios y es una invocación de perdón. Es equivalente a la 'expiación', pero añade el matiz de la súplica y tiene como resultado aplacar a Dios y hacerlo propicio. En Tertuliano y San Ambrosio, el concepto tiene un claro sesgo jurídico.

Teoría anselmiana de la satisfacción. Con San Anselmo de Canterbury, la teoría de la satisfacción adquiere una completa sistematización e integración de todos los datos de la Revelación, lo que hizo muy generalizada su aceptación en la Edad Media.[76]

---

[74] Pero el demonio no tiene derecho alguno sobre la humanidad.

[75] Pero a Dios no se le puede atribuir ni venganza ni engaño. Son imágenes populares para indicar la victoria divina sobre Satanás.

[76] Aunque con correcciones, será seguida por Hugo de S. Victor, Alejandro de Hales, San Buenaventura, San Alberto Magno y Santo Tomás de Aquino. Más adelante veremos las correcciones que le hace el Aquinate.

Siguiendo a J. A. Sayés[77] su posición podría ser resumida del siguiente modo:

1. Su punto de partida es la concepción del pecado como la sustracción de la propia voluntad a la de Dios, con lo que se le rehúsa el honor debido. La satisfacción consiste en devolverle el honor quitado. Pero no basta con simplemente devolver lo quitado: el que sustrae la integridad de otro no puede limitarse a devolver lo que sustrajo, sino que también tiene que compensar por el dolor causado injustamente. Por eso la satisfacción va más allá de lo que es estrictamente obligatorio.

2. Si a Dios no se le da esa satisfacción viene la pena, porque es imposible que Dios pierda el propio honor, así que o se satisface o se tiene la culpa.

3. Pero el hombre no puede dar a Dios una satisfacción adecuada, porque no puede dar nada a Dios supererogatorio (acción ejecutada sobre o además de los términos de una obligación). No basta con dar a Dios lo que se le debe. Pero es que además el hombre debe todo a Dios. Es más, el hombre no puede dar a Dios ni lo que le ha quitado. Por la infinitud de Dios, un pecado es más grande que el universo entero.

4. Pero es necesario pagar la satisfacción, porque sin ella no habría salvación, y ésta es necesaria, pues Dios tiene que llevar a cabo la obra que ha comenzado. En el momento que

---

[77] J. A. Sayés: *Cristología Dogmática*, cit., págs., 392–393; Id.: *Señor...*, cit., pág. 442–445. Cfr. J. Rivière: *Le Dogme de la Rédemption au Début du Moyen Âge*, Paris, J. Vrin, 1934; J. McIntyre: *S. Anselm and his Critics. a Re-Interpretation of the Cur Deus Homo*, London, Oliver and Boyd, 1954.

Dios creaba por pura bondad, sabía que el hombre pecaría y se obligaba espontáneamente a llevar a cumplimiento la obra comenzada.

5. De ahí surge la necesidad de la Encarnación. Si la satisfacción es necesaria, y el hombre no puede conseguirla, es necesario que el mismo Dios sea el que obre la satisfacción; pero al ser algo que debe el hombre, tiene que ser también un hombre el que la produzca. Es por tanto necesaria que la haga un Dios–hombre.

6. San Anselmo ve necesaria también la Muerte del Mediador, ya que al tener que darle a Dios más de lo debido, no basta con la obediencia, pues ésta ya la debemos a Dios por el hecho de ser criaturas. Pero el entregarse a la muerte era algo que no era debido estrictamente a Dios, y es el plus que lograría la satisfacción. Además el hombre ha pecado por placer, por lo que la satisfacción tiene que tener algo de áspero.[78]

Teoría del ejemplo de amor de Abelardo. [79] Abelardo, reaccionó contra las tesis antiguas del derecho del demonio, del rescate y del precio de la salvación pagado a Satanás. Dios es nuestro dueño y no paga por lo que ya posee; además, exigir un rescate entregando la sangre del Inocente es injusto y cruel. Por eso propone la tesis de la Pasión de Cristo como una demostración del

---

[78]Cfr. San Anselmo: *Cur Deus Homo*, I, 19–20 (*P. L.*, 158, 389–393); II, 6. 17–20 (*P. L.*, 158, 403–404, 419–428).

[79]Fue condenado como se dijo en el Sínodo de Sens (*D. S.* 723), y se sometió. Cfr. R. E. Weingart: *The Logic of Divine Love. A Critical Analysis of the Soteriology of Peter Abelard*, Oxford, Oxford University Press, 1970; J. Rivière: *Le Dogme...*, págs. 69–129.

amor divino: Cristo, con su doctrina y ejemplo hasta la muerte quiere llenarnos a nosotros también de un amor ardiente a Dios.

Lutero y la tesis de la ira de Dios. El reformador afirmaba la tesis de la ira de Dios: el sufrimiento de Cristo es un castigo real que Él lo sufre en nuestro lugar. El substrato de esta teoría es el concepto de justificación extrinsecista. La justicia vindicativa de un Dios colérico habría recaído sobre un inocente, Jesucristo, que substituye a la humanidad pecadora para expiar las penas que los pecadores merecían.

Dios colocó en su Hijo todos los pecados de todos los hombres, haciéndolo así el más grande de todos los pecadores, "el más grande ladrón, asesino, adúltero, bandido, sacrílego, blasfemo". Por eso Cristo debió soportar la cólera y la maldición divinas. La ira que el pecado produce en Dios necesitaba desahogarse: la Cruz fue el castigo moral que Dios infligió a su propio Hijo para calmar la ira provocada por el pecado de los hombres. Solo una víctima tan grande podría calmar la inmensa ira de Dios. Con esta descarga, Dios aparta su ira de los hombres y no les imputa ya el pecado que hacen. Cristo en la Cruz es abandonado y rechazado por Dios. Ha experimentado la muerte y el infierno y su grito de abandono en la Cruz es semejante a una blasfemia. Fue atormentado en su alma como los condenados.[80]

Calvino y la sustitución jurídica. Calvino, afirmaba también que Cristo fue pecador, sin embargo acentuaba el aspecto jurídico de la condena: Jesús fue condenado en lugar de los pecadores. De ahí viene nuestra absolución, porque lo que podía sernos imputado ha recaído sobre Jesús. Su descenso a los infiernos es interpretado

---

[80]M. Lutero: *Com. in Gal.*, 3, 13, en Weimar 401, 437–438. Id.: *Com. in Ps.*, 21, 1–2, en Weimar 5, 598–608. Cfr. también, Weimar, 54, 186.

por Calvino como la experiencia del tormento de los condenados. Tuvo que sufrir todos los castigos que merecían nuestros pecados, de modo que la resurrección fue para Él la liberación de la muerte física y de la muerte infernal.[81]

Tanto la teoría de Lutero como la de Calvino no son aceptables. En efecto:

- La esencia de la Redención no es un castigo.

- La sustitución penal va en contra del verdadero Dios de la Biblia, que es infinitamente justo, pero también infinitamente misericordioso.

- No se condice con las teofanías en las que el Padre "se complace" en el Hijo (Mt 3:17, Bautismo; Mt 17:5, Transfiguración).

- Supone que Dios es arbitrario e irracional al castigar al inocente por el culpable.

- Va contra la naturaleza eminentemente personal del pecado.

- En ningún lugar de la Revelación aparece nunca una condena del Padre (cfr. Jn 10:30).

- Jesús ha tomado el puesto de la humanidad (sustitución), pero de un modo singular y único: es como Hijo inocente y agradable a los ojos del Padre como Jesús ha sufrido, siendo representante de la humanidad.

F. Socino y el testimonio de caridad. Aunque Socino era protestante, sin embargo, rechaza las tesis de Lutero y Calvino. El significado de la Muerte de Cristo es como el que libera a un amigo

---

[81]J. Calvino: *Instr. Chr.*, II, c. 16, 5.

de las manos del enemigo, matándolo, y en la lucha sufre heridas. La pasión de Cristo es, sobre todo, un testimonio de caridad que suscita nuestro amor y entrega. Si Cristo es Salvador es porque fue nuestro modelo, y porque, glorificado en el cielo, intercede por nosotros. La liberación lograda por Cristo es exterior, es el ejemplo de Cristo (niega la gracia interior), nos libera solo de pecados actuales (niega el pecado original) y se trata solo de una liberación para el futuro porque se trata de obtener el perdón de nuestros pecados con el arrepentimiento.[82]

Protestantismo liberal como obra de perfeccionamiento de Cristo. Coloca la eficacia de la Redención en el campo subjetivo de la conciencia y del sentimiento. La Redención no mira a reparar la caída, sino que viene a ser una obra de perfeccionamiento por el que Cristo desarrolla en sí la vida divina. Su Muerte no es propiamente reparación, sino expresión de la simpatía dolorosa por los hombres, que estimula el sentimiento individual de cada uno, generando en ellos una conciencia divina semejante a la suya y cancelando en ellos también el sentimiento de pecado.[83]

Tesis Modernista. Las tesis del protestantismo liberal se han introducido en la teología católica actual de manos del movimiento modernista y neomodernista. Así, parte de la "Nouvelle Theologie", el *Catecismo Holandés*, cristologías no calcenónicas (Schoonenberg), etc.: la Redención de Cristo es un ejemplo para nosotros y una manifestación del amor de Dios por nosotros.

Es sintomática la explicación que se da en el *Catecismo Holandés*, donde se presenta la Muerte de Cristo no como una satisfacción por nuestros pecados, sino como consecuencia de los hechos

---

[82]Fue condenado por Pablo IV (*D. S.* 1880).

[83]Es la tesis de Shleiermacher, Rilscht, Harnack, Colani, Reville, Sabatier.

históricos que vivió Jesús en su lucha contra el mal de su tiempo. Por eso, la Muerte del Señor no es sino una expresión del amor de Dios, que no implica ofrenda alguna a Dios. El pecado no significa drama alguno del que Cristo tuviera que librarnos:

> "La sangre de Jesús no es tanto ofrenda a Dios como ofrenda de Dios. Jesús da su sangre, no a un Padre que reclama castigo, sino a nosotros. La sangre de Dios es nuestra sangre".[84]

Por su parte, H. Küng afirma que, con el fin de que el mundo pueda aceptar y entender el cristianismo, debemos de abandonar los conceptos de expiación o propiciación; son términos propios del lenguaje de un culto sacrificial que el mundo no reconoce.[85]

R. Girard sostiene que la violencia es siempre cosa de seres humanos y no existe en Dios. Por tanto, la Muerte de Cristo no puede ser sacrificial. Jesús murió por no pactar con la violencia y no someterse a ella.[86]

W. Kasper propone sustituir la idea de satisfacción por la concepción moderna de solidaridad.[87]

Para B. Forte, la Muerte de Jesús no es para "satisfacer" un orden abstracto de valores, o para responder a una "necesidad", sino para demostrarnos gratuitamente su amor y sumirnos gratuitamente en él, liberándonos de las cadenas que nos impiden tener acceso a él.[88]

---

[84]Cfr. *Nuevo Catecismo para Adultos*, Barcelona, 1969, pág. 271.

[85]H. Küng: *Ser Cristiano*, Madrid, 1977, pág. 541.

[86]R. Girard: *El Misterio de Nuestro Mundo*, Salamanca, 1982.

[87]W. Kasper: *Jesús, el Cristo*, Salamanca, Sígueme, 1978, pág. 279.

[88]B. Forte: *Jesús de Nazaret*, Madrid, San Pablo, 1983, pág. 265.

Todas las tesis que niegan el valor expiatorio de la Muerte de Cristo son rechazables porque la expiación es un dato bíblico y magisterial. Además, estos autores parecen identificar, de un modo u otro, la verdadera teología de la expiación y de la satisfacción con la interpretación de Lutero y Calvino, que no es la interpretación católica y nada tiene que ver con ella. Además, supone la negación del pecado como ofensa personal a Dios, entendiéndolo solo como ofensa contra el hombre y la sociedad. En el fondo se sostiene el concepto de un Dios lejano al hombre que no puede ser ofendido por el pecado.

Por eso, la Comisión de Cardenales que revisó el *Catecismo Holandés*, dictaminó lo siguiente:

> "Sin ambigüedades, hay que proponer los elementos de la doctrina sobre la satisfacción de Cristo, que pertenece a nuestra fe. Dios así amó a los pecadores, que envió al mundo a su propio hijo para reconciliarlos consigo (cfr. 2 Cor 5:19)... Con esta Muerte santísima, la cual ante los ojos de Dios compensó de una manera sobreabundante los pecados del mundo, logró que la gracia divina fuese devuelta al género humano, como un bien que había merecido en su Cabeza divina".[89]

---

[89]Cfr. AAS 60 (1968) 688; C. Pozo: *Las Correcciones al Catecismo Holandés*, Madrid, BAC, 1969, pág. 66. Por su parte, Pablo VI en carta al Cardenal Alfrink insistía en que no se debía dar lugar a ambigüedad alguna en cuanto a "la naturaleza de la satisfacción y del sacrificio ofrecidos por Cristo al Padre Supremo, por los que cancela nuestros pecados y reconcilia a los hombres con Él".

18.5. Satisfacción por los pecados

18.5.1. Prolegómenos

Conviene subrayar, ya desde el principio, que la única manera de entender bien el tema de la satisfacción es sobre la base de indagar y entender correctamente los siguientes extremos:

1. La naturaleza del pecado.

2. Las consecuencias del pecado: en el pecador y en Dios; los conceptos de pena y culpa.

3. La naturaleza del sufrimiento humano: razón y cambio de perspectiva operado por Jesucristo; la Muerte de Jesucristo expiatoria, por amor.

4. Denunciar el error de las tesis neomodernistas sobre el motivo de la Redención en base a un concepto equivocado del amor.

*   *   *

El concepto de "satisfacción" no siempre se ha interpretado bien, como se ha señalado en el estudio histórico sobre la naturaleza de la Redención. Es un concepto que se ha prestado a ser entendido de forma muy equívoca. Conviene, pues, precisar bien los términos.

La definición de satisfacción en teología de la Redención está compuesta de los siguientes elementos:

1. Es un acto de *reparación*.

2. *De la ofensa* hecha a Dios que supone el pecado que el hombre ha consentido.

3. Mediante un ofrecimiento de un *acto de amor y obediencia* máximo, hasta la muerte.

4. Con el efecto de que tal acción *borra lo producido* por el pecado; por tanto:

   - Borra la ofensa hecha.

   - Elimina la injusticia inferida.

   - Limpia el deshonor.

En el texto de San Pablo de Ro 5: 12–21 encontramos la descripción de lo que entendemos por satisfacción:

"Propterea, sicut per unum hominem peccatum in hunc mundum intravit, et per peccatum mors, et ita in omnes homines mors pertransiit, eo quod omnes peccaverunt. Usque ad legem enim peccatum erat in mundo; peccatum autem non imputatur, cum lex non est, sed regnavit mors ab Adam usque ad Moysen etiam in eos, qui non peccaverunt in similitudine prævaricationis Adæ, qui est figura futuri. Sed non sicut delictum, ita et donum; si enim unius delicto multi mortui sunt, multo magis gratia Dei et donum in gratia unius hominis Iesu Christi in multos abundavit. Et non sicut per unum, qui peccavit, ita et donum; nam iudicium ex uno in condemnationem, gratia autem ex multis delictis in iustificationem. Si enim unius delicto mors regnavit per unum, multo magis, qui abundantiam gratiæ et donationis iustitiæ accipiunt, in vita regnabunt per unum Iesum Christum. Igitur sicut per unius delictum in omnes homines in condemnationem, sic et per unius iustitiam in omnes homines in iustificationem vitæ; sicut enim per inoboedientiam unius hominis peccatores constituti sunt multi, ita et per unius oboeditionem iusti constituentur multi. Lex autem subintravit, ut abundaret delictum; ubi autem abundavit peccatum, superabundavit gratia, ut sicut regnavit peccatum in morte, ita et gratia regnet per iustitiam in vitam æternam per Iesum Christum Dominum nostrum".

Las nociones de "satisfacción" y de "expiación" no son sinónimas: "satisfacción" (que no es vocablo bíblico, pero sí lo es el contenido que designa) es un concepto diferente del de "expiación" (que es vocablo y concepto bíblico). Ésta es definida como cumplimiento de la pena debida a una culpa. Es del género de la "satisfacción", pero le añade características propias. Por eso decimos que la expiación es siempre satisfactoria; pero la satisfacción no supone siempre una expiación, pues puede haber satisfacción sin expiación.

Aplicando ambos conceptos a Cristo, se afirma:

1. Cristo "satisface" por nuestros pecados, porque su obra redentora es un acto de máximo amor y obediencia al Padre.

2. Cristo "expía" por nuestros pecados, por la aceptación que hizo Jesucristo del sufrimiento que supuso su Pasión y Muerte.

Por eso, la "satisfacción" por los pecados que operó Cristo, de hecho incluyó la "expiación" por esos pecados, porque aceptó los mencionados sufrimientos.

18.5.2.   Cristo nos salva de nuestros pecados

Para entender la importancia y la naturaleza de la satisfacción, es necesario comprender, hasta donde se puede, el misterio de iniquidad que supone el pecado. Y esto, no por una especie de teologúmeno teológico, sino porque clarísimamente la Biblia relaciona la salvación que trae el Señor Jesucristo con la realidad del pecado de los hombres. En efecto, recordemos los siguientes datos:

1. En el Antiguo Testamento: Yahveh salva de los pecados de su pueblo; además, lo hace a través del sufrimiento del "justo":

   - Así se ve con claridad que "el justo" (haciéndose solidario con el pueblo que peca), precisamente por su amistad con Dios, trae las bendiciones de Dios sobre el pueblo:
     - Es el caso del sacrificio del inocente Isaac.
     - Son los poemas del Siervo de Yahveh, sobre todo el cuarto de ellos (Is 52:13–53:12). El Apóstol Pedro recordará la relación de este hecho con Jesucristo: "... qui peccatum non fecit, nec inventus est dolus in ore ipsius; qui cum malediceretur, non remaledicebat; cum pateretur, non comminabatur, commendabat autem iuste iudicanti; qui peccata nostra ipse pertulit in corpore suo super lignum, ut peccatis mortui iustitiæ viveremus; cuius livore sanati estis" (1 Pe 2: 22–24).

   - Era también la razón de muchos de los sacrificios de la Antigua Ley, como ya se ha visto. Por eso el Señor relaciona la eucaristía y el sacrificio de la Cruz con la purificación de los pecados y la alianza antigua: "Similiter et calicem, postquam cenavit, dicens: Hic calix novum testamentum est in sanguine meo, qui pro vobis funditur" (Lc 22:20).

2. En el Nuevo Testamento se insiste una y otra vez que Cristo murió por nuestros pecados:

   - El Señor recibe el nombre de "Jesús" porque "salvará al pueblo de sus pecados" (Mt 1:21).

- "Cristo murió por nuestros pecados" (1 Cor 15:3; Ro 4:25; Ga 1:4).

- "Murió por los impíos" (Ro 5:6).

- "Se entregó para redimirnos de toda iniquidad" (Tit 2:14).

- "Cristo padeció una vez para siempre por los pecados, el justo por los injustos" (1 Pe 3:18).

- Etc.

3. La misma idea se encuentra en el concepto de "satisfacción" por los pecados de los hombres. Aunque es verdad que no aparece el término literalmente en la Biblia con relación a la Muerte de Cristo, sin embargo sí que está el concepto, y, además, hay abundantes términos equivalentes:

   - "Rescate": Cfr. Mt 20:28, "... sicut Filius hominis non venit ministrari sed ministrare et dare animam suam redemptionem pro multis".

   - "Propiciación": 1 Jn 4:10, "In hoc est caritas, non quasi nos dilexerimus Deum, sed quoniam ipse dilexit nos et misit Filium suum propitiationem pro peccatis nostris".

   - "Expiación": Ro 3:25, "... quem proposuit Deus propitiatorium per fidem in sanguine ipsius ad ostensionem iustitiæ suæ, cum prætermisisset præcedentia delicta".

18.5.3. Precisiones teológicas

Ya se estudió, en los Santos Padres y en la historia, el origen y evolución del concepto de "satisfacción", así como su uso por el Magisterio. Ahora es necesario hacer algunas precisiones teológicas para comprender el verdadero sentido del concepto que nos ocupa:

1.– **La entrega del Hijo** *es don del Padre.* Por eso, de primera intención, no es propiamente una obra humana, sino una iniciativa divina: "iustificati gratis per gratiam ipsius per redemptionem, quæ est in Christo Iesu; *quem proposuit Deus* propitiatorium per fidem in sanguine ipsius ad ostensionem iustitiæ suæ, cum prætermisisset præcedentia delicta in sustentatione Dei, ad ostensionem iustitiæ eius in hoc tempore, ut sit ipse iustus et iustificans eum, qui ex fide est Iesu" (Ro 3: 24–26).

2.– **El término** *"justicia de Dios"* **ha de ser correctamente entendido.** En la doctrina de la satisfacción, significa la bondad y la santidad de Dios que se manifiesta realizando la salvación y la santificación de los hombres, haciéndoles justos. Estamos lejos de la teoría protestante de la sustitución penal.[90]

3.– **La expresión** *ira de Dios* **tiene un sentido bíblico especial.** Estos términos bíblicos no indican el enojo de Dios, sino un estado o situación: el estado de enemistad con Dios (*ira*), y el estado de salvación (*justicia*). Así se puede comprobar en la famosa perícopa de Ro 5: 8–22 ya citada, donde se habla de:

- Dos estados o situaciones (Ro 5: 8–11):
  - El de los hombres que están bajo el pecado, esto es, bajo "la ira de Dios".
  - El de los hombres que están reconciliados con Dios, esto es, cuando "Cristo aparta la ira de Dios".

---

[90]Prat demuestra cómo San Pablo siempre dice "crucificado por nosotros" (υπερ, περι), "por todos los hombres", "por los pecadores", "marchó a la muerte por nosotros", "se hizo maldición por nosotros", "se entregó por nuestros pecados". Nunca dice que Cristo haya muerto en lugar nuestro (αντι). Cfr. *La Teología de San Pablo*, cit. II, pág. 285.

- La causa del cambio de uno a otro estado (Ro 5: 18–22): la Muerte de Cristo que ha de entenderse como Redención y propiciación.

4.– La *esencia de la satisfacción* **es el** *amor y la obediencia.*
Como dicen Ocáriz, Mateo–Seco y Riestra:

> "Lo que borra la desobediencia de Adán no es el *castigo* que recaiga sobre las espaldas de Cristo y con el que la *ira* de Dios se sienta *satisfecha*, sino un acto moral de valor infinito de Cristo, como Cabeza de la humanidad y solidario con sus hermanos los hombres, con su obediencia, rinde a Dios un homenaje de total adoración, borrando con ella la desobediencia adamítica. Es decir, la esencia de la satisfacción no es la expiación, aunque la Muerte de Cristo haya tenido también un valor expiatorio".[91]

Por eso, San Pablo, contrapone la desobediencia de Adán a la obediencia de Cristo (Ro 5: 12.17–21).

La doctrina de la satisfacción es adecuada para superar la imagen puramente ritual que da la idea de la expiación, al introducir la concepción de las relaciones personales con Dios. El pecado es una ofensa personal hecha a Dios y la satisfacción aparece como una reparación personal al Dios ofendido. La satisfacción resalta que la intención fundamental del sacrificio hay que buscarla en la relación personal de Cristo con el Padre.[92]

5.– Justicia y misericordia en Dios están íntimamente relacionadas. Es necesario también comprender la relación existente

---

[91]F. Ocáriz – L. F. Mateo–Seco – J. A. Riestra: *El Misterio. . .*, cit., pág. 377.
[92]Cfr. J. A. Sayés: *Cristología Dogmática*, cit., pág. 395.

entre estos dos atributos en Dios, pues la satisfacción supone la realización de la justicia.

Ahora bien, en la Biblia y en teología, el término "justicia" tiene dos significados, que han de tenerse en cuenta cuando se aplica aquel término a la satisfacción:

- Santidad de Dios, que es santificante, según la enseñanza de San Pablo. Está en relación con la misericordia. A esta santidad se debe la iniciativa de la Redención.

- Justicia vindicativa, reparadora del orden social dañado por el delito o pecado, por la injusticia cometida.

Se hace necesario, pues, utilizar el término con los correctivos adecuados, es decir:

1. Hay que evitar los antropomorfismos, aplicando a Dios conceptos sin la analogía que corresponde y sin el adecuado entendimiento de los sentidos bíblicos de los términos. Por eso, no hay que olvidar nunca que:

   - No usamos conceptos legales humanos. La justicia humana no es unívoca con la divina.

   - No podemos caer en un "legalismo".

2. Estamos en presencia de atributos divinos, por lo que:

   - Justicia y misericordia coinciden en Dios, como todos los otros atributos, que son realmente uno con la esencia divina.

   - Justicia y misericordia se dan en Dios en forma eminente.

3. Necesidad del uso de la analogía teológica, por lo que:

- En cierto modo se utiliza un lenguaje parecido al común, como por ejemplo: "aplacar al ira del ofendido".
- Pero al mismo tiempo, el concepto teológico de la "ira de Dios" es muy diferente del de uso común:
  - Porque es el mismo Dios el que entrega al Hijo para salvar al mundo (Jn 3:16–17).
  - La "ira de Dios" tiene un sentido metafórico: compatible a la vez con la justicia y con el amor a las creaturas todas a las que quiere salvar.

6.– *También hubo expiación.* Porque la satisfacción se logró a través de la Muerte de Cristo, que fue dolorosa. Por eso la Biblia proclama con insistencia el valor de la Cruz y de la Muerte del Señor (verdadera víctima propiciatoria del definitivo sacrificio expiatorio),[93] aunque sea escándalo para los judíos y necedad para los gentiles ("nos autem prædicamus Christum crucifixum, Iudæis quidem scandalum, gentibus autem stultitiam" 1 Cor 1:23):

- 1 Jn 2:2, "... et ipse est propitiatio pro peccatis nostris, non pro nostris autem tantum sed etiam pro totius mundi".
- Ro 3:25, "... quem proposuit Deus propitiatorium per fidem in sanguine ipsius ad ostensionem iustitiæ suæ, cum prætermisisset præcedentia delicta".
- 2 Cor 5:21, "Eum, qui non noverat peccatum, pro nobis peccatum fecit, ut nos efficeremur iustitia Dei in ipso".

La Muerte y el dolor de Cristo fueron elegidos por Dios como medio de salvación, y no como castigo infringido a Cristo. Era la pena debida por nuestros pecados.

---

[93] Cfr. La Carta a los Hebreos.

18.5.4. Santo Tomás de Aquino

Ahora estamos en condiciones de entender que la explicación de la satisfacción hecha por San Anselmo, a pesar de ser la primera gran sistematización de la misma, sin embargo, debía ser corregida, para no caer en interpretaciones exageradas e incorrectas.[94] Sobre todo es necesario *insistir en la conveniencia y no en la necesidad* de la satisfacción.[95]

Las correcciones a la doctrina original anselmiana se pueden comprobar ya en Santo Tomás de Aquino quien contempla la satisfacción como uno de los efectos de la Pasión de Cristo, junto con el mérito, el sacrificio, la Redención y la causalidad eficiente, con lo que queda ubicada en el conjunto de la obra de Cristo de un modo más armónico.[96]

El Aquinate, además, habla de la *conveniencia* máxima de la satisfacción. En primer lugar desde el punto de vista de Dios. En efecto, tanto para la justicia como para la misericordia divinas la satisfacción parece lo más conveniente; pero *no sostiene la necesidad de la misma.* En efecto, la satisfacción fue lo más conveniente para la justicia divina, porque por su Pasión Cristo satisfizo por los pecados de todo el género humano y así el hombre fue librado por la justicia de Jesucristo; y también para la misericordia divina, porque siendo el hombre incapaz de satisfacer por sí mismo, Dios le dio a su Hijo para que satisficiera por toda la humanidad. Y por eso fue más misericordioso que si hubiera perdonado el pecado sin ninguna satisfacción:

---

[94] J. A. Sayés: *Cristología Dogmática*, cit., págs. 393–394. Cfr. Id.: *Señor y Cristo...*, cit., 445–446; F. Ocáriz – L. F. Mateo–Seco – J. A. Riestra: *El Misterio...*, cit., págs. 377–378.

[95] Santo Tomás de Aquino: *Summ. Theol.*, III^a, q. 46, a. 2, co.: "Simpliciter igitur et absolute loquendo, possibile fuit Deo alio modo hominem liberare quam per passionem Christi, quia non est impossibile apud Deum omne verbum, ut dicitur Luc. I".

[96] Santo Tomás de Aquino: *Summ. Theol.*, III^a, q. 48, proemium.

"...hominem liberari per passionem Christi, conveniens fuit et misericordiæ et iustitiæ eius. Iustitiæ quidem, quia per passionem suam Christus satisfecit pro peccato humani generis, et ita homo per iustitiam Christi liberatus est. Misericordiæ vero, quia, cum homo per se satisfacere non posset pro peccato totius humanæ naturæ, ut supra habitum est, Deus ei satisfactorem dedit filium suum, secundum illud Rom. III, iustificati gratis per gratiam ipsius, per redemptionem quæ est in Christo Iesu, quem proposuit Deus propitiatorem per fidem ipsius. Et hoc fuit abundantioris misericordiæ quam si peccata absque satisfactione dimisisset. Unde dicitur Ephes. II, Deus, qui dives est in misericordia, propter nimiam caritatem qua dilexit nos, cum essemus mortui peccatis, convivificavit nos in Christo".[97]

Sobre el fundamental ajuste de la tesis anselmiana desde la "necesidad" a la "conveniencia" insiste J. A. Sayés:

1. *No es necesario* que Dios salvara al hombre, sino que la salvación es obra libre y gratuita de Dios por amor.

2. Aún admitiendo que Dios quería salvar a la humanidad, no era necesaria la satisfacción, pues podría haber *perdonado el pecado sin ella.* Como explica Santo Tomás:

   "Alioquin, si voluisset absque omni satisfactione hominem a peccato liberare, contra iustitiam non fecisset. Ille enim iudex non potest, salva iustitia, culpam sive poenam dimittere, qui habet punire culpam

---

[97]Santo Tomás de Aquino: *Summ. Theol.*, III*, q. 46, a. 1, ad 3. Cfr. los artículos 1 al 3 de esta cuestión; *In Sent.*, Lib. III, dist. 16, q. 1, a. 2; dist. 20, a. 1, q. 3; *De Rat. Fid.*, cap. 7.

> in alium commissam, puta vel in alium hominem, vel
> in totam rempublicam, sive in superiorem principem.
> Sed Deus non habet aliquem superiorem, sed ipse est
> supremum et commune bonum totius universi. Et ideo,
> si dimittat peccatum, quod habet rationem culpæ ex
> eo quod contra ipsum committitur, nulli facit iniu-
> riam, sicut quicumque homo remittit offensam in se
> commissam absque satisfactione, misericorditer, et non
> iniuste agit".[98]

3. Aún admitiendo la exigencia de la satisfacción y que el hombre no puede producir una reparación proporcionada, tal *reparación no exigiría como autor a un Dios hecho hombre*: bastaría que Dios suscitara a un hombre que dotado de una gracia especial, satisficiera en nombre de Dios.

4. Además, aunque supongamos la voluntad de salvarnos por parte del Señor, *sin embargo no era necesaria su Muerte*, pues como afirma Santo Tomás el más pequeño de sus sufrimientos hubiera bastado para salvarnos.

5. Por tanto:

   ■ Los razonamientos de San Anselmo hubieran sido buenos, si no hablara de "necesidad", sino de "conveniencia", como hará Santo Tomás.

   ■ San Anselmo parte exclusivamente de la realidad del peca-do; pero por el pecado no se puede justificar la obra entera de Cristo.

   ■ La satisfacción en San Anselmo tiene un carácter jurídico, superado por el ideal caballeresco de dar más de lo debido.

---

[98]Cfr. Santo Tomás de Aquino: *Summ. Theol.*, IIIª, q. 46, a. 2, ad 3.

- Pone en la muerte y no en la obediencia de Cristo la clave
de la satisfacción.[99]

Santo Tomás también sostiene la máxima conveniencia de la satisfacción desde el punto de vista del ser humano. En efecto, el Aquinate
explica que, no siendo necesaria la Pasión de Cristo para liberarnos
del pecado, sin embargo sí parece que fue un camino más conveniente;
mucho más que si lo hubiera hecho por solo un decreto de su voluntad,
sin sufrir. Y descubre cinco razones. En primer lugar porque, de este
modo, el hombre conoce cuánto Dios lo ama y es invitado a amarle
de la misma manera; y en esto consiste la perfección de la salvación
humana. En segundo lugar porque Cristo nos dio ejemplo de muchas
virtudes en la Pasión; virtudes que son necesarias para la salvación de
los hombres. En tercer lugar, porque con la Pasión y Muerte Cristo
no solo obtuvo la liberación del pecado, sino también mereció para el
hombre la gracia de la justificación y la bienaventuranza.[100] En cuarto
lugar porque el conocimiento de lo que hizo Cristo para salvarnos del
pecado nos impulsa a no volver a pecar. Finalmente, porque el hombre, en Cristo, consigue mayor dignidad, pues venció al diablo, cuando
antes había sido vencido por éste, y venció a la muerte, cuando antes
mereció la muerte por su pecado:

> "... tanto aliquis modus convenientior est ad assequen-
> dum finem, quanto per ipsum plura concurrunt quæ sunt
> expedientia fini. Per hoc autem quod homo per Christi
> passionem est liberatus, multa occurrerunt ad salutem ho-
> minis pertinentia, præter liberationem a peccato. Primo
> enim, per hoc homo cognoscit quantum Deus hominem di-
> ligat, et per hoc provocatur ad eum diligendum, in quo

---

[99]Cfr. J. A. Sayés: *Señor y Cristo*, cit., págs. 445–446; Id.: *Cristología Dogmática*,
cit., págs. 393–394.

[100]Santo Tomás de Aquino: *Summ. Theol.*, IIIª, q. 48, a. 1 y q. 49, a 1.

perfectio humanæ salutis consistit. Unde apostolus dicit,
Rom. V, commendat suam caritatem Deus in nobis, quoniam, cum inimici essemus, Christus pro nobis mortuus
est. Secundo, quia per hoc dedit nobis exemplum obedien-
tiæ, humilitatis, constantiæ, iustitiæ, et ceterarum virtu-
tum in passione Christi ostensarum, quæ sunt necessariæ
ad humanam salutem. Unde dicitur I Pet. II, Christus passus est pro nobis, nobis relinquens exemplum, ut sequamur
vestigia eius. Tertio, quia Christus per passionem suam
non solum hominem a peccato liberavit, sed etiam gratiam
iustificantem et gloriam beatitudinis ei promeruit, ut infra
dicetur. Quarto, quia per hoc est homini indicta maior
necessitas se immunem a peccato conservandi, secundum
illud I Cor. VI, empti estis pretio magno, glorificate et por-
tate Deum in corpore vestro. Quinto, quia hoc ad maiorem
dignitatem cessit, ut, sicut homo victus fuerat et deceptus
a Diabolo, ita etiam homo esset qui Diabolum vinceret; et
sicut homo mortem meruit, ita homo moriendo mortem su-
peraret; ut dicitur I Cor. XV, Deo gratias, qui dedit nobis
victoriam per Iesum Christum. Et ideo convenientius fuit
quod per passionem Christi liberaremur, quam per solam
Dei voluntatem".[101]

Por otro lado, Santo Tomas insiste en que la satisfacción ha com-
pensado sobreabundantemente el pecado del hombre: porque la Pasión
y Muerte de Cristo fue inspirada por un amor máximo; por la dignidad de la vida que se ofrecía, la de un Dios hecho hombre; y por la
intensidad de los sufrimientos que padeció el Señor:

---

[101]Santo Tomás de Aquino: *Summ. Theol.*, III^a, q. 46, a. 3, co. Cfr. *In Sent.*,
Lib. III, dist. 20, a. 4, q. a 2; *In Hebr.*, 2, lect. 4; *De Rat. Fid.*, c. 7; *Expos.
Super Symb.*, a. 4.

"...ille proprie satisfacit pro offensa qui exhibet offen-
so id quod æque vel magis diligit quam oderit offensam.
Christus autem, ex caritate et obedientia patiendo, maius
aliquid Deo exhibuit quam exigeret recompensatio totius
offensæ humani generis. Primo quidem, propter magnitudinem caritatis ex qua patiebatur. Secundo, propter dignitatem vitæ suæ, quam pro satisfactione ponebat, quæ
erat vita Dei et hominis. Tertio, propter generalitatem
passionis et magnitudinem doloris assumpti, ut supra dictum est. Et ideo passio Christi non solum sufficiens, sed
etiam superabundans satisfactio fuit pro peccatis humani
generis, secundum illud I Ioan. II, ipse est propitiatio pro
peccatis nostris, non pro nostris autem tantum, sed etiam
pro totius mundi".[102]

La salvación pertenece a todos los fieles como miembros del Cuerpo
Místico de Cristo, que es la Iglesia, de la cual Él es la Cabeza. Resalta,
pues, la capitalidad de Cristo:

"...caput et membra sunt quasi una persona mysti-
ca. Et ideo satisfactio Christi ad omnes fideles pertinet
sicut ad sua membra. Inquantum etiam duo homines sunt
unum in caritate, unus pro alio satisfacere potest, ut infra
patebit".[103]

18.5.5. Satisfacción vicaria

La doctrina auténtica sobre la satisfacción es la denominada "vicaria", una vez que no son aceptables en absoluto las tesis juridicistas

---

[102]Santo Tomás de Aquino: *Summ. Theol.*, III^a, q. 48, a. 2, co. Cfr. a. 6, ad 3;
In Sent., Lib. III, dist. 20, a. 3; *Contra Gent.*, IV, cap. 55.
[103]Santo Tomás de Aquino: *Summ. Theol.*, III^a, q. 48, a. 2, ad 1.

de tipo anselmiano, o las protestantes de la sustitución penal, ni las de la mera influencia moral del modernismo y el neomodernismo.

Según la doctrina de la "satisfacción vicaria":

1. *El Padre tiene la iniciativa de la "Redención"*; no hizo en el Hijo un acto de justicia vindicativa, como venganza o castigo.

2. *El Hijo encarnado voluntariamente "expió"* los pecados de los hombres vicariamente, con entrega real y dolorosa.

3. *El Padre aceptó como "satisfacción" esa "expiación"* voluntaria de Cristo.

La naturaleza de la "satisfacción vicaria" se puede expresar en los siguientes puntos:

1. Lo esencial es el amor y la obediencia al Padre.

2. La satisfacción opera en la vida entera de Cristo y no solo por su Pasión, Muerte y Resurrección. Pero el amor y la obediencia se manifiestan de un modo supremo en la Cruz:

   - Flp 2:8, "... humiliavit semetipsum factus oboediens usque ad mortem, mortem autem crucis".

   - Jn 4:34, "Meus cibus est, ut faciam voluntatem eius, qui misit me, et ut perficiam opus eius".

   - Lc 22: 41–42, "... et, positis genibus, orabat dicens: 'Pater, si vis, transfer calicem istum a me; verumtamen non mea voluntas sed tua fiat'".

3. La obra de Cristo tiene un valor expiatorio real: hubo sufrimiento, derramamiento de sangre y muerte dolorosísima.

   - Es el presupuesto a todas las referencias a la Cruz y a la "kenosis" del Verbo en la Biblia.

- Toda la vida de Cristo estaría "teñida" de valor expiatorio por su referencia a la Cruz como "la hora" de Jesús.

4. La satisfacción es vicaria:

   a) Cristo no satisface por sus propios pecados porque es víctima inmaculada, como veremos.

      - Mt 26:28, "Hic est enim sanguis meus novi testamenti, qui pro multis effunditur in remissionem peccatorum".
      - Mc 14:24, "Hic est sanguis meus novi testamenti, qui pro multis effunditur".
      - Lc 22:20, "Similiter et calicem, postquam cenavit, dicens: 'Hic calix novum testamentum est in sanguine meo, qui pro vobis funditur'".

   b) No es sustitución penal de Cristo, porque Éste no sufrió en lugar nuestro.

   c) Cristo satisface como Cabeza de la humanidad:

      - Cristo es el nuevo Adán (Ro 5).
      - La gracia capital de Cristo le hace solidario con todos los hombres.
      - Cristo aparece así como el centro de la historia, con lo que se hace solidario con toda la historia de la humanidad.

5. Cristo es Víctima inmaculada:

   - Ga 3:13, "Christus nos redemit de maledicto legis factus pro nobis maledictum, quia scriptum est: 'Maledictus omnis, qui pendet in ligno'".
   - 2 Cor 5:21, "Eum, qui non noverat peccatum, pro nobis peccatum fecit, ut nos efficeremur iustitia Dei in ipso".

- 1 Pe 1: 18–19, "...non corruptibilibus argento vel auro redempti estis de vana vestra conversatione a patribus tradita, sed pretioso sanguine quasi Agni incontaminati et immaculati Christi".

- Etc.

18.5.6. Satisfacción con expiación

La satisfacción que obró Cristo se operó con el sufrimiento, derramamiento de sangre y muerte con dolor, de su Pasión y crucifixión.

La Redención se llevó a cabo por la Muerte de Cristo, pero no por el hecho del puro derramamiento de su sangre, sino por el amor y la obediencia que en la Muerte de Cristo se manifiestan. A la desobediencia del hombre tiene que oponerse no un castigo, sino la obediencia del hombre. Pero no puede pensarse que la Muerte de Cristo fue algo accidental y accesorio, algo así como que Cristo nos salvó *en* su muerte, pero no *por* su muerte, sobre el presupuesto de que cualquier acción suya hubiese sido más que suficiente para satisfacer por nuestros pecados. La Muerte y el dolor de Cristo fueron elegidos por Dios como medio de salvación, y no como castigo infringido a Cristo. Era la pena debida por nuestros pecados. La Sagrada Escritura da un valor concreto a la Muerte de Cristo como medio de la Redención.[104]

Por eso la Biblia proclama con insistencia el valor de la Cruz y de la Muerte del Señor (verdadera víctima propiciatoria del definitivo sacrificio expiatorio).[105] El sacrificio de Cristo fue anunciado por todos los sacrificios con derramamiento de sangre que se han mencionado y que en Cristo, llegan a su plenitud y perfección, por lo que no fue necesario repetirlos... "murió una vez para siempre":

---

[104]Cfr. J. A. Sayés: *Cristología Dogmática...*, cit., págs. 402–404.

[105]Cfr. La Carta a los Hebreos.

"... neque ut sæpe offerat semetipsum, quemadmodum pontifex intrat in Sancta per singulos annos in sanguine alieno. Alioquin oportebat eum frequenter pati ab origine mundi; nunc autem semel in consummatione sæculorum ad destitutionem peccati per sacrificium sui manifestatus est. Et quemadmodum statutum est hominibus semel mori, post hoc autem iudicium,sic et Christus, semel oblatus ad multorum auferenda peccata, secundo sine peccato apparebit exspectantibus se in salutem" (Heb 9: 25–28).

- 1 Jn 2:2, "... et ipse est propitiatio pro peccatis nostris, non pro nostris autem tantum sed etiam pro totius mundi".

- Ro 3:25, "... quem proposuit Deus propitiatorium per fidem in sanguine ipsius ad ostensionem iustitiæ suæ, cum prætermisisset præcedentia delicta".

- 2 Cor 5:21, "Eum, qui non noverat peccatum, pro nobis peccatum fecit, ut nos efficeremur iustitia Dei in ipso".

- Etc.

Este aspecto ha de ser subrayado, porque siempre ha constituido el objeto de escándalo para los judíos y necedad para los gentiles ("nos autem prædicamus Christum crucifixum, Iudæis quidem scandalum, gentibus autem stultitiam" 1 Cor 1:23). Hoy en día también se pretende olvidar la importancia y razón del sacrificio cruento de Jesús en la Cruz, considerándolo como un accidente histórico o político sin mayor importancia como no sea el de un desagradable incidente, una manifestación de solidaridad humana, una acción revolucionaria, etc. En muchos casos, se oculta la realidad, para sobredimensionar la importancia salvadora de la Resurrección o de la exaltación, sin vincularla a la Muerte redentora.

No obstante, la pregunta tiene sentido: ¿por qué Dios escogió precisamente la Pasión y la Cruz de su Hijo como medio para salvarnos?

Se han dado varias razones:

1. Es el mejor modo de mostrar el amor de Dios a nosotros los hombres (cfr. Jn 15:13).

2. Pero, en realidad, es más que una manifestación del amor; es una consecuencia del amor verdadero de Dios por nosotros. El verdadero enamorado quiere compartir todo con la persona amada: lo bueno y lo malo, la alegría y el sufrimiento. Si al verdadero amante le dieran la oportunidad de disfrutar del amor de la persona amada sin compartir su dolor y sufrimiento, preferiría hacer suyos estos dolores antes que escapar de ellos.

   Dios nos ama de verdad, y sabe que por nuestra culpa estamos sometidos al dolor y a la muerte. Su amor por nosotros le llevó a querer compartirlos con nosotros; como no podía como Dios, se hizo hombre; y, como tal, no se limitó a salvarnos sin experimentar mayores dificultades, sino que quiso hacerlo en nuestro dolor, sufrimiento y muerte.[106] La Cruz es así, la mayor demostración de amor de Cristo al Padre..., y a nosotros también.

3. Se manifiesta la tremenda gravedad del pecado y sus consecuencias. Como se dice sencillamente: "hasta costó la sangre de un Dios".

4. La humildad y humillaciones del Señor, así como su obediencia heroica, se oponen a la soberbia y desobediencia de Adán, causa de nuestros males (cfr. Flp 2: 6–8).

---

[106]Sobre este particular, vide infra, la tesis de A. Gálvez.

5. Cristo asume las penas del pecado para ponerles fin. Es el caso de la muerte y del sufrimiento, que reciben un sentido completamente nuevo, positivo y salvador, tanto para el discípulo mismo, como para la Iglesia y el mundo. Además, ni el llanto, ni el dolor, ni el sufrimiento, ni la muerte tendrán ya cabida en el reino definitivo de Cristo en el eón futuro (cfr. Ap 21:4). Fueron destruidos con su Pasión y Muerte en la Cruz.

6. La conversión hacia Dios en el presente estado de gracia, supone esfuerzo y sufrimiento, una renuncia sensiblemente dolorosa a nuestro apego a las creaturas.

7. El dolor de nuestras reparaciones por nuestros pecados cobran sentido en el dolor de Cristo, y de él reciben su valor redentor también. Somos invitados a ser corredentores con Cristo (cfr. Col 1:24).

8. Etc.

Cabe cuestionarse si Cristo padeció todo género de sufrimiento. La respuesta hay que darla en base a la distinción entre los sufrimientos específicos y los genéricos. Es indudable que Cristo no soportó específicamente todos y cada uno de los sufrimientos humanos, pues muchos de ellos son incompatibles entre sí (ser quemado o ser ahogado).[107] Pero en cuanto a *los géneros* de sufrimiento, Cristo los padeció todos. Santo Tomas lo demuestra de tres maneras: en primer lugar, porque padeció bajo toda clase de seres humanos (gentiles y judíos, hombres y mujeres, príncipes y plebe, familiares y conocidos, etc.); en en segundo lugar, porque sufrió todo cuanto el hombre puede padecer (de los amigos, en la fama, en las blasfemias, en su honor y gloria, en las

---

[107]Tampoco sufrió los padecimientos que proceden "ab intrinseco" como las enfermedades; sí las causadas "ab extrinseco".

cosas materiales, en el cuerpo y en el alma, etc.); finalmente, porque sufrió en todos los miembros de su cuerpo (cabeza, manos, pies, etc. y en todos los sentidos del cuerpo: vista, oído, etc.). En efecto:

"...passiones humanæ possunt considerari dupliciter. Uno modo, quantum ad speciem. Et sic non oportuit Christum omnem humanam passionem pati, quia multæ passionum species sibi invicem contrariantur, sicut combustio in igne et submersio in aqua. Loquimur enim nunc de passionibus ab extrinseco illatis, quia passiones ab intrinseco causatas, sicut sunt ægritudines corporales, non decuit eum pati, ut supra dictum est. Sed secundum genus, passus est omnem passionem humanam. Quod quidem potest considerari tripliciter. Uno modo, ex parte hominum. Passus est enim aliquid et a gentilibus, et a Iudæis; a masculis et feminis, ut patet de ancillis accusantibus Petrum. Passus est etiam a principibus, et a ministris eorum, et popularibus, secundum illud Psalmi, quare fremuerunt gentes, et populi meditati sunt inania? Astiterunt reges terræ, et principes convenerunt in unum, adversus dominum et adversus Christum eius. Passus est etiam a familiaribus et notis, sicut patet de Iuda eum prodente, et Petro ipsum negante. Alio modo patet idem ex parte eorum in quibus homo potest pati. Passus est enim Christus in suis amicis eum deserentibus; in fama per blasphemias contra eum dictas; in honore et gloria per irrisiones et contumelias ei illatas; in rebus per hoc quod etiam vestibus spoliatus est; in anima per tristitiam, tædium et timorem; in corpore per vulnera et flagella. Tertio potest considerari quantum ad corporis membra. Passus est enim Christus in capite pungentium spinarum coronam; in manibus et pedibus fixionem clavorum; in facie alapas et sputa; et in toto corpore flagella. Fuit etiam passus secundum omnem sensum corporeum, secundum tactum quidem, flagellatus et clavis confixus; secundum gustum, felle et aceto potatus; secundum olfactum, in loco fetido cadaverum mortuorum, qui dicitur Calvariæ, appensus patibulo; secundum auditum, lacessitus vocibus blasphemantium et irridentium; secundum visum, videns matrem et discipulum quem diligebat flentes".[108]

¿Sufrió Cristo el mayor de todos los dolores? ¿los hay de más gravedad o intensidad? Santo Tomás se inclina por afirmar que el dolor de Cristo, tanto el sensible como el interior, fue el más grande posible en esta vida. Y esto en base a cuatro razones:

- Por la causa de su dolor sensible, que es la lesión corporal que en el caso de la crucifixión es "acerbissima"; y por causa de su dolor interior, que fue el pecado de toda la humanidad, el endurecimiento y rechazo de su pueblo escogido, y la pérdida de la vida corporal.

- Por la capacidad sensitiva del paciente, que en Cristo fue máxima, debido a la perfección de su cuerpo.

- Por la pureza misma con la que se se percibía el dolor, pues entre otros seres humanos, a veces se mitiga el dolor porque la percepción está debilitada de varios modos. Pero esto no ocurrió con Cristo.

- Por la voluntariedad con la que fueron asumidos los dolores y sufrimientos por parte de Cristo.

---

[108]Santo Tomás de Aquino: *Summ. Theol.*, IIIª, q. 46, a. 5, co.

"...in Christo patiente fuit verus dolor et sensibilis, qui causatur ex corporali nocivo; et dolor interior, qui causatur ex apprehensione alicuius nocivi, qui tristitia dicitur. Uterque autem dolor in Christo fuit maximus inter dolores præsentis vitæ. Quod quidem contingit propter quatuor. Primo quidem, propter causas doloris. Nam doloris sensibilis causa fuit læsio corporalis. Quæ acerbitatem habuit, tum propter generalitatem passionis, de qua dictum est, tum etiam ex genere passionis. Quia mors confixorum in cruce est acerbissima, quia configuntur in locis nervosis et maxime sensibilibus, scilicet in manibus et pedibus; et ipsum pondus corporis pendentis continue auget dolorem; et cum hoc etiam est doloris diuturnitas, quia non statim moriuntur, sicut hi qui sunt gladio interfecti. Doloris autem interioris causa fuit, primo quidem, omnia peccata humani generis, pro quibus satisfaciebat patiendo, unde ea quasi sibi adscribit, dicens in Psalmo, verba delictorum meorum. Secundo, specialiter casus Iudæorum et aliorum in eius mortem delinquentium, et præcipue discipulorum, qui scandalum passi fuerant in Christi passione. Tertio etiam amissio vitæ corporalis, quæ naturaliter est horribilis humanæ naturæ. Secundo potest magnitudo considerari ex perceptibilitate patientis. Nam et secundum corpus erat optime complexionatus, cum corpus eius fuerit formatum miraculose operatione spiritus sancti, sicut et alia quæ per miracula facta sunt, sunt aliis potiora, ut Chrysostomus dicit de vino in quod Christus aquam convertit in nuptiis. Et ideo in eo maxime viguit sensus tactus, ex cuius perceptione sequitur dolor. Anima etiam, secundum vires interiores, efficacissime apprehendit omnes causas tristitiæ. Tertio magnitudo doloris Christi patientis potest considerari ex doloris puritate. Nam in aliis patientibus mitigatur tristitia interior, et etiam dolor exterior, ex aliqua consideratione rationis, per quandam derivationem seu redundantiam a superioribus viribus ad inferiores. Quod in Christo patiente non fuit, unicuique enim virium permisit agere quod est sibi proprium, sicut Damascenus dicit. Quarto potest considerari magnitudo doloris Christi patientis ex hoc quod passio illa et dolor a Christo fuerunt assumpta voluntarie, propter finem liberationis hominum a peccato. Et ideo tantam quantitatem doloris assumpsit quæ esset proportionata magnitudini fructus qui inde sequebatur. Ex his igitur omnibus causis simul consideratis manifeste apparet quod dolor Christi fuit maximus".[109]

18.5.7.   Una satisfacción adecuada y sobreabundante

En teología se distingue entre satisfacción "adecuada", "sobreabundante" e "infinita". Veamos el sentido de cada una de estas expresiones.

*   *   *

En cuanto al alcance de la satisfacción lograda por Jesucristo, hay que afirmar que fue "adecuada". ¿Qué se entiende por tal? Es aquella satisfacción que repara objetivamente la ofensa inferida en toda su intensidad. Se opone a la satisfacción "inadecuada" donde no existe una compensación real, sino que se hace suficiente por la benignidad

---

[109]Santo Tomás de Aquino: *Summ. Theol.*, IIIᵃ, q. 46, a. 6, co. Cfr. *In Sent.*, Lib. III, dist. 15, q. 2, a. 3, q. 3.

de la persona ofendida, quien se da por compensada por la obra de reparación hecha, aunque sea muy inferior a la ofensa recibida.

Para entenderlo es conveniente recordar que el pecado es ofensa real a Dios y perturbación del orden de la creación querido por Dios. Si a Dios no le afectara nuestro pecado, supondría que:

- Dios no sería justo ni bueno. Le daría lo mismo el bien que el mal.

- Dios no nos amaría de verdad, pues el mal destruye, y le daría lo mismo que nos destruyéramos o no.

Ya se estudió que Dios es libre de salvarnos o no; de hacerlo con un acto de satisfacción hecho por su Hijo, por cualquier otra creatura o por un hombre, o bien sin satisfacción, con un simple perdón unilateral; con una satisfacción plena o simplemente suficiente. La satisfacción adecuada o plena solo sería hipotéticamente necesaria en caso de que se quiera una reparación del daño causado "ex toto rigore iustitiæ". Pero fue esta precisamente la querida y decretada desde la eternidad por el Padre.

*   *   *

Pero se dice que la satisfacción de Cristo, no solo fue "adecuada" sino también "sobreabundante". En efecto, hubiera bastado cualquier acto de la vida de Cristo para salvarnos. Pero Dios quiso llegar hasta el acto supremo de amor en esta vida, que es morir por los amigos.[110] "Donde abundó el pecado, sobreabundó la gracia" (Ro 5:20).[111]

Verdad que tuvo reflejo en el Magisterio de Clemente VI:

---

[110] Jn 15:13.

[111] Cfr. la explicación, por ejemplo, de San Cirilo de Jerusalén, en *Cateches.*, 13, 33 (*P. G.*, 33, 812).

" 'Non enim corruptibilibus auro et argento, sed sui ipsius agni incontaminati et immaculati pretioso sanguine
nos redemit' (cfr. 1 Pe 1: 18ss.), quem in ara crucis innocens immolatus non guttam sanguinis modicam, quæ
tamen propter unionem ad Verbum pro redemptione totius humani generis suffecisset, sed copiose velut quoddam
profluvium noscitur effudisse ita, ut 'a planta pedis usque
ad verticem capitis nulla sanitas' (cfr. Is 1:6) inveniretur
in ipso".[112]

*   *   *

Cabe una última pregunta sobre el valor de la satisfacción operada
por Jesucristo: ¿fue una satisfacción infinita? La respuesta afirmativa
es considerada como doctrina auténtica. Pero la razón de tal infinitud,
su naturaleza, es explicada de diverso modo según los autores, que
se diferencian por el concepto de "infinitud" que sostienen. Hay dos
posturas fundamentales:

1. Para Escoto y el nominalismo en general, la satisfacción de Cristo
    no es de un valor infinito intrínsecamente, en sí misma; pero sí lo
    es extrínsecamente, esto es, otorgada desde fuera, por la graciosa
    aceptación de Dios.[113]

    El fundamento de esta posición es el concepto de pecado, que
    para Scoto tiene un carácter finito, en cuanto ofensa a Dios.

---

[112]Clemente VI, Bulla Iubilæi, *Unigenitus Dei Filius*, 27 enero 1343 (*D. S.* 1025).

[113]Cfr. Durando: *In III Sent.*, dist. 20. q. 2; Duns Escoto: *In III Sent.*, dist., 19,
q. un., n. 7; G. Biel: *In III Sent.*, dist., 19, q. un.

2. Por el contrario, tanto para Santo Tomás de Aquino como para San Buenaventura,[114] la satisfacción es de un valor infinito intrínsecamente, en sí, por dos razones:

- Porque el pecado en sí mismo tiene una cierta infinitud por el carácter infinito de la majestad de Dios al que ofende.

- Porque es lo que se deduce de la unión hipostática: las acciones de Cristo, por su Persona divina, tienen un carácter infinito.

18.6.   El mérito de Cristo

18.6.1.   Concepto

Otro de los aspectos clásicos de la doctrina sobre la Redención es el tema del mérito de Jesucristo. Se centra el problema ahora en determinar el valor moral de su actuación. El mérito es el derecho a una recompensa por una obra; expresa la relación de consecuencia que existe entre un acto y su sanción o recompensa.[115]

La definición del mérito es la de el valor inherente a una acción ejecutada en obsequio de alguien, digna de ser reconocida y recom-

---

[114]Cfr. Santo Tomas de Aquino: *Summ. Theol.*, IIIª, q. 1, a. 2, ad. 2; q. 47, a. 3, ad 1; San Buenaventura, *III Sent.*, dist. 20, a. 1, q. 3–5.

[115]P. Glorieux: *Le Mérite du Christ selon St. Thomas*, en "Recherches de Science Religieuse" 10 (1930) 622–649; H. Boüesé: *Causalité, Efficiente et Causalité Méritoire de l'Humanité du Christ*, en "Revue Thomiste" 44 (1938) 256–298; J. Rivière: *Le Mérite du Christ d'Après le Magistère de l'Eglise*, en "Recherches de Science Religieuse", 21 (1947) 53–68, 22 (1948) 213–239; E. D. Lynn: *Christ's Redemptive Merit. The Merit of its Causality according to St. Thomas*, Roma, Universidad Pontificia Gregoriana, 1962; B. Catao: *Salut et Redemption chez S. Thomas d'Aquin*, Paris, Aubier, 1965; F. Ocáriz – L. F. Mateo–Seco – J. A. Riestra: *El Misterio...*, cit., págs. 395–400; J. A. Sayés: *Señor y Cristo*, cit., págs. 484–486; I. Solano y J. A. Aldama: *Sacræ...*, cit., págs. 264–274.

pensada por aquél en cuyo obsequio se ejecuta. En el orden moral, el mérito se fundamenta en la presunción de la existencia de acciones buenas, dignas de premio, y acciones malas, merecedoras de castigo.

El *mérito* está relacionado con las nociones estudiadas de "sacrificio", "expiación" y "satisfacción": Cristo, con su obediencia y amor hasta la muerte, no solo "satisface" por el género humano, sino que también tiene derecho a una recompensa, es decir, "merece" para Sí mismo y para el género humano las bendiciones divinas: su glorificación y el perdón de los pecados para la humanidad. El "mérito" mira más a lo personal de Cristo, el ser digno de una recompensa; la "satisfacción" mira más bien a la reparación de la ofensa infinita.

El fundamento del "mérito" es una analogía jurídica, pues hace relación a la justicia, en cuanto que ésta exige dar a cada uno lo suyo, lo que merece. Pero es una analogía cuando lo aplicamos a las cosas de Dios, porque:

- Ante Dios, el merecimiento es antes que nada un don de Dios mismo.

- Lo mismo acaece con la obra de Jesucristo: si puede merecer ante Dios es porque antes ha recibido el mayor de los bienes posibles, esto es, la gracia de la unión.

18.6.2. Revelación y Magisterio

La Biblia no utiliza el término "mérito de Jesucristo", pero sí describe el concepto de muchas maneras:

1. Cristo nos salva por su sacrificio y por su sangre derramada:

   a) Ef 5:2, "ambulate in dilectione, sicut et Christus dilexit nos et tradidit seipsum pro nobis oblationem et hostiam Deo in odorem suavitatis".

b) Heb 10: 5–10, "...tunc dixit: 'Ecce venio, ut faciam voluntatem tuam'. Aufert primum, ut secundum statuat; in qua voluntate sanctificati sumus per oblationem corporis Christi Iesu in semel" (vv. 9–10).

c) Ap 5:9, "Dignus es accipere librum et aperire signacula eius, quoniam occisus es et redemisti Deo in sanguine tuo ex omni tribu et lingua et populo et natione".

d) 1 Pe 1: 18–21, "scientes quod non corruptibilibus argento vel auro redempti estis de vana vestra conversatione a patribus tradita, sed pretioso sanguine quasi Agni incontaminati et immaculati Christi..."

e) 1 Cor 6:20, "Empti enim estis pretio! Glorificate ergo Deum in corpore vestro".

f) 1 Cor 7:23, "Pretio empti estis! Nolite fieri servi hominum".

g) Ga 4:5, "...ut eos, qui sub lege erant, redimeret, ut adoptionem filiorum reciperemus".

2. Cristo es exaltado como premio a su precedente humillación:

a) Flp 2: 8–9, "...humiliavit semetipsum factus oboediens usque ad mortem, mortem autem crucis. ut in nomine Iesu omne genu flectatur cælestium et terrestrium et infernorum..."

b) Heb 2:9, "...eum autem, qui paulo minus ab angelis minoratus est, videmus Iesum propter passionem mortis gloria et honore coronatum, ut gratia Dei pro omnibus gustaverit mortem".

c) Jn 17: 4–5, "Ego te clarificavi super terram; opus consummavi, quod dedisti mihi, ut faciam; Manifestavi nomen tuum hominibus, quos dedisti mihi de mundo. Tui erant, et mihi eos dedisti, et sermonem tuum servaverunt".

d) Lc 24:26, "Nonne hæc oportuit pati Christum et intrare in gloriam suam?"

e) Ap 5:12, "Dignus est Agnus, qui occisus est, accipere virtutem et divitias et sapientiam et fortitudinem et honorem et gloriam et benedictionem".

Por su parte, los Santos Padres sostienen el mérito que Cristo ganó para Sí mismo. Y desde San Gregorio Magno se aplica este mérito de Cristo también al premio de nuestra salvación. Existe una polémica sobre si el término "mérito" en favor nuestro, fue usado por los Santos Padres anteriores, a excepción de San Jerónimo.[116] Pero como la doctrina del mérito es tan clara en la Sagrada Escritura, y los Santos Padres insisten tan claramente en la Redención "objetiva" de Jesucristo, se concluye con facilidad que las declaraciones patrísticas sobre los dones sobrenaturales que recibimos "de la gracia de Jesucristo" o "a través de Cristo" han de ser entendidas en la clave del mérito del Señor.[117]

El Concilio de Trento definió como causa meritoria de nuestra justificación la Pasión y Muerte de Nuestro Señor:

> "Hujus justificationis causæ sunt: ... meritoria autem dilectissimus Unigenitus suus, Dominus noster Jesus Cristus, qui 'cum essemus inimici' (cfr. Ro 5:10), 'propter nimiam caritatem, qua dilexit nos' (Ef 2:4), sua sanctissima passione in ligno crucis nobis justificationem meruit (can. 10), et pro nobis Deo Patri satisfecit".[118]

---

[116]San Jerónimo: *Comment. In Ep. Ad Ephes.*, l. 2, c. 4, v. 8 (*P. L.*, 26, 529 ss.).

[117]Cfr. J. Rivière: *Le Mérite du Christ d'après le Magistère de l'Eglise a l'époque Patristique*, en "Revue de Sciences Religieuses" 21 (1947) 53–89; I. Solano y J. A. Aldama: *Sacræ...*, cit., pág. 268.

[118]Sessio VI, 13 enero 1547, *Decretum de Iustificatione*, *D. S.* 1529.

"Si quis dixerit, homines sine Christi justitia, per quam nobis meruit, justificari, aut per eam ipsam formaliter justos esse: an. s."[119]

18.6.3. Razonamiento teológico

Estamos ahora ya en condiciones de acercarnos un poco más al entendimiento de las características del mérito de Cristo:

1. Cristo merece como "viator". Para ello es necesaria la existencia de una verdadera y auténtica libertad, que en el ser creado, implica el estado de caminante. En el cielo ya no se merece, porque no se puede elegir el mal.

   Cristo merece con todos los actos de su vida, por la vinculación que todos tienen con su Muerte, con "su hora". Por eso su glorificación *no fue meritoria, pero sí merecida.*

2. El mérito de Cristo no se puede separar de su satisfacción por la humanidad (en base a la gracia capital que Él tiene).

3. Cristo causa realmente nuestra salvación, de un modo sobreabundante. Donde abundó el pecado, sobreabundó la gracia, como ya se ha dicho (cfr. Ro 5: 15–20).

4. La interrogante sobre si el mérito de Cristo es de valor infinito, es respondida de diferente manera por las clásicas escuelas teológicas. Los escotistas afirman que es finito en sí, intrínsecamente, porque los actos de una naturaleza humana siempre son finitos; se convierten en infinitos extrínsecamente, porque así lo concede Dios en su bondad. Los tomistas sostiene que, al ser realizados por una Persona divina, tienen un valor infinito intrínsecamente.

---

[119]Canon 10, *Decretum de Iustificatione, D. S.* 1560.

De ahí el mérito infinito del sacrificio redentor de Cristo. Con respecto a nosotros el sacrificio de Cristo es finito, porque tiene el valor de comunicarnos solo una participación finita en la vida de las Personas divinas. Así se comprende también cómo la misa que tiene un valor infinito, la celebramos repetidas veces, porque nuestra participación en ese acto infinito de glorificación al Padre es siempre finita.

5. Los escotistas hablan de mérito "de congruo", el único que nosotros los seres humanos podemos tener ante Dios, acogiéndonos a la liberalidad divina, al hacerlo derivar de su aceptación por parte del Padre. Los tomistas, en cambio, de mérito "de condigno", pues habría una proporción intrínseca entra la obra realizada y el resultado obtenido. Sayés afirma ambas perspectivas.

6. El mérito de Cristo llega a todos los hombres, no porque su naturaleza humana encierre toda la naturaleza específica del hombre, sino por su unión con la Persona infinita y divina del Verbo y por la gracia capital que Él tuvo. Santo Tomás insiste en que Cristo fue glorificado no solo en Sí mismo, sino también en sus fieles, pues la gracia le fue otorgada a Cristo no solo como individuo singular, sino como Cabeza de la Iglesia, a fin de que aquélla redundase en sus miembros. De tal modo que las obras de Cristo sirven para él y para sus miembros:

> "Christo data est gratia non solum sicut singulari personæ, sed inquantum est caput Ecclesiæ, ut scilicet ab ipso redundaret ad membra. Et ideo opera Christi hoc modo se habent tam ad se quam ad sua membra, sicut se habent opera alterius hominis in gratia constituti ad ipsum. Manifestum est autem quod quicumque in gratia constitutus propter iustitiam patitur, ex hoc

ipso meretur sibi salutem, secundum illud Matth. V,
beati qui persecutionem patiuntur propter iustitiam.
Unde Christus non solum per suam passionem sibi,
sed etiam omnibus suis membris meruit salutem".[120]

7. Las gracias que Cristo consigue para nosotros son:

- La gracia justificante, como dice el Concilio de Trento:

  "Ita neque propria nostra iustitia tamquam ex
  nobis propria statuitur, neque ignoratur aut repu-
  diatur iustitia Dei (Ro 10:3); quæ enim iustitia
  nostra dicitur, quia per eam nobis inhærentem iu-
  stificamur (can. 10 et 11), illa eadem Dei est, quia
  a Deo nobis infunditur per Christi meritum".[121]

- Las gracias actuales que preparan para la justificación, como establece el Concilio XVI de Cartago:

  "Can.3. item placuit ut quicumque dixerit, gratiam Dei, qua iustificatur homo per Iesum Christum Dominum nostrum, ad solam remissionem
  peccatorum valere, quæ jam commissa sunt, non
  etiam ad adiutorium, ut non committantur, an.
  s."[122]

- La liberación del dominio del diablo, como afirmó el Concilio de Florencia:

  "Firmiter credit, profitetur et docet, neminem
  unquam ex viro feminaque conceptum a diaboli do-

---

[120]Santo Tomás de Aquino: *Summ. Theol.*, IIIª, q. 48, a. 1, co. Cfr. *ibidem*, a. 6, ad 3; *De Verit.*, q. 26, a. 6, ad 21.

[121]*D. S.* 1547.

[122]*D. S.* 225.

minatu fuisse liberatum, nisi per fidem mediatoris
Dei et hominum Jesu Christi Domini nostri..."[123]

- La vida eterna.

18.7.   Cristo como causa eficiente de nuestra salvación

Otro de los temas clásicos al hablar de la naturaleza de la Redención es el de la causalidad eficiente de Cristo. Hay una diferencia entre el "mérito" tal y como fue estudiado, que hace referencia más bien a la consecución de una recompensa por la realización de una buena acción, y "la causa eficiente" de la salvación, que es realizar de hecho la misma.

La causa eficiente principal de la salvación es Dios, pues solo Él puede transformar al hombre en hijo suyo. Ahora bien, la causa eficiente instrumental de la salvación es la Humanidad de Cristo a través de su Pasión, Muerte y Resurrección. Es necesario comprender el concepto de *causa instrumental* con las debidas correcciones de la analogía, ya que no se trata de que la Humanidad de Cristo sea un mero medio para la consecución de un fin, olvidando que Jesucristo no es "medio para" la salvación, sino que Él es, en Sí mismo, la salvación: su Humanidad no es un instrumento separado de su Persona divina, sino que está unida hipostáticamente al Verbo, quien actúa a través de su naturaleza humana.[124]

---

[123] *D. S.* 1347.

[124] Cfr. F. Ocáriz – L. F. Mateo–Seco – J. A. Riestra: *El Misterio...*, cit., pág. 401.

Así lo establecieron los Santos Padres,[125] y así lo declara Santo Tomás de Aquino, al insistir que la salvación ha sido conseguida por Cristo, pero se realiza de hecho en nosotros, en cada uno, a través de la unión con Él, con los misterios de su Vida, Pasión, Muerte y Glorificación:

> "Respondeo dicendum quod duplex est efficiens, principale, et instrumentale. Efficiens quidem principale humanæ salutis Deus est. Quia vero humanitas Christi est divinitatis instrumentum, ut supra dictum est, ex consequenti omnes actiones et passiones Christi instrumentaliter operantur, in virtute divinitatis, ad salutem humanam. Et secundum hoc, passio Christi efficienter causat salutem humanam".[126]

Para entender esta realidad, hay que tener en cuenta la distinción entre el plano histórico, donde los seres humanos vivimos y donde transcurre la historia, y el plano sobrenatural, donde nos encontramos ante la eternidad. Pues bien, los actos salvadores de Cristo se realizaron en un tiempo concreto de la vida de nuestro mundo, pero se hicieron presentes en la eternidad del mundo sobrenatural divino; desde ahí se aplican sus efectos en cada época a los seres humanos.

Es de este modo como llegan a nosotros las gracias logradas por el Señor a través del:

- Bautismo (cfr. Ro 6: 3–4).

---

[125] Así, San Atanasio, San Gregorio de Nisa, San Cirilo de Alejandría, San Epifanio, San Juan Damasceno, etc. Cfr. F. Ocáriz – L. F. Mateo–Seco – J. A. Riestra: *El Misterio...*, cit., pág. 400.

[126] Santo Tomás de Aquino: *Summ. Theol.*, IIIª, q. 48, a. 6, co. Cfr. q. 8, a. 1, ad 1; q. 49, a. 1; q. 56, a. 1, ad 3; q. 78, a. 4; *In Sent.*, Lib. III, dist. 5, q. 1, a. 2, ad 6; dist. 18, a. 1, obj. 4; a. 6, resp. 1; *In Rom.*, 4, lect. 3.

- Eucaristía (cfr. la teología de la Santa Misa como "memorial" del único sacrificio de la Cruz).

- Resurrección (cfr. 1 Cor 15: 21–22).

18.8. Redención como misterio de amor y sufrimiento

Nos encontramos con una aporía: por un lado, la Revelación nos describe la salvación como una obra del amor de Dios (Jn 3:16); por otro lado, la salvación se realiza con sufrimiento y Muerte: la expresión "Dios muere en la Cruz" es verdadera; no así, la de "la Divinidad muere en la Cruz" según la recta aplicación de las reglas de la comunicación de idiomas. En este sentido, Dios experimenta el dolor y la muerte en la Humanidad de Cristo. Intentemos profundizar en la aporía.

18.8.1. El amor redentor

Tanto la Encarnación como la Redención son la máxima manifestación del amor de Dios (1 Jn 4: 8.16, "Dios es amor"),[127] pues en ellas brilla con toda claridad:

1. El amor del Padre a Jesús, al mundo y al hombre (Jn 3:16).

2. El amor de Jesús al Padre y a los hombres (Jn 15: 9.13).

3. El amor del Espíritu Santo, que lleva nuestra salvación a pleno cumplimiento en el tiempo de la Iglesia (cfr. el papel del Espíritu

---

[127]Cfr. F. Ocáriz – L. F. Mateo–Seco – J. A. Riestra: *El Misterio...*, cit., pág. 403, quienes citan a Pio XII: Enc. *Haurietis Aquas*, AAS 48 (1956) 321–322; M. Richard: *La Rédemption, Mystère d'Amour*, en "Recherches de Science Religieuse" 13 (1923) 193–217; 397–418.

Santo en los Hechos de los Apóstoles). Al Espíritu como Persona divina se le atribuye el Amor recíproco del Padre y del Hijo.

Y al mismo tiempo que la Redención es obra del amor divino, es también fruto de su justicia infinita. En Dios, todos sus atributos coinciden en la simplicidad infinita de Dios.

18.8.2. El sufrimiento de Dios en Cristo

La expiación nos habla de la realidad del sufrimiento inmenso de Cristo; la satisfacción salvadora es también expiación, como se ha dicho.

Es un hecho que la Humanidad de la Segunda Persona divina era verdaderamente pasible, como se estudió más arriba:

1. Físicamente sufría: Mt 4:2; Lc 4:7; Jn 4: 6–8; etc.

2. Psicológicamente conoció la angustia y la tristeza, el desaliento, etc.: Mc 3:5; 9:19; Lc 19:41; Jn 11: 33–38; etc.

3. Cristo experimentó todos los dolores de su Pasión, agonía y Muerte, como relatan todos los Evangelios.

Pero este dolor en la entera Humanidad de Jesucristo, era el sufrimiento de Dios, en razón del misterio de la unión hipostática. En efecto, al haber una Persona en Cristo, la divina, y siendo así que las acciones se atribuyen a las personas, se concluye que la Segunda Persona de la Santísima Trinidad, el Hijo de Dios, el Verbo, sufrió y murió en la Pasión y crucifixión.

Esto es un verdadero escándalo y fue rechazado por varios heresiarcas que se negaban a admitir que Dios pueda experimentar el dolor. Así fue el caso de:

1. Los docetas que negaron la existencia de un verdadero cuerpo material en Jesucristo. Incluso, en sus ramas gnósticas llegaron a decir disparates tales como que el que sufrió en la Cruz no fue Cristo, sino Simón de Cirene.[128]

2. Algunos monofisitas también negaron este dolor, porque, para ellos, la Humanidad del Señor fue absorbida por su Divinidad.

3. Nestorio, por su parte, en lógica conclusión de sus principios heréticos, atribuía el dolor a la persona humana de Cristo, pero no a la divina.[129]

Por tanto, es necesario afirmar que el Verbo, la Segunda Persona Trinitaria, realmente sufrió y murió en su Humanidad, puesto que tales acciones se atribuyen a la Persona. Sin embargo, la naturaleza de esta realidad siempre permanecerá misteriosa. En efecto, habrá que tener en cuenta, cuando profundicemos sobre el misterio, las siguientes verdades que son incuestionables:

1. El dolor de Jesucristo fue real.

2. La Encarnación se realizó en una verdadera y completa naturaleza humana, con todas sus cualidades.

3. Las afirmaciones que se hagan, habrán de tener en cuenta siempre las reglas de la comunicación de idiomas.

4. Dios da sentido al dolor humano del inocente, al "mal que clama al cielo".

---

[128]Cfr. la oposición de S. Ignacio de Antioquía: *Ad Polycarpum*, 3, 2 (*P. G.*, 5, 572); San Justino: *Apología*, I, 52 (*P. G.*, 6, 404); Tertuliano: *Adv. Praxeam*, 27 (*P. L.*, 2, 190), y *Adv. Marcionem*, 3, 8 (*P. L.*, 2, 331).

[129]Tesis rechazada en los Anatematismos de San Cirilo de Alejandría (*D. S.* 263).

5. Términos de la aporía que no pueden ser negados:

- Dios es impasible.

- Cristo es pasible.

- Cristo es Dios.

- Las acciones son de las personas.

- El monofisismo y el nestorianismo son herejías.

Un sector de la teología moderna ha propuesto hablar del "dolor de Dios". Ya evaluamos estos intentos más arriba.[130]

Finalmente, hay remitir también al estudio anterior sobre de la relación de la visión beatífica de Cristo y su capacidad de sufrir.[131]

18.8.3. El pensamiento de A. Gálvez

A. Gálvez estudia el presente problema (sufrimiento y amor en la Redención) desde una doble perspectiva: por un lado, desde el punto de vista de la obra de Jesucristo; y por otro, desde la consideración del cristiano que comparte la vida y el destino del Maestro.

A.– La Redención operada por Jesucristo tuvo dos motivos: uno fue la salvación del pecado del hombre (sufrir *por nosotros*); el otro, el compartir el destino y la muerte de la persona amada, en este caso, los del ser humano en esta tierra tras su caída en el pecado (sufrir *con nosotros*). Y esto, hasta tal punto, que:

- La Redención de los pecados podría haber sido lograda de muy diferentes formas, como enseña la teología clásica;[132] pero fue

---

[130]Cfr. *supra* 4.5.4.

[131]Cfr. *supra* 10.4.1. y 11.7.4.

[132]Cfr. supra, los temas relativos a la libertad de Dios; el problema del *Cur Deus Homo?*; la Encarnación hipotéticamente "necesaria" en caso de que Dios quisiera una reparación "ex toto rigore iustitiæ".

decisión del Padre que se hiciera de forma cruenta y dolorosa
mostrando el máximo amor.

- Pero, aún en el caso de que no hubiera hecho falta padecer lo
  que sufre la persona amada (el ser humano en su naturaleza caída) para obtener la salvación, sin embargo el verdadero amante,
  prefiere compartir todo con la persona amada..., y por tanto su
  destino, su dolor y su muerte.

Esto es lo que explica la acción redentora de Jesús hacia el hombre
del modo como la operó:

> "El deseo de poseer en totalidad a la persona amada,
> unido al de convertirse también en pertenencia de ella, res-
> ponden a la ansiedad de compartir cada una el destino de
> la otra. Dentro de una plenitud que se extiende al deseo
> de compartir tanto lo bueno como lo malo, la alegría como
> el dolor, la felicidad como el sufrimiento: *Alegraos con los*
> *que se alegran, llorad con los que lloran.*[133]"[134]

> "No acostumbramos los cristianos a tener suficiente-
> mente en cuenta que Jesucristo, al vencer definitivamente
> al pecado y a la muerte, acabó con las consecuencias nefas-
> tas que ambos habían acarreado al ser humano. De ahí que
> la muerte y el dolor *hayan cambiado de signo* gracias a Je-
> sucristo, y del modo como solamente la Sabiduría infinita
> de Dios podía imaginar. Desde entonces el dolor se ha con-
> vertido también en un principio capaz de elevar el índice
> del amor divino–humano hasta extremos inconcebibles.[135]

---

[133]Ro 12:15.

[134]A. Gálvez: *El Misterio...* cit., pág. 110–111.

[135]Es cierto que ciertas almas bienaventuradas, viviendo todavía en esta Tierra
y gracias a su elevado amor a Jesucristo, han compartido de modo extraordinario

La *Redención* operada por Jesucristo fue causa de la elevación de la naturaleza humana, desde el estado de naturaleza *caída* en el que se encontraba por motivo del pecado, al de naturaleza *reparada* y su reconciliación con Dios. Gracias a la Redención, las puertas de la Salvación quedaron abiertas para todos los hombres, con tal de que ellos mismos estuvieran dispuestos a alcanzarla mediante su necesaria cooperación personal.

En el Corazón de Jesucristo, y siempre en cumplimiento de los designios del Padre, estuvo presente el deseo de *hacer suyos nuestros pecados.* Aunque no ya en el sentido de hacer más efectiva y segura nuestra Redención o de atribuirse las consecuencias de la culpa, sino en el de la obediencia a un sentimiento brotado de lo más profundo del amor y que no era sino el de *sufrir con nosotros.* O dicho de otra forma, el de *sentir en su propia carne nuestros mismos sufrimientos.* Consecuencia de un amor tan grande como para no soportar vernos sufrir *sin hacer suyos también nuestros sufrimientos.* Lo que significa que no solamente quiso sufrir *por* nosotros, sino también *con* nosotros."[136]

De este modo se resaltan:

- La importancia de la Humanidad de Cristo.

- La explicación de naturaleza de la expiación dolorosa.

---

los sentimientos de su Pasión y Muerte; por lo que les fueron otorgadas gracias místicas especiales como la *transverberación* o la *estigmatización.* Pero el reducido número de las que han sido objeto de tan singulares fenómenos demuestra la escasa consideración que, tanto los Sufrimientos como la Muerte de Cristo, han merecido en la práctica de la oración mística.

[136] A. Gálvez: *El Misterio...*, cit., págs. 116–118.

- La razón verdadera para poner el amor en el corazón de la Redención.

B.– Los efectos de esta acción redentora, que une amor y dolor, son importantísimos para darle un nuevo significado al sufrimiento de los seres humanos en este mundo, incluso tras haber sido operada nuestra Redención.[137] Al igual que los de Cristo, los dolores y diversas cruces del cristiano, por un lado cooperan a la Redención, y, por otro, son manifestación del verdadero amor del cristiano por su Señor sufriente, pues, aunque pudiera librarse de ellos, sin embargo prefiere compartirlos con la Persona amada, en este caso, Jesucristo. Una realidad que ocultan las teologías que anulan la importancia y la realidad de la Cruz y del pecado. En efecto:

> "Las espiritualidades que anulan la Cruz e intentan borrar en el hombre el sentimiento del pecado, tal como pretenden, por ejemplo, las teorías del *cristianismo anónimo* y de la *salvación universal*, son expresión de la herejía modernista que actualmente invade a la Iglesia. La intrínseca perversión de tales doctrinas es fácilmente detectable desde el momento en que *anulan y destruyen el mismo concepto del amor*.[138]

> "De donde una Cristología sin Sacrificio y sin Cruz nada tiene que ver con Jesucristo ni con la realidad de la Redención, pues *sine sanguinis effusione non fit remissio*.[139] Semejante falsa *Cristología* no perseguiría otro fin que el

---

[137]"Con lo que ya podemos dar paso a la explanación de la importancia de la Cruz en la existencia cristiana..." Cfr. A. Gálvez: *El Misterio*..., cit., pág. 99.

[138]A. Gálvez: *El Misterio*..., cit., pág.99. Un punto que el autor ha desarrollado ampliamente en diversos lugares de sus obras.

[139]Heb 9:22.

de hacer realidad el temor del Apóstol pues, como él mismo dice, *habría desaparecido el escándalo de la Cruz.*[140] De ahí el cuidado que pone en no dedicarse a predicar con sabiduría de palabras (¿elocuencia o verborrea?), *ut non evacuetur crux Christi.*[141]

Como puede comprender fácilmente quien quiera verlo, el *Cristianismo sin Cruz* que, tanto la teología protestante como la herejía neomodernista quieren imponer a la Iglesia, es enteramente extraño a la Doctrina Evangélica. Es algo así como un Cristianismo de *travesti.* La religión de la algarada, de la fiesta, del Espíritu servido *a la carta* en sesiones de jolgorio, de la abolición del Sacrificio de la Cruz y consiguiente secularización de la Misa, de la negación (expresa o tácita) de la Presencia Real, de la anulación del Sacerdocio Cristiano, etc., por más que persiga el objetivo (no siempre reconocido) de un pretendido *Ecumenismo,* queda situada ya en los antípodas del Mensaje Evangélico".[142]

Para comprender el sentido profundo de la Cruz en la existencia del cristiano (en relación con la obra de amor y sufrimiento de Jesucristo), es necesario recordar la diferencia entre la llamada *Redención objetiva* y la *subjetiva*:

"Una vez consumada la situación en la que había quedado el hombre por culpa del pecado, después de haber perdido el estado de justicia original en el que había sido creado, fue restituido de nuevo en la amistad con Dios

---

[140]Ga 5:11.

[141]1 Cor 1:17.

[142]A. Gálvez: *Siete...*, cit., págs. 88–89.

mediante la Redención llevada a cabo por Jesucristo. La cual ha sido llamada *Redención objetiva*, pero que aún necesita para ser eficaz la libre cooperación del hombre para aprovecharse de ella (*Redención subjetiva*). Cosa que ha de hacer mediante el arrepentimiento de los pecados y de las obras propias de la existencia cristiana, realizadas con la ayuda de la gracia.[143]"[144]

La teología de la Redención objetiva y subjetiva está relacionada con el misterio del pecado y sus efectos en la naturaleza humana, así como con el papel que Dios quiso otorgar al dolor humano incluso en el estado de naturaleza reparada:

> "...recordaremos algunas notas acerca de la incidencia del pecado en la naturaleza humana. La cual, después de la caída quedó *marcada* y sujeta a consecuencias que fueron transcendentales.
>
> El mismo Dios a través de la Persona del Verbo intervino en el problema y el aspecto de *culpa*, que el pecado había dejado impreso en el hombre, quedó enteramente eliminado gracias a la Redención. De manera que la naturaleza humana alcanzó el estado de *reparada*. Aunque la incidencia del pecado imprimió en ella un sello lo suficientemente profundo para que el *dolor* formara parte de toda su existencia terrena.[145] Bien entendido que la condición de sometimiento al sufrimiento y al dolor abarca a los se-

---

[143]Este aspecto de la *Redención subjetiva* es desconocido por el Modernismo.

[144]A. Gálvez: *El Misterio...*, cit, págs. 99–100.

[145]Es la consecuencia de lo que ha sido llamado por los teólogos el *reato de pena*, en cuanto al sometimiento al dolor solo durante la existencia terrena. Otra cosa es la situación de purgación en la que se encuentran las almas en el Purgatorio y, por supuesto, la de los réprobos en el Infierno.

res humanos en su totalidad, incluyendo a quienes nada
tuvieron que ver con el pecado, como Jesucristo (Verdadero Hombre, al fin y al cabo) y la Virgen María, que fue
liberada de él por gracia.

La razón de esta abarcante universalidad del dolor es
doble. En primer lugar, porque la Redención fue realizada por Jesucristo mediante su Muerte en la Cruz, dando
cumplimiento de este modo a la voluntad del Padre que Él
asumió voluntariamente. Y además, porque fue designio
bondadoso del Padre igualmente hecho suyo por Jesucristo, que el hombre cooperara en esta Reparación redentora
con su propio dolor y su propia Muerte, mediante la opción
de asumirlos voluntariamente.

Como fácilmente se deduce de lo dicho, la razón *última*
de que el destino doloroso de la naturaleza humana perdure hasta el fin de su existencia terrena, no es otra sino la
del *amor*. El cual, sin eliminar el carácter de castigo para
la criatura que es propio del dolor, lo transciende y supera
hasta otorgarle una nueva condición. Y aquí es donde interviene Jesucristo como factor determinante. El hecho de
que el hombre coopere al pago de su culpa, mediante la
participación en los sufrimientos y Muerte de Cristo, no es
tan importante como la conveniencia de que se una a su
Señor a través de tales sufrimientos *por razón del amor*. En
realidad, como enseña la Doctrina, ni siquiera la Muerte
de Jesucristo hubiera sido necesaria para hacer efectiva la
Redención."[146]

Es entonces, cuando se comprende bien la importancia de la viven-
cia de la Cruz en sus diferentes formas, como medio de actualizar al

---

[146]A. Gálvez: *El Misterio...*, cit., págs. 103–104.

redención subjetiva: la Cruz es remedio contra el pecado (instrumento de salvación personal), y también participación en el destino de Jesucristo por amor (respuesta de nuestro amor al amor de Dios). Se trata de la doctrina más prístina del Nuevo Testamento:

> "De este modo, el hombre se aprovecha de la Redención obtenida por Jesucristo a través del curso y de los trabajos de su vida cristiana, de sus sufrimientos y penitencia por su pecados y aun de su propia Muerte; aceptada esta última como castigo del pecado e instrumento último de reparación. Todo ello soportado y llevado a cabo por amor de Cristo, con Cristo y en unión con Cristo.

> Pero el amor de Dios al hombre, concretado y hecho realidad en la Persona de Jesucristo, va mucho más allá de todo eso. Puesto que los sufrimientos y la muerte del hombre poseen ahora también *un valor de participación en los de Jesucristo*. A partir de ahora, la vida y la muerte del cristiano se equiparan a las de Jesucristo, con todo el valor que tal cosa lleva consigo: *Pues ninguno de nosotros vive para sí, ni ninguno de nosotros muere para sí. Pues si vivimos, para el Señor vivimos; y si morimos, para el Señor morimos. Porque, sea que vivamos o sea que muramos, del Señor somos.*[147]

> Así es como San Pablo enuncia el principio fundamental que constituye el objetivo final y definitivo de la existencia cristiana: *¿No sabéis que cuantos hemos sido bautizados en Cristo Jesús hemos sido bautizados para participar en su Muerte?*[148]

---

[147]Ro 14: 7–8.

[148]Ro 6:3.

Pero, a su vez, esta participación en la Muerte de Cristo —que es para lo que hemos sido bautizados—[149] contiene en sí misma un doble contenido que le proporciona una doble finalidad:

En primer lugar, el Dogma cristiano contempla como fundamental el valor de la participación en los sufrimientos y Muerte del Señor, aprovechada por cada ser humano como instrumento de la propia Redención personal y como medio que le abre la puerta de la Salvación.

En segundo lugar, tal participación es también una *respuesta* al infinito Amor mostrado por Jesucristo en la Redención y que ahora es accesible para cada hombre. Según este sentido, por lo común más olvidado por la Doctrina, el alma estaría dispuesta a sufrir con Cristo solo por puro amor y por el deseo de compartir su Muerte, aun en el caso de que tal cosa *no fuera necesaria para la propia salvación*. Aquí pretende el alma ante todo compartir la existencia del Amado, tanto en la vida como en la muerte. El deseo de la propia salvación no sería ya para el alma tan acuciante como el de compartirlo *todo* con la persona amada, que en este caso es Jesucristo y tal como lo exigen las reglas del amor perfecto."[150]

Como efecto de esta doctrina de la participación en los sufrimientos y la Muerte de Jesucristo, se abre un abismo de riquezas insondables para la investigación sobre el misterio del amor, con enormes efectos en la teología mística clásica que no siempre supo resaltarlo:

---

[149] Otro punto esencial que tampoco ha sido tenido en cuenta por el Modernismo.

[150] A. Gálvez: *El Misterio...*, cit., págs. 100–102.

"Con lo que la participación en los sufrimientos y Muerte de Jesucristo abre para el hombre un nuevo e inquietante horizonte. Que consiste en la posibilidad de profundizar más, hasta extremos absolutamente desconocidos, en el misterioso abismo sin fondo del Amor. Una sima insondable que, como el pozo abierto de una mina de diamantes que acabara de descubrirse, se hallara dispuesta a ser explorada y aprovechada por quien creyera poseer un corazón poseído del toque divino de lo insaciable.

Este doble aspecto, que considera la posibilidad de compartir los sufrimientos y la Muerte de Jesucristo, es seguramente el *menos resaltado* en la obra de los Místicos Españoles. Por supuesto que no se trata de *realidades* —puesto que forman parte del misterio de la existencia cristiana— cuya presencia en la doctrina de nuestros Místicos pueda ser puesta en duda; sino de la posibilidad de que su importancia, como elementos de valor en la oración mística, haya pasado *desapercibida* en el desarrollo de su doctrina espiritual. A lo que es preciso añadir algún punto de la doctrina sanjuanista difícil de asimilar y que probablemente necesite de una especial aclaración, que probablemente no será fácil."[151]

La relación del sufrimiento humano en el presente eón con el amor verdadero a Jesucristo, explica que sea fuente de gozo profundo. Saber que se sufre por el Amado y con el Amado es ya gozar con el Amado:

"Pero el sufrimiento no tiene su razón de ser en sí mismo, a no ser que se pretenda explicarlo por el absurdo; como efectivamente ocurre fuera de la visión cristiana de la

---

[151]A. Gálvez: *El Misterio...*, cit., págs. 102–103.

realidad. Su más profunda razón de ser no puede ser otra, dentro de la contextura de la existencia cristiana, que el amor mismo. Pero según se ha visto en el Apóstol, la causa de los padecimientos del cristiano, como igualmente la de su consolación, no es otra sino Cristo: la abundancia con la que participa de los padecimientos de Cristo se corresponde con la abundancia de su consolación en Cristo. Desde el punto de vista del marco profético, saber que se sufre por el Amado y con el Amado es ya gozar con el Amado."[152]

El aspecto de la alegría compartiendo el destino y la Muerte del Maestro, es un tema recurrente en la teología de A. Gálvez.[153] No es éste el lugar para extenderse más sobre el particular. Baste señalar que la realidad del sufrimiento del cristiano en el mundo es doctrina de Jesucristo que impugna los falsos optimismos recalcitrantes de la teología modernista que niega el pecado y sus efectos, y postula una salvación para solo éste mundo y antropocéntrica. Por otro lado, es motivo de esperanza para el cristiano que aguarda la llegada de su Señor y su encuentro definitivo con Él, donde tendrá la Alegría Perfecta: la nostalgia y el deseo de su llegada también es alimentada y alimenta el amor por Jesucristo. En este sentido la alegría cristiana vive en la dialéctica del "ya" (porque es el máximo grado de alegría alcanzable en este mundo, arras y promesas de la perfecta alegría futura, pero donde permanece el sufrimiento) y del "todavía no" (ya que la plenitud es solo para el Cielo).

Con todo, conviene insistir en que el sufrimiento paciente por Jesucristo no es la razón última de la felicidad en este mundo (como parecía señalar San Francisco de Asís en su famoso diálogo con Fray

---

[152]A. Gálvez: *Siete Cartas...*, vol. 1, pág. 47.

[153]Cfr. *Comentarios al Cantar...*, cit., vol. 2, págs. 209–300; vol. 1, págs. 127–147.

León), sino el compartir la existencia total del Amado, el saberse a su lado en todo momento, también en el de la Cruz: Pues la Alegría Perfecta no puede consistir en el dolor, por más que sea soportado por el Amado y con el Amado; sino solamente *en el sentimiento que sigue al hecho de sufrir y de morir con Él*:

> "La Perfecta Alegría consiste pues, para San Francisco, en la paciencia cristiana que es capaz de compartir por puro amor los sufrimientos de la Pasión de Cristo. Certeras y oportunas palabras por las que no cabe duda de que el Santo había penetrado muy bien en el auténtico sentido del Evangelio.
>
> Con todo, si se examina el tema con cierto detenimiento, cabe llegar a la conclusión de que la susodicha paciencia cristiana —que consiste, como se ha visto, en compartir la Pasión y la Muerte de Cristo—, lejos de ser ya la Perfecta Alegría, es en todo caso *solamente el camino*; si bien el más rápido y seguro, además del único, para llegar a ella. Y, puesto que parece imposible hacer coincidir la Alegría Perfecta con la paciencia cristiana, tal vez sería más exacto decir que ésta es el último peldaño a subir para alcanzar aquélla. Pues la Alegría Perfecta no puede consistir en el dolor, por más que sea soportado por el Amado y con el Amado; sino solamente *en el sentimiento que sigue al hecho de sufrir y de morir con Él*. De ahí la cuidadosa distinción que hace el Apóstol, hablando precisamente de la comunión en los padecimientos de Cristo, entre la meta y el camino: *Para conocerle a Él (Cristo), el poder de su resurrección y la comunión en sus padecimientos, asemejándome a su muerte, por si logro alcanzar la resurrección de entre los muertos. No es que ya la haya alcanzado o que*

ya sea perfecto; sino que la persigo por ver si la alcanzo,
por cuanto yo mismo he sido alcanzado por Cristo Jesús.
Yo, hermanos, aunque no creo haberla alcanzado, una co-
sa intento: olvidando lo que queda atrás persigo lo que está
delante, lanzándome hacia la meta.[154],[155]

18.9. Universalidad de la Redención

18.9.1. Sagrada Escritura y Magisterio

Con esta idea se afirma que Cristo representa a la humanidad en el momento del acto de la Redención. El Señor murió por todos los hombres.[156] La idea tiene sus antecedentes, como ya se expuso, en los poemas del Siervo de Yahveh: el inocente que es cargado con las culpas del pueblo y ofrece su vida en expiación de los pecados de muchos.[157]

Los textos bíblicos claramente afirman que Cristo sí representa a la humanidad: Cristo ha sufrido *por* los pecadores *y no solo con* los pecadores.

- 2 Cor 5:15, "... et pro omnibus mortuus est, ut et, qui vivunt, iam non sibi vivant, sed ei, qui pro ipsis mortuus est et resurrexit".

---

[154]Flp 3: 10–14.

[155]A. Gálvez: *Comentarios al Cantar...*, vol. 2, pág.173.

[156]L. Ott: *Manual...*, cit., pág. 298, sostiene que la proposición "Cristo no murió solo por los predestinados" es de fe; y la proposición, "Cristo no murió únicamente por los fieles, sino por todos los hombres sin excepción" es sentencia próxima a la fe.

[157]Para este apartado he seguido a J. A. Sayés: *Cristología Dogmática*, cit., págs. 404–409; F. Ocáriz – L. F. Mateo–Seco – J. A. Riestra: *El Misterio...*, cit., págs. 413–415; I. Solano y J. A. Aldama: *Sacræ...*, cit., págs. 290–291.

- Ro 5:18, "Igitur sicut per unius delictum in omnes homines in condemnationem, sic et per unius iustitiam in omnes homines in iustificationem vitae".

- 1 Jn 2:2, "...et ipse est propitiatio pro peccatis nostris, non pro nostris autem tantum sed etiam pro totius mundi".

- Mt 20:28, "...sicut Filius hominis non venit ministrari sed ministrare et dare animam suam redemptionem pro multis".

La universalidad de la satisfacción fue defendida, lógicamente, por el Magisterio de la Iglesia en varias ocasiones:

- Ya en el año 473, el Concilio de Arlés sostenía:

> "Christum etiam, Deum et Salvatorem nostrum, quantum pertinet ad divitias bonitatis suae, pretium mortis pro omnibus obtulisse, et quia nullum perire velit, qui est Salvator omnium hominum, maxime fidelium, dives in omnibus qui invocant illum (Ro 10:12)...fateor Christum etiam pro perditis advenisse, quia eodem nolente perierunt. Neque enim fas est circa eos solum, qui videntur esse salvati, immensae divitias bonitatis ac beneficia divina concludi. Nam si Christum his tantum remedia adtulisse dicimus, qui redempti sunt, videbimur absolvere non redemptos, quos pro redemptione contempta constat esse puniendos".[158]

- En el año 833 en el Concilio de Quiercy:

---

[158]Corresponde a la Carta de sumisión del presbítero Lúcido, sobre la doctrina de la gracia y la predestinación, *D. S.* 340. Lucido sostuvo que Cristo solo murió por aquéllos de los cuales tenía presciencia que se habrían salvado.

> "Christus Jesus D.N., sicut nullus homo est, fuit vel
> erit, cujus natura in illo assumpta non fuerit, ita nullus
> est, fuit vel erit homo, pro quo passus non fuerit; licet
> non omnes passionis ejus mysterio redimantur".[159]

- En el Concilio de Trento, en el decreto de la Justificación, hace
  un amplio elenco de la fundamentación bíblica, para defender
  esta verdad de fe:

> "...cum venit beata illa 'plenitudo temporis' (Ef
> 1:10; Ga 4:4), ad homines miserit, ut et Judaeos, qui
> sub Lege erant, redimeret, et 'gentes, quae non secta-
> bantur justitiam, justitiam apprehenderent' (Ro 9:30),
> atque omnes 'adoptionem filiorum reciperent' (Ga 4:5).
> Hunc, 'proposuit Deus propitiatorem per fidem in san-
> guine ipsius, pro peccatis nostris' (Ro 3:25), 'non so-
> lum autem pro nostris, sed etiam pro totius mundi'
> (1 Jn 2:2)".[160]

- En 1563 fue, de nuevo, defendida la fe de la Iglesia contra Cornelio Jansenio, quien sostenía que Cristo solo murió por aquéllos
  que de hecho se salvan. Por eso condena la siguiente proposición:

> "Semipelagianum est dicere, Christum pro omni-
> bus omnino hominibus mortuum esse aut sanguinem
> fudisse".[161]

- Y en 1690, Alejandro VIII reiteró la condena, al rechazar la
  siguiente tesis jansenista:

---

[159]Se condenaba la doctrina de Gotteschalcus, que al sostener la doctrina de la
doble predestinación, sostuvo que había hombres por los cuales el Señor no habría
padecido. Cfr. *D. S.* 624.

[160]Decreto *De Iustificatione*, *D. S.* 1522.

[161]Constitución *Cum Occasione*, *D. S.* 2005.

"Christus dedit semetipsum pro nobis oblationem
Deo, non pro solis electis, sed pro omnibus et solis
fidelibus".[162]

18.9.2. Fundamento

Hay pues una solidaridad que llega a la sustitución: Cristo se hace
solidario con los hombres hasta el punto de hacer caer sobre sí, sus-
tituyéndonos todo el peso de las culpas de los hombres. Es la figura
del Siervo de Yahveh. Todas las penas que la humanidad entera había
merecido han sido transferidas a Cristo, no a título de penas, sino a
título de reparación.

El problema es determinar con exactitud la razón de la universalidad de la satisfacción, pues ha sido muy mal interpretada, y no puede
justificarse en base a ideas, por ejemplo, como las de Lutero y su teoría de la sustitución penal, como ya se examinó. Tampoco satisface la
teoría moderna de la solidaridad moral de Cristo con los pecadores,
según la cual Cristo nos habría salvado, no porque nos sustituyera,
sino porque se hizo solidario con nuestra condición pecadora; Cristo
habría llevado sobre sus hombros, junto con los hombres, la carga de
los pecados y así habría ayudado a los hombres a llevarla.

¿Dónde se fundamenta la sustitución de la humanidad entera? ¿De
dónde deriva su universalidad?

1. Para algunos, Cristo asumió la naturaleza humana específica, la
   naturaleza humana como tal, en el sentido platoniano de las esen-
   cias (San Gregorio de Nisa y San Cirilo de Alejandría afirmaban
   que la naturaleza humana es una realidad ideal numéricamente
   una, inmanente en cada uno de los individuos humanos en su
   totalidad y no multiplicable o divisible).

---

[162]Decreto del Santo Oficio sobre errores de los jansenistas, *D. S.* 2304.

2. Para Santo Tomás, la razón de la universalidad proviene de la unión hipostática. La naturaleza humana de Cristo es naturaleza humana de una Persona divina. Sus actos tienen un valor infinito y por tanto universal. Aun siendo limitada su naturaleza humana, sus actos poseen una infinitud gracias a que son del Verbo. Es en la encarnación donde se fundamenta el valor universal de la Redención de Cristo. En cuanto humano, el sacrificio de Cristo se sitúa en un momento único en la historia, pero al mismo tiempo transciende la historia. Es necesario distinguir lo que corresponde a la naturaleza y a la persona. En este sentido, no es necesario que Cristo en la psicología de su naturaleza humana, haya tenido presente todo lo que los hombres hicieran, pensasen o quisieran.

18.9.3. Redención objetiva y subjetiva

La sustitución de Cristo no elimina nuestra cooperación. Una cosa es la Redención objetiva y otra la aplicación subjetiva.[163] L. Ott hace un buen resumen de la cuestión:

"El Dios–Hombre Jesucristo, por medio de su satisfacción vicaria y su mérito redentor, realizó en principio y objetivamente la reconciliación de los hombres con Dios. Cada individuo tiene que recoger y apropiarse esa redención objetiva por medio de la redención subjetiva. El acto de aplicar el fruto de la redención a cada individuo es denominado justificación (δίκαίωσις, *iustificatio*) o santificación (ἁγιασμός, *sanctificatio*). El fruto mismo de la redención recibe el nombre de gracia de Cristo.

---

[163]Cfr. F. Ocáriz – L. F. Mateo–Seco – J. A. Riestra: *El Misterio*..., cit., pág. 413–414; M. J. Scheeben: *Los Misterios*..., cit., V, 2.

El principio de la redención subjetiva es la Santísima Trinidad. Como obra que es del amor divino, la comunicación de la gracia es atribuida al Espíritu Santo, que es el Amor personal y divino, aun cuando sea operada conjuntamente por las tres divinas personas. Pero la redención subjetiva no es únicamente obra de Dios, sino que requiere la libre cooperación del hombre, como corresponde a la índole de la naturaleza humana dotada de razón y libertad.[164] El misterio insondable de la gracia radica en la íntima cooperación y engranamiento de la virtud divina y la libertad humana. Todas las controversias y herejías en torno a la doctrina de la gracia tienen su punto de partida en este misterio.

En su camino hacia la redención subjetiva, Dios no solamente apoya al hombre por medio de un principio intrínseco, la virtud de la gracia, sino también por medio de un principio extrínseco, la actividad de la Iglesia en la doctrina, la dirección y la difusión de la gracia de Cristo por medio de los sacramentos. El fin de la redención subjetiva es conseguir la perfección eterna en la visión beatífica de Dios."[165]

La obra de Cristo alcanza a toda la humanidad de todos los tiempos. Es, en este sentido, universal. Sin embargo, la salvación operada por Cristo no es impuesta a todo ser humano, aún sin su cooperación o sin su conocimiento. Es voluntad de Dios que el hombre quiera libremente aceptar la salvación. Así nos encontramos, de nuevo, con la

---

[164]Cfr. *D. S.* 1529.

[165]L. Ott: *Manual...*, cit., pág. 342. Cfr. también, J. Dörmann: *El Itinerario Teológico de Juan Pablo II hacia la Jornada Mundial de Oración de las Religiones en Asis*, vol I, Buenos Aires, sin f., (el original alemán es de 1990) págs. 66–67.

distinción entre Redención objetiva y subjetiva. El olvido de esta distinción ha llevado a los errores modernistas de la salvación universal, cuando se sostiene que todos los hombres —lo sepan o no, lo quieran o no— gracias a la Muerte y Resurrección de Cristo adquieren el "ser en Cristo", por lo que se puede considerar que los no cristianos son "cristianos anónimos" y la humanidad no cristiana como "cristianismo anónimo". El valor universal de la Redención objetiva no significa que de hecho todo ser humano se salve, sin necesidad de que acepte tal salvación.

Sagrada Escritura

Ciertamente Cristo aparece en la Biblia con un doble carácter:

- Por un lado es el centro de toda la creación, principio y fin de toda la historia humana. En efecto, "todo ha sido creado por Él y para Él. Él es antes que todo y todo subsiste en Él. Él es la cabeza del cuerpo de la Iglesia; Él es el principio, el primogénito de los muertos" (Col 1: 17–18). Toda la creación ha sido fijada en el Logos, todo el género humano se remite a Cristo.

- Por otro lado, y en base a lo anterior, el Nuevo Testamento y toda la Tradición afirman que el Redentor del género humano ha derramado su sangre por todos y que su amor redentor es válido para toda la humanidad. Pues toda la humanidad se encuentra por el pecado original en la desgracia y está radicalmente necesitada de Redención (Ro 3: 9–20). La Iglesia, por tanto, siempre ha enseñado la universalidad objetiva de la Redención, como se recordaba más arriba.

Ahora bien, que el amor redentor de Cristo sea universal no significa, sin embargo, una renuncia a la fe y a la recepción del bautismo (cfr. Jn 3: 16–21) por parte de cada justificado; al contrario, los exige ambos. En cada página del Evangelio Jesús exige la fe como condición de sus curaciones y milagros. El amor redentor universal tiene un carácter decisivo para el hombre, como lo da a entender con toda claridad la orden de misión del Resucitado: "El que creyere y fuere bautizado se salvará, mas el que no creyere se condenará." (Mc 16:16). En Dios la Redención y la gracia de la salvación incluyen el principio de la libertad, precisamente porque se trata del amor entre Dios y el hombre.

Santos Padres

Los Santos Padres afirmaban con claridad la necesidad de la redención subjetiva:

- San Agustín: "El que te ha hecho sin ti, no te salvará a ti, sin ti".[166]

- San Juan Crisóstomo: "...si por gracia dice ¿Por qué no nos salvamos todos? Porque no queréis. Pues la gracia, aunque sea gratuita, salva los que quieren, no a los que no quieren, a los que la rechazan".[167]

Suficiencia y eficacia

En este sentido, la teología escolástica distinguirá entre *suficiencia* y *eficacia* de la satisfacción, para indicar que el Señor satisfizo por todos los hombres en cuanto a lo primero, es decir, en cuanto a la suficiencia, pero no en cuanto a la eficacia. Se distinguirá entre satisfacción universal *in actu primo* y satisfacción particular *in acto secundo*.[168]

---

[166]San Agustín: Sermo 169, 11, 13 (*P. L.*, 38, 923).

[167]San Juan Crisóstomo: *In Epist. ad Rom. 18, 5* (*P. G.*, 60, 579).

[168]Cfr. L. Ott: *Manual...*, cit., pág. 299.

Santo Tomás de Aquino comparará el efecto diferente en cuanto a la universalidad del primer pecado del hombre y de la satisfacción de Jesucristo:

> "...Mors enim Christi est quasi quaedam universalis causa salutis: sicut peccatum primi hominis fuit quasi universalis causa damnationis. Oportet autem universalem causam applicari ad unumquemque specialiter, ut effectum universalis causae percipiat. Effectus igitur peccati primi parentis pervenit ad unumquemque per carnis originem: effectus autem mortis Christi pertingit ad unumquemque per spiritualem regenerationem, per quam homo Christo quodammodo coniungitur et incorporatur. Et ideo oportet quod unusquisque quaerat regenerari per Christum, et alia suscipere in quibus virtus mortis Christi operatur."[169]

Cristo nos dejó su propio sacrificio en la Eucaristía para que lo hagamos nuestro y cooperemos con Él. Y así el Concilio de Trento sostuvo que "aunque Cristo murió por todos, sin embargo no todos reciben el beneficio de su muerte, sino solo aquéllos a los que el mérito de su pasión es otorgado".[170]

La Redención expresada bajo la imagen de la cabeza y del cuerpo, del esposo y de la esposa

Es importante precisar algunas metáforas clásicas sobre la relación de Cristo con la humanidad, que han sido malinterpretadas, en sentido modernista y a favor de la teoría de los cristianos anónimos.

---

[169]Santo Tomás de Aquino: *Summ. contra Gent.*, Lib. IV, cap. 55, n. 28.

[170]*D. S.* 1523. Cfr. *D. S.* 330–339; 340–342; 624; 900–901; 1522.

Se trata de la imagen de *la cabeza y del cuerpo*, del *esposo y de la esposa* que fueron utilizadas tanto por la Sagrada Escritura, como por los Santos Padres y la Teología católica ortodoxa.

M. J. Scheeben profundizó y precisó los términos, como recuerda J. Dörman.[171]

A.– Con respecto a la imagen de Jesucristo como "Cabeza de la humanidad", Scheeben recuerda que aunque ya el género humano, en razón de su descendencia común de Adán, formaba una unidad de especie, sin embargo, Cristo, "el segundo Adán", sobrepasa infinitamente al primero como Hombre–Dios. Por su Encarnación, el Hombre–Dios no solamente ha aceptado y asumido su propia naturaleza humana sino que de este modo se ha apropiado de todo el género humano, lo acogió en Sí y se ha atado y unido a Él. La frase: "Cristo es la Cabeza del género humano" quiere decir, según eso, que la especie humana solo en razón de la Encarnación es acogida, como un todo, en la Persona del Verbo. Se la llama "su Cuerpo" e incluso, en sentido más amplio, el "Cuerpo Místico de Cristo".[172]

Pero es sumamente importante distinguir la unidad de Cristo con todo el género humano como su Cabeza *en sentido amplio* que se opera por la Encarnación, y la unidad de Cristo con la Iglesia, como Cabeza de su Cuerpo Místico *en sentido estricto* que se opera por la Redención. Como dice Dörman:

> "La simple unidad de la cabeza con cada hombre y con todo el género humano que se realiza únicamente por la

---

[171]Las consideraciones que siguen están tomadas de M. J. Scheeben: *Los Misterios del Cristianismo*, Barcelona, Herder, 1957, págs. 385 ss, en el apartado "El Hombre–Dios en sus relaciones con el linaje humano y con el universo"; y de J. Dörman: *El Itinerario...*, cit., págs. 74–80, bajo el epígrafe: "La Redención expresada en la Escritura y la Tradición bajo la imagen de la cabeza y del cuerpo, del Esposo y de la Esposa".

[172]Cfr. M. J. Scheeben: *Los Misterios...*, cit., págs. 385–393.

Encarnación, es sin embargo una unidad muerta considerada bajo el punto de vista de la Redención subjetiva, de la justificación. Ella es simplemente fundamento material, disposición y condición de una unidad viva en el cuerpo místico de Cristo, la Iglesia, por la fe y el bautismo".[173]

B.– Con referencia a la imagen de los desposorios de Jesucristo con la humanidad, los Padres de la Iglesia afirmaban que Cristo aparecería como "el Esposo" de todo el género humano y éste como "la esposa" del Hijo de Dios. Sólo a raíz de la Encarnación llegaron a ser uno en una carne.

Sin embargo, como de nuevo recuerda Scheeben, hay que hacer una distinción: de este matrimonio *en sentido amplio*, que solo se realiza por la Encarnación, se distingue el matrimonio *en sentido estricto* de Cristo, "el Esposo", con su Esposa, la Iglesia. El matrimonio del Hijo de Dios con toda la humanidad es solamente un matrimonio virtual ordenado, o subordinado, al matrimonio formal de Cristo, "el Esposo", con su Esposa, la Iglesia.[174]

C.– Finalmente una vez hecha la distinción entre Redención objetiva y subjetiva, Scheeben hace notar también su relación, al sostener que la vinculación de Cristo con los redimidos a través de la fe y el bautismo (la gracia, la justificación, la redención subjetiva), tiene co-

---

[173] J. Dörman: *El Itinerario...*, cit. pág. 75.

[174] M. J. Scheeben: *Los Misterios...*, cit., págs. 396–398. Explica el autor alemán: El "matrimonio virtual" que se efectúa por la sola Encarnación y sin intervención del hombre no significa en modo alguno la comunicación de la gracia divina, sino solamente la disposición de todo el género humano al "matrimonio formal" de Cristo, "el Esposo", con su Esposa, la Iglesia. Solo el "matrimonio formal" que se produce con el libre consentimiento del hombre por la fe y la recepción del bautismo significa la aplicación de los frutos de la Redención, la comunicación de la vida divina y la incorporación a la Iglesia.

mo sustrato natural la vinculación general de la humanidad con el
Verbo, como "Cabeza". Lo sobrenatural presupone y eleva lo natural.

> "¿Quién va a negar que los hombres en un sentido más
> estricto, tan solo por la fe y el bautismo llegan a ser miem-
> bros del Hombre–Dios? Solamente en la fe se hace *viva* su
> unidad con Cristo, ya que así empieza también el espíritu
> de la Cabeza a operar en ellos, y ellos, por su parte em-
> piezan a aferrarse a la Cabeza y a tender hacia la misma.
> Y solamente en el bautismo se hace *orgánica* la unión de
> los hombres con Cristo, y se revela exterior e interiormente
> en ellos... Pero de una y otra parte la simple unidad del
> cuerpo con Cristo, lejos de tener que establecerse enton-
> ces, ya se presupone. Si la unidad se hace viva en la fe,
> entonces la unidad material, muerta, tenía que existir ya,
> susceptible de ser vivificada."[175]

La interpretación modernista

Aún cuando la teología clásica trata del misterio de la Redención
utilizando las imágenes del "Primero y segundo Adán", de la "Cabeza
y del cuerpo", del "Esposo y de la esposa", no descuida las diferencias
fundamentales y necesarias entre Redención objetiva y subjetiva. La
terminología corresponde a la exposición gráfica, pero tiene en cuenta
las diferencias.

Sin embargo, la teología modernista extiende por principio la relación nupcial de la gracia, tal como ella existe entre Cristo y su Iglesia,
a todo hombre y, con ello, a toda la humanidad, no haciendo distinción
entre el amor del Redentor y Esposo de la humanidad y el amor del
Redentor y Esposo de la Iglesia. Más bien pone énfasis en que se trata

---

[175]M. J. Scheeben: *Los Misterios...*, cit., pág. 398.

de un solo amor que se aplica a todo hombre y, con ello, a todo el género humano. Esta teología, de la misma manera que dice de la Iglesia,
sostine que la humanidad aparece como *Sponsa Christi*, sin distinguir
entre el "sentido amplio" y el "sentido estricto" de la expresión.

La crítica de A. Gálvez

A. Gálvez ha señalado que el origen del rechazo de la distinción
entre la Redención objetiva y la subjetiva se encuentra en la teología
protestante, con su tesis sobre la corrupción irreparable de la naturaleza humana tras el pecado original, de modo que ya no es capaz de
hacer ninguna obra buena; por tanto no puede esperarse que la naturaleza caída pueda responder al ofrecimiento salvador de Jesucristo,
sino es únicamente con la *sola fides*. Las relaciones con Dios se vuel-
ven unilaterales: solo Dios actúa; por parte del hombre no puede haber
correspondencia alguna:

> "El momento culminante de esta particular crisis tuvo
> lugar con la aparición de la Reforma Protestante. Cuando
> algunos creyeron descubrir que a la naturaleza humana,
> dañada intrínseca e irreparablemente por el pecado, inca-
> paz de realizar actos buenos, ya no le restaba otro camino
> de salvación que la *sola fides*. Y así fue como el hombre de
> pronto se contempló a sí mismo como enteramente desnudo
> ante Dios; como en los primeros momentos del Edén, pero
> ahora sin inocencia. Desde entonces, el problema de la sal-
> vación dejó de ser algo que, por libre y generosa decisión
> divina, a través de la Gracia, habría de realizarse entre los
> dos —Dios y el hombre, cooperando mano a mano—, para
> quedar ahora solamente en las manos de Dios. A partir de
> ese instante, al hombre no le quedaba otra cosa que *confiar*
> en la Divina Misericordia, sin reconocer que le había sido

otorgado el don de cooperar en tan sublime operación. Dicho de otra manera, había llegado el momento en que todo dependía del Esposo, sin que la esposa a su vez pudiera corresponder por su parte. La bilateralidad, o relación entre dos, había sido sustituida por la triste y (como arbitraria) unilateralidad de solo uno".[176]

Esto supone desconocer en absoluto lo que es Dios como Amor substancial, y por tanto, la esencia más profunda del cristianismo y lo que constituye la realidad más importante del universo entero.

"La relación (amorosa) de reciprocidad y bilateralidad, de entregar y recibir, quedaba destruida..., y con ella también cualquier posibilidad que diera acceso a la Alegría. La relación de mutua donación, de intimidad y amistad Esposo–esposa, quedaba reducida a la estricta y gélida de Señor–siervo. El arrullo enamorado de ruiseñor, a través del cual podían escucharse las dulces palabras de *ya no os llamaré siervos, sino amigos,*[177] había quedado silenciado para siempre".[178]

Con lo cual queda, no solo desfigurada la realidad más sublime del Dios Trinitario, sino también destruida la más grande vocación del ser humano, que ya no es nunca más contertulio y partner de Dios, amigo de verdad o la maravilla expresada en la figura de la esposa de El Cantar de los Cantares:

"La esposa se encontraba ahora sin posibilidad de *responder y corresponder* al Esposo, de encontrarse con Él en

---

[176] A. Gálvez: *Siete...*, cit., Vol. 1, págs. 120–121.

[177] Jn 15:15.

[178] A. Gálvez: *Siete...*, cit., Vol. 1, pág. 121.

el plano de un mismo lugar (*Para que, donde yo estoy, estéis también vosotros... No os dejaré huérfanos, sino que volveré a vosotros*).[179] Ya no tendrían sentido aquellas palabras, casi celestiales, que la esposa dirigía al Esposo:

> *Ven, amado mío, vámonos al campo;*
> *haremos noche en las aldeas...,*
> *y allí te daré mis amores.*
> *Ya dan su aroma las mandrágoras*
> *y abunda en nuestras huertas*
> *toda suerte de frutos exquisitos.*
> *Los nuevos, los añejos, que guardo, amado mío,*
> *para ti.*[180]

¿Cómo podría ahora la esposa invitar al Esposo a ir junto con ella a *nuestras huertas*? Y peor aún: ¿Cómo podría ella alegrar al Esposo asegurándole —cosas de los enamorados— que había *guardado para Él los frutos añejos y también los nuevos*?

Ya no sería posible volver a escuchar las dulces palabras con las que, a través de siglos y siglos, la esposa invitaba e inundaba de felicidad al Esposo:

> *Llévanos tras de ti, corramos.*
> *Introdúcenos, rey, en tus cámaras,*
> *y nos gozaremos y regocijaremos contigo,*
> *y cantaremos tus amores, más suaves que el vino.*
> *Con razón eres amado.*[181]

---

[179]Jn 14: 3.18.

[180]Ca 7: 12–14.

[181]Ca 1:4.

No pueden existir *relaciones* de gozo y de regocijo donde no hay una *relación* de amor. La cual es siempre cosa de dos que se corresponden mutuamente: se hablan y se escuchan, se miran y se contemplan, entregan y reciben, se tratan como un *tú* y un *yo* donde todo lo del uno es del otro y lo del otro es del uno, y donde si alguno no puede o no quiere *entregar*, el otro tampoco quiere ni puede *recibir*. En una palabra, ya no hay posibilidad de *entregar*. Pero si se tiene en cuenta que *hay más alegría en "dar" que en recibir...*,[182] ¿dónde queda entonces la Alegría?"[183]

18.10. Relación actual de la salvación de Cristo con la humanidad

Aquí están relacionados varios temas que ya se han tratado. Cristo no es el Maestro que hizo su obra y volvió al Cielo para desentenderse de nosotros. Sigue presente y obrando entre los hombres. Cristo no desaparece del horizonte de los hombres tras su Ascensión porque es la Cabeza del Cuerpo Místico que es su Iglesia. Tal presencia se puede comprobar y detallar desde diferentes perspectivas. A esto hace referencia lo estudiado en:

1. La Redención objetiva del Señor y su relación con la Redención subjetiva.[184]

2. Su presencia virtual de Cristo en el hombre justificado en gracia.[185]

---

[182]Hech 20:35.

[183]A. Gálvez: *Siete...*, cit., Vol. 1, págs. 121–122.

[184]Cfr. *supra*, cap. 18.9.

[185]Cfr. el tratado de gracia. Cfr. la inhabitación de la Santísima Trinidad en el justo en J. A. Jorge: *Dios Uno...*, cit., cap. 13.

3. Su presencia substancial y real eucarística.[186]

4. Su gracia capital.[187]

5. Cristo como causa eficiente de nuestra salvación.[188]

6. Su sacerdocio eterno para interceder por nosotros ante el Padre.[189]

7. La espera de la Parusía del Señor, aspecto que se estudia en el tratado de Escatología.

8. Cristo Juez de vivos y muertos.[190]

18.11.   Conclusión

Baste como conclusión la brillante respuesta a la objeción tercera de la cuestión 48 de la Tercera Parte de la Suma, donde el Aquinate resume con su habitual claridad la relación y diferencia que existe entre los conceptos que hemos estudiado al profundizar en la naturaleza de la salvación operada por Jesucristo, y que ya recordábamos al inicio de todas estas disquisiciones: la pasión de Cristo, en cuanto vinculada con su Divinidad, obra por vía de eficiencia; pero, en cuanto referida a la voluntad del alma de Cristo, obra por vía de mérito; vista en la carne de Cristo, actúa a modo de satisfacción, en cuanto que por ella somos liberados del reato de la pena; a modo de Redención, en cuanto que mediante la misma quedamos libres de la esclavitud de la

---

[186]Cfr. el tratado de Eucaristía.

[187]Cfr. *supra* 11.5 y 16.5. Cfr. Pio XII: Enc. *Mystici Corporis* del 29 de junio de 1943.

[188]Cfr. *supra*, cap. 18.7.

[189]Cfr. *supra*, cap. 11.

[190]Cfr. *supra*, 16.6.

culpa; y a modo de sacrificio, en cuanto que por medio de ella somos reconciliados con Dios. En efecto:

> "... passio Christi, secundum quod comparatur ad divinitatem eius, agit per modum efficientiæ; inquantum vero comparatur ad voluntatem animæ Christi, agit per modum meriti; secundum vero quod consideratur in ipsa carne Christi, agit per modum satisfactionis, inquantum per eam liberamur a reatu poenæ; per modum vero redemptionis, inquantum per eam liberamur a servitute culpæ; per modum autem sacrificii, inquantum per eam reconciliamur Deo, ut infra dicetur".[191]

---

[191] Santo Tomás de Aquino: *Summ. Theol.*, IIIª, q. 48, a. 6, ad 3.

Bibliografía

Bibliografía

[1] K. Adam: *El Cristo de Nuestra Fe*, Herder, Barcelona, 1958.

[2] P. Agaesse: *L'Antropologie Chretienne selon Sain Augustin: Image, Liberté, Péché et Grace, Centre Sèvres*, Centre Sèvres, Paris, 1986.

[3] P. de Alcántara Martínez: *Soteriología*, en GER, vol. XXI, págs. 632–637, Rialp, Madrid, 1979.

[4] J. A. Aldama: "Los Dones del Espíritu Santo. Problemas y Controversias en la Actual Teología de los Dones", *Revista Española de Teología*, 9 (1949) 3–30.

[5] E. B. Allo: "Les Dieux Sauverus du Paganisme Grèco–Romain", *Revue des Sciences Philosophiques et Theologiques*, 15 (1926) 5–34.

[6] J. Alonso Díaz: *Cuerpo Místico. I Sagrada Escritura*, en GER, vol. VI, págs. 852–854, Rialp, Madrid, 1979.

[7] L Alonso y Cl. Basevi: "La cristología de Louis Bouyer", *Scripta Theologica*, 11 (1) (1979) 49–67.

[8] P. Altaner: *Patrología*, Herder, Madrid, 1962.

[9] É. Amann: *Honorius I*, en DTC, vol. VII, págs. 93–132, Les éditions Letouzey et Ané, Paris, 1903–1925.

[10] É. Amann: *Nestorius*, en DTC, vol. XI, págs. 76–157, Les éditions Letouzey et Ané, Paris, 1903–1925.

[11] É. Amann: *Trois Chapitres*, en DTC, vol. XV, págs. 1868–1924, Les éditions Letouzey et Ané, Paris, 1903–1925.

[12] É. Amann: *Vigile, Pape,*, en DTC, vol. XV, págs. 2994–3005, Les éditions Letouzey et Ané, Paris, 1903–1925.

[13] É. Amann: "L'Adoptianisme espagnol du VIII siècle", *Rev. des Sciences Religieuses*, 16 (1936) 281–317.

[14] A. Amato: *Jesús, el Señor*, BAC, Madrid, 2009.

[15] G. A. Anderson: *Sacrifice and Sacrificial Offerings (OT), en "A. B. Beck – D. N. Freedman – G. A. Herion, The Anchor Bible Dictionary", págs. 870–886*, Doubleday an Co., New York, 1992.

[16] A. M. Appollonio: "Maria Santissima Mediatrice de Tutte le Grazie: la Natura dell'influsso della Beata Vergine nell'Applicazione della Redenzione", *Immaculata Mediatrix*, VII-2 (2007) 157–181.

[17] J. Arendzen: *Docetae*, en The Catholic Encyclopedia, vol. V, Robert Appleton Company; online Edition Copyright © 1999 by Kevin Knight, New York, 1907.

[18] L. Arnaldich: *Protoevangelio*, en GER, vol. XIX, págs. 300–302, Rialp, Madrid, 1979.

[19] S. Aznar Tello: *San Cirilo de Alejandría*, en GER, vol. V, págs. 666–669, Rialp, Madrid, 1979.

[20] Catao B.: *Salut et Redemption chez S. Thomas d'Aquin*, Aubier, Paris, 1965.

[21] F. J. Bacchus: *Three Chapters*, en The Catholic Encyclopedia, vol. XIV, Robert Appleton Company; online Edition Copyright © 1999 by Kevin Knight, New York, 1907.

[22] E. Bailleux: "L'impeccable Liberté du Chirst", *Revue Thomiste*, 67 (1967) 5–28.

[23] R. Banks: *Jesus and the Law in the Synoptic Tradition*, Cambridge Universtiy Press, Cambridge, 2005.

[24] G. Bareille: *Docétisme*, en DTC, vol. IV, págs. 1484–1501, Les éditions Letouzey et Ané, Paris, 1903–1925.

[25] J. Barrio Gutiérrez: *Pesimismo*, en GER, vol. XVIII, págs. 417–419, Rialp, Madrid, 1979.

[26] D. Barthélemy: *God and His Image: An Outline of Biblical Theology*, Ignatius Press, San Francisco, 2007.

[27] J. L. Bastero de Eleizalde: *María, Madre del Redentor*, Eunsa, Pamplona, 1995.

[28] E. Bellini: *Su Cristo: Il Grande Dibattito nel Quarto Secolo*, Jaca Book, Milán, 1978.

[29] E. Benavent Vidal: "El Misterio Pascual en la Teología Reciente", *Staurus*, 37 (2002) 5–32.

[30] J. B. Berchem: "Le Christ Sanctificateur d'après Saint Athanase", *Angelicum*, 15 (1938) 549 ss.

[31] P. Beskow: *Rex Gloriae. The Kingship of Christ in the Early Church*, Almquist and Wiksell, Estocolmo, 1962.

[32] L. Billot: *De Verbo Incarnato: Commentarius in Tertiam Partem S. Thomae*, ex Typographia polyglotta, Romae, 1895.

[33] L. Billot: *De Verbo Incarnato*, Aedes Universitatis Gregorianae, Romae, 1927.

[34] I. Bochet: *Saint Augustin et le Désir de Dieu*, Études Augustiniennes, Paris, 1982.

[35] P. E Bonnard: *De la Sagesse Perdonnifiée dans L'Ancien Testament à la Sagesse en Personne dans le Nouveau*, en en M. Gilbert: "La Sagesse de l'Ancien Testament", págs. 117–149, Leuven University Press, Gembloux, 1979.

[36] P. Bonoist D'Azy: "Le Christ et ses Anges dans l'Oeuvre de St. Thomas", *Bull. de Littérature Eccles.*, (1943) 101–117.

[37] M. Bosco: *La Scienza Umana del Cristo in S. Tommaso e S. Bonaventura. Divergenze e Concordanza*, Napoles, 1954.

[38] B. Botte: "Deus meus, Deus meus, ut quid dereliquisti me?", *Questions Liturgiques et Paroissiales*, 11 (1926) 105 ss.

[39] H. Boüesé: "Causalité, Efficiente et Causalité Méritoire de l'Humanité du Christ", *Revue Thomiste*, 44 (1938) 256–298.

[40] D. Bourmaud: *Cien Años de Modernismo*, Fundación San Pio X, Buenos Aires, 2006.

[41] L. Bouyer: *Le Fils Eternel, Théologie de la Parole de Dieu et Christologie*, Editions du Cerf, Paris, 1974.

[42] M. Brugarolas: "Ser, Persona y Conciencia. Análisis de los Manuales Recientes de Cristología en Lengua Castellana", *Scripta Theologica*, 45 (2013) 759–783.

[43] E. Bueno: "Cristología", *Burgense*, 34 (1993) 131–166.

[44] E. Bueno: *Cristología*, en AA.VV. "Teología en el Tiempo", págs. 203–238, Aldecoa, Burgos, 1994.

[45] J. Caba: *El Jesús de los Evangelios*, BAC, Madrid, 1977.

[46] Th. Camelot: *Éfeso y Calcedonia*, Ed. Eset, Vitoria, 1971.

[47] F. Canals Vidal: *Cuestiones de Fundamentación*, Ediciones de la Universidad de Barcelona, Barcelona, 1981.

[48] A. Caquot: *Le Messianisme Qumrânien*, en Delcor: "Qumrâm, Sa Pieté, sa Théologie et son Milieu,", págs. 213–246, Duculot, Paris–Gemblous, 1978.

[49] C. Cardona: *Metafísica de la Opción Intelectual*, Rialp, Madrid, 1973.

[50] C. Cardona: *Metafísica del Bien y del Mal*, Eunsa, Pamplona, 1987.

[51] C. Cardona: "Filosofía y Cristianismo en el Centenario de Heidegger", *Cuadernos del Instituto Teológico Balmesiano. Espíritu*, 38 (1989) 101–114.

[52] C. Cardona: *Olvido y Memoria del Ser*, Eunsa, Pamplona, 1997.

[53] A. Caron: "Evolution de la Doctrine de la Science du Christ dans St. Augustin et St. Thomas", *Rev. Univ. Ottawa*, 1 (1931) 84–107.

[54] A. Caron: "Evolution de la Doctrine de la Science du Christ dans St. Augustin et St. Thomas", *Eph. Theol. Lov.*, 18 (1941) 6–14.

[55] J. M. Casciaro: *Estudios sobre la Cristología del Nuevo Testamento*, Eunsa, Pamplona, 1982.

[56] J. M. Casciaro y J. M. Monforte: *Jesucristo Salvador de la Humanidad. Panorama Bíblico de la Salvación*, Eunsa, Pamplona, 1996.

[57] E. Cases: *Cristología Breve*, Eunsa, Pamplona, 2003.

[58] F. Cavallera: "Le Décret du Concile de Trente sur la Péché Originel", *Bulletin de Littérature Ecclésiastique*, 5 (1913) 241–258. 283–315.

[59] L. Cerfaux: "Le Titre "Kyrios" et la Dignité Royale de Jésus", *Sciences Philosophiques et Théologiques*, 11 (1922) 40–71.

[60] L. Cerfaux: *Le Christ dans la Théologie de Saint Paul*, Cerf, Paris, 1951.

[61] L. Cerfaux: *Jesucristo en San Pablo*, Desclée, Bilbao, 1960.

[62] C. Chopin: *El Verbo Encarnado y Redentor*, Herder, Barcelona, 1969.

[63] P. Chrysostome: *Christus, Alpha et Omega, seu de Christi Universali Regno*, Berges, Lille, 1910.

[64] P. Chrysostome: *Le Motif de l'Incarnation et les Principaux Thomistes Contemporains*, Cattier, Tours, 1921.

[65] R. de la Cierva: *Las Puertas del Infierno. Historia de la Iglesia Jamás Contada*, Fenix, Toledo, 1995.

[66] T. E. Clarke: "S. Augustine end Cosmic Redemption", *Theological Stududies*, 19 (1958) 133–164.

[67] F. Claverie: "La Science du Christ", *Revue Thomiste*, 16 (1908) 385–410.

[68] F. Claverie: "La Science du Christ", *Revue Thomiste*, 17 (1909) 50–78.

[69] F. Claverie: "La Science du Christ", *Revue Thomiste*, 18 (1910) 776–779.

[70] F. Claverie: "La Science du Christ", *Revue Thomiste*, 19 (1911) 303–313.

[71] A. Colunga: *Tratado de la Vida de Cristo en "Suma Teológica de Santo Tomás de Aquino", vol. XII*, BAC, Madrid, 1960.

[72] J. L. Comellas: *La Tierra, un Planeta Diferente*, Rialp, Madrid, 2008.

[73] J. Coppens: "Le Fils d'Homme Daniélique et les Relectures de Dan. VII", *Ephemerides Theologicae Lovanienses*, 93 (1961) 5–51.

[74] J. Coppens: *Le Messianisme Royal. Ses Origines. Son Développement. Son Accomplissement*, Cerf, Paris, 1968.

[75] J. Coppens: "Les Origines du Symbole du Fils de l'Homme en Dan VII", *Ephemerides Theologicae Lovanienses*, 100 (1968) 497–502.

[76] M. Cuervo: "El Yo de Jesucristo", *La Ciencia Tomista*, 82 (1955) 105–123.

[77] M. Cuervo: *Tratado del Verbo Encarnado en "Suma Teológica de Santo Tomás de Aquino," vol. XI*, BAC, Madrid, 1960.

[78] A. D'Ales: *De Verbo Incarnato*, Beauchesne, Parisiis, 1930.

[79] J. Daniélou: *Cristo e Noi*, Paulina, Alba, 1968.

[80] A. Darquennnes: "La Définition de l'Eglise d'après St. Thomas d'Aquin", *L'Organisation Corporative du Moyen Âge à la Fin de l'Ancien Régime*, (1953) 1–43.

[81] P. G. Davis: "Divine Agents, Mediators, and the New Testament Christology", *The Journal of Theological Studies*, 45 (1994) 479–503.

[82] J. De Freitas Ferreira: *Conceição Virginal de Jesus*, PUG, Roma, 1980.

[83] I. de Guzmán Vicente: *Dios IV, La Bondad de Dios*, en GER, vol. VII, págs. 830–833, Rialp, Madrid, 1979.

[84] H. de Lubac: *El Drama del Humanismo Ateo*, Encuentro, Madrid, 1990.

[85] R. De Mattei: *The Second Vatican Council (An Unwritten Story)*, Loreto Publications, New Hampshire, 2012.

[86] R. de Vaux: *Les Sacrifices d l'Ancien Testament*, Gabalda, Paris, 1964.

[87] C. J. de Vogel: *A los Católicos de Holanda, a Todos*, Eunsa, Pamplona, 1975.

[88] U. Degl'Innocenti: *Il Problema della Persona nel Pensiero de S. Tomaso*, Librería Editrice della Pontificia Universitá Lateranense, Roma, 1967.

[89] N. Den Bok: *Communicating the Most High. A Systematic Study of Person and Trinity in the Theology of Richard of St. Victor*, Brepols Publishers, Paris–Turnhout, 1996.

[90] E. Dhanis: "De Filio Hominis in V. T. et in Judaismo", *Gregorianum*, 45 (1964) 5–59.

[91] E. Dhanis, J. Visser y H. J. Fortmann: *Las Correcciones al Catecismo Holandés*, BAC, Madrid, 1969.

[92] A. Diez Macho: *La Resurrección de Cristo y del Hombre en la Biblia*, Fe católica, Madrid, 1977.

[93] F. J. Dörmann: *Pope John Paul II Theological Journey, 3 vols.*, Angelus Press, Kansas City, 2007.

[94] A. M. Dubarle: "La Connaissance Humane du Christ d'aprês Saint Agustin", *Ephemerides Theologicae Lovanienses*, 18 (1941) 5–25.

[95] E. Dublanchy: *Marie*, en DTC, vol. IX, págs. 2339–2474, Les éditions Letouzey et Ané, Paris, 1903–1925.

[96] A. Ducay: "Revelación y Salvación. Incidencia de la Noción de Revelación en la Orientación Actual de la Teología de la Cruz", *XVIII Simposio Internacional de Teología de la Universidad de Navarra (1997)*, (1998) 449–463.

[97] A. Ducay: "Examen de la Soteriología Contemporánea", *Annales Theologici*, 25 (2011) 123–188.

[98] J. Dupont: *La Réconciliation dans la Théologie de S. Paul*, Brujas, 1953.

[99] A. Durand: "La Liberté du Christ dans son Rapport à l'Impeccabilité", *Nouvelle Revue théologique*, 70 (1948) 811–822.

[100] A. Durand: "La Science du Christ", *Nouvelle Reviste Théologique*, 71 (1949) 497–503.

[101] G. Emery: *La Teología Trinitaria de Santo Tomás de Aquino*, Secretariado Trinitario, Salamanca, 2008.

[102] J. Espeja Pardo: *Tratado Del Verbo Encarnado. Introducción a las cuestiones 1–59*, en Santo Tomás de Aquino: Suma de Teología, vol. V, BAC, Madrid, 2001.

[103] F. L. F. Mateo–Seco J.A. Riestra F. Ocariz: *El misterio de Jesucristo*, Eunsa, Navarra, 1991, 1993, 2004.

[104] C. Fabro: *La Svolta Antropologica di Karl Rahner*, Rusconi, Milán, 1974.

[105] C. Fabro: *La Aventura de la Teología Progresista*, Eunsa, Navarra, 1976, Interesante sitio en la web: /www.corneliofabro.org.

[106] C. Fabro: *El viraje antropológico de Karl Rahner*, Ediciones CIAFIC, Buenos Aires, 1981.

[107] D. Fahey: *The Kingship of Christ According to the Principies of S. Thomas*, London: Browne and Nolan Ltd., Dublín, 1931.

[108] A. Fernández: *Teología Dogmática*, BAC, Madrid, 2009.

[109] F. J. Fernández Conde: *Modalismo*, en GER, vol. XVI, págs. 89–91, Rialp, Madrid, 1979.

[110] J. Ferrer: "Sobre la Inteligencia Humana de Cristo. Examen de las Nuevas Tendencias", *XVIII Simposio Internacional de Teología de la Universidad de Navarra. Cristo y el Dios de los Cristianos, Hacia una Comprensión Actual de la Teología*, ed. J. Morales et al., (1998) 465–517.

[111] L. Ferreti: "De Christo Deo et Homine Pulchritudinis Prototypo Iusta Doctrinam D. Thomae Aquinatis", *"Xenia Thomistica,"*, vol. 2 (1925) 318–333.

[112] A. Feuillet: "Le Fils de l'Homme de Daniel et la Tradition Biblique", *Revue Biblique*, 60 (1953) 170–202; 321–346.

[113] A. Feuillet: *Le Christ Sagesse de Dieu d'après les Épîtres Pauliniennes*, Gabalda, Paris, 1966.

[114] A. Feuillet: "Les 'ego eimi' Christologiques du Quatrème Évangile", *Recherches de Science Religieuse*, 54/1 (1966) 5ss.

[115] A. Feuillet: *El Prólogo del Cuarto Evangelio*, Paulinas, Madrid, 1970.

[116] A. Feuillet: *Christologie Paulinienne et Tradition Biblique*, Desclée, Paris, 1973.

[117] A. Feuillet: *The Priesthood of Christ and his Ministers*, Doubleday, Garden City, 1975.

[118] A. Feuillet: "Le Coupe et le Baptême de la Passion", *Revue Biblique*, 74 (1976) 356–391.

[119] A. Feuillet: "La Science de Vision de Jésus et les Évangiles", *Doctor Communis*, 36 (1983) 158–179.

[120] R. Feuillet: "Le Logion sur la Rançon", *Rev. Scien. Phil. Theol.*, 51 (1967) 368–379.

[121] R. Feuillet: *Jésus et sa Mère d'après les Rècits Lucaniens de l'enfance et d'après Saint Jean*, Gabalda, Paris, 1974.

[122] E. Forment: *Ser y Persona*, PPU, Barcelona, 1983.

[123] D. Fraikin: *Resemblance et Image de Dieu*, en "Dictionnaire de la Bible Supplement," por H. Cazelles, L. Pirot, A. Robert, etc., Letouzey et Ane, Paris, 1928.

[124] J. Galot: "La Descent du Christ aux Enfers", *Nouveau Revue Théologique*, 93 (1961) 471–491.

[125] J. Galot: "Dymanisme de l'Incarnation. Au–delà de la Formule de Chalcédoine", *Nouvelle Revue Theologique*, 93 (1971) 225–244.

[126] J. Galot: *La persona de Cristo*, Ed. Mensajero, Bilbao, 1971.

[127] J. Galot: *Cristo Contestato*, Libreria Editrice Fiorentina, Firenze, 1979.

[128] J. Galot: *¡Cristo! ¿Tú, quién eres?*, C.E.T.E, Madrid, 1982.

[129] P. Galtier: "Obéissant Jusq'á la Mort", *Revue d'Ascétique et de Mystique*, 1 (1920) 113–149.

[130] P. Galtier: "L'Enseignement de Pères sur la Vision Béatifique dans le Christ", *Recherches de Science Religieuse*, 15 (1925) 54–62.

[131] P. Galtier: *De Incarnatione ac Redemptione*, Beauchesne, Paris, 1947.

[132] A. Gálvez: *Comentarios al Cantar de los Cantares*, vol. I, Shoreless Lake Press, New Jersey, 1994.

[133] A. Gálvez: *El Amigo Inoportuno*, Shoreless Lake Press, New Jersey, 1995.

[134] A. Gálvez: *The Importunate Friend*, Shoreless Lake Press, New Jersey, 1998.

[135] A. Gálvez: *Comentarios al Cantar de los Cantares*, vol. II, Shoreless Lake Press, New Jersey, 2000.

[136] A. Gálvez: *Esperando a Don Quijote*, Shoreless Lake Press, New Jersey, 2007.

[137] A. Gálvez: *Homilías*, Shoreless Lake Press, New Jersey, 2008.

[138] A. Gálvez: *Apéndice a las Notas sobre la Espiritualidad de la Sociedad de Jesucristo Sacerdote*, memorándum, Murcia, 2009.

[139] A. Gálvez: *Disputationes Sobre el Amor Divino–Humano*, Memorandum, Murcia, 2009.

[140] A. Gálvez: *Siete Cartas a Siete Obispos, Vol 1*, Shoreless Lake Press, New Jersey, 2009.

[141] A. Gálvez: *El Invierno Eclesial*, Shoreless Lake Press, New Jersey, 2011.

[142] A. Gálvez: *Sociedad de Jesucristo Sacerdote. Notas y Espiritualidad*, Shoreless Lake Press, New Jersey, 2012.

[143] A. Gálvez: *El Misterio de la Oración*, Shoreless Lake Press, New Jersey, 2014.

[144] A. Gálvez: *Siete Cartas a Siete Obispos, Vol 2*, Shoreless Lake Press, New Jersey, 2015.

[145] R. García de Haro: *Historia Teológica del Modernismo*, Eunsa, Pamplona, 1972.

[146] R. García de Haro: *Modernismo Teológico*, en GER, vol. XVI, págs. 139–147, Rialp, Madrid, 1979.

[147] J. M. García Pérez: *Los Orígenes Históricos del Cristianismo*, Encuentro, Madrid, 2007.

[148] R. Garrigou–Lagrange: *De Christo Salvatore. Commentarius in III partem Summae Theologicae Santi Tomae*, Marietti, Torino, Paris, 1945.

[149] R. Garrigou–Lagrange: "De Concordia Liberae Obedientiae Christe cum eius Impeccabilitate", *Acta Pontificiae Academiae S. Thomae Aquinatis*, 12 (1946) 86–105.

[150] R. Garrigou–Lagrange: *Christ The Saviour – A Commentary on the Third Part of St Thomas' Theological Summa*, Herder (reimpreso en ex fontibus Co.), St. Louis, 1950 (Reimpr. 2012).

[151] A. Gaudel: *Kénose*, en DTC, vol. VIII, págs. 2339–2342, Les éditions Letouzey et Ané, Paris, 1903–1925.

[152] A. Gaudel: *Sacrifice*, en DTC, vol. XIV, págs. 298–392, Les éditions Letouzey et Ané, Paris, 1903–1925.

[153] G. de Gier: *La Science Infuse du Christ d'après S. Thomas d'Aquin*, Tilburg, 1941.

[154] P. Glorieux: "Le Mérite du Christ selon St. Thomas", *Recherches de Science Religieuse*, 10 (1930) 622–649.

[155] E. Gómez: "El Influjo Vital de Cristo–Cabeza según Santo Tomás de Aquino", *Estudios*, 4 (1948) 79–95.

[156] D. Gonzalo Maeso: *Mesianismo*, en GER, vol. XV, págs. 592–595, Rialp, Madrid, 1979.

[157] R. Graber: *Athanasius and the Church of our Time*, Van Duren Contract Publications, Inglaterra, 1974.

[158] D. Gracia Guillén: "Persona y comunidad: de Boecio a Tomás de Aquino", *Cuadernos Salmantinos de Filosofía*, 11 (1984) 63–106.

[159] P. Grelot: *Les Poèmes du Serviteur. De la Lecture Critique à l'Herméneutique*, Cerf, Paris, 1981.

[160] P. Grelot: *Relación entre el Antiguo y el Nuevo Testamento en Jesucristo*, en P. Grelot y B. O'Collins: "Problemas y Perspectivas de Teología Fundamental,", págs. 272–299, Salamanca, 1982.

[161] P. Grelot: *I Canti del Servo del Signore*, EDB, Bologna, 1983.

[162] A. Grillmeier: *Le Christ dans la Tradition Chrétienne*, Les Editions du Cerf, Paris, 1973.

[163] V. Grossi: *Lineamenti di Antropologia Patristica*, Ed. Borla, Roma, 1983.

[164] V. Grumel: *Léonce de Byzance*, en DTC, vol. IX, págs. 400–426, Les éditions Letouzey et Ané, Paris, 1903–1925.

[165] M. Guerra: *Mitra*, en GER, vol. XVI, págs. 75–76, Rialp, Madrid, 1979.

[166] B. R. Habernas: "Experiences of the Risen Jesus: the Foundational Historical Issue in the Early Proclamation of the Resurrection", *Dialog: A Journal of Theology*, 45 (2006) 288–297.

[167] B. R. Habernas: *Mapping the Recent Trend Towards the Bodily Resurrection Appearances of Jesus in Light of Other Prominent Critical Positions*, en R. Stewart (ed.)*"Resurrection of Jesus. John Dominic Crossan an de N. T. Wright in Dialogue"*, Fortress Press, Minneapolis, 2006.

[168] H. Hamman: *L'Homme, Image de Dieu. Essai d'une Antropologie Chrétienne dans L'Eglise des Cinq Premiers Siècles*, ed. Descleé, Paris, 1987.

[169] L. Hardy: *La Doctrine de la Rédemption chez Saint Thomas*, Desclée de Brouwer, Paris, 1936.

[170] A. de Haulleux: "La Définition Christologique à Chalcédoine",
      Revue Théologique de Louvain, 7 (1976) 3–23; 115–170.

[171] C. Héris: *St. Thomas d'Aquin. Somme Théologique. Le Verbe
      Incarné, 2 vols.*, Paris, 1927–1933.

[172] F. Holtz: "La Valeur Sotériologique de la Résurrection du Christ
      selon Saint Thomas", *Ephemerides Theologicae Lovanienses*, 29
      (1953) 609–645.

[173] V. Holzer: *Le Dieu Trinité dans l'Histoire. Le différend Théolo-
      gique Balthasar–Rahner*, Cerf, Paris, 1995.

[174] L. Iammarrone: "La Visione Beatifica di Cristo Viatore nel Pen-
      siero de San Tommaso", *Doctor Communis*, 36 (1983) 287–330.

[175] J. Ibáñez Ibáñez: *Nestorio y Nestorianismo*, en GER, vol. XVI,
      págs. 758–761, Rialp, Madrid, 1979.

[176] J. Ibáñez y F. Mendoza: *Dios Santificador: I La Gracia*, Palabra,
      Madrid, 1983.

[177] J. Ibáñez y F. Mendoza: *Dios Uno en Esencia*, Palabra, Madrid,
      1987.

[178] J. L. Illanes Maestre: "Presupuestos para una Teología del Mun-
      do. Análisis del Intento Teológico de Johann Baptist Metz",
      Scripta Theologica, 3 (1971) 425–474.

[179] J. L. Illanes Maestre: *Cristianismo, Historia y Mundo*, Eunsa,
      Pamplona, 1973.

[180] J. L. Illanes Maestre: *Jesucristo III. Jesucristo en el Dogma y en
      la Teología. 2 Cristo Dios y Hombre*, en GER, vol. XIII, págs.
      439–453, Rialp, Madrid, 1979.

[181] J. L. Illanes Maestre: *La Ley de Cristo*, en GER, vol. XIV, págs. 262–267, Rialp, Madrid, 1979.

[182] C. Izquierdo: "Cómo se ha Entendido el "Modernismo Teológico." Discusión Historiográfica", *Anales de Historia de la Iglesia*, 16 (2007) 35–75.

[183] J. I. Jenkins: *Knowledge and faith in Thomas Aquinas*, Cambridge University Press, Cambridge, 1997.

[184] J. A. Jorge: *El Espíritu Santo Y La Polémica Sobre La Naturaleza Del Amor, Lección Inagural del Curso 1998, Seminario de San Bernardo*, Memorandum, Santiago de Chile, 19 de marzo de 1998.

[185] J. A. Jorge: *Estudios sobre el Amor en A. Gálvez*, Memorandum, Santiago de Chile, 2009–2010.

[186] J. A. Jorge: *Dios Uno y Trino*, Shoreless Lake Press, Guayaquil, Ecuador, 2010.

[187] J. A. Jorge García–Reyes: *Tratado de Creación y Elevación*, Santiago de Chile, 2016.

[188] J. Jouassard: "L'abandon du Christ en Croix chez S. Agustin", *Revue des Sciences Philosophiques et Théologiques*, 13 (1924) 316–326.

[189] J. Jouassard: "L'Abandon du Christ en Croix dans la Tradition", *Recherches de Science Religieuse*, 25 (1924) 310 ss.

[190] J. Jouassard: "L'Abandon du Christ en Croix dans la Tradition", *Recherches de Science Religieuse*, 26 (1925) 609 ss.

[191] J. Jouassard: "L'Abandon du Christ en Croix dans la Tradition Grecque", *Revue des Sciences Philosophiques et Théologiques*, 14 (1925) 633 ss.

[192] M. Jugie: *Éphése (Concile de)*, en DTC, vol. V, págs. 137–163, Les éditions Letouzey et Ané, Paris, 1903–1925.

[193] M. Jugie: *Eutiches et Eutychianisme*, en DTC, vol. V, págs. 1582–1609, Les éditions Letouzey et Ané, Paris, 1903–1925.

[194] M. Jugie: *Monophysisme*, en DTC, vol. X, págs. 2216–2251, Les éditions Letouzey et Ané, Paris, 1903–1925.

[195] M. Jugie: *Monothélisme*, en DTC, vol. X, págs. 2307–2323, Les éditions Letouzey et Ané, Paris, 1903–1925.

[196] J. F. X. Kanassas: "Esse as the Target of Judgement in Rahner and Aquinas", *The Thomist*, 51 (1987) 222–245.

[197] J. N. D. Kelly: *Primitivos Credos Cristianos*, Secretariado Trinitario, Salamanca, 1980.

[198] A. F. Krueger: *Synthesis of Sacrifice According to Saint Augustine*, Fac. Theol. S. Mariae ad Lacum, Mundelein (Ill.), 1950.

[199] N. Ladomerzsky: "Essai sur le dogme de la Rédemption dans la Théologie contemporaine", *Euntes Docete*, 2 (1949) 321–348.

[200] G. Lafond: "Le Sens du Théme de l'Image de Dieu dans l'Anthropologie de Saint Thomas d'Aquin", *Recher de Sc. Rel*, 47 (1959) 560–569.

[201] M. J. Lagrange: *Évangile selon Saint Jean*, Paris, 1927.

[202] E. Laje: "Libertad, Impecabilidad y Mérito en la Obediencia de Cristo", *Ciencia y Fe (San Miguel República Argentina)*, 17 (1961) 43–56.

[203] V. Larrañaga: *La Ascensión del Señor en el Nuevo Testamento*, *2 vols.*, CSIC, Madrid, 1943.

[204] T. Larriba Urraca: *Mesías*, en GER, vol. XV, págs. 595–602, Rialp, Madrid, 1979.

[205] R. Laurentin: *I Vangeli dell'infanzia di Cristo. La Verità del Natale al di là dei Miti*, Paoline, Turín, 1985.

[206] J. Leal: "El Sentido Soteriológico del Cordero de Dios en la Exégesis Católica, Io 1, 29.36", *Estudios Eclesiásticos*, 24 (1950) 147–192.

[207] J. Lebón: "L'Apostolicité de la Doctrine de la Médiation Mariale", *Recher. de Théol. Ancienne et Médiévale*, 2 (1930) 129–159.

[208] J. Leclercq: *L'Idée de la Royauté du Christ au Moyen Age*, Editions du Cerf, Paris, 1959.

[209] B. Leeming: "The Human Knowledge of Christ. A Survey of the Problem", *The Irish Theological Quaterly*, 19 (1952) 133–147.

[210] A. Legaut: "Le Baptême de Jésus et la Doctrine du Serviteur Souffrant", *Sciences Ecclésiastiques*, 30 (1961) 147–166.

[211] P. Livio Morra: *Cristo, su Gracia, su Influjo Capital en los Comentarios del Doctor Seráfico a las Sentencias del Maestro Pedro Lombardo*, Editorial Salesiana, Santiago, 1949.

[212] B. Llorca R. García Villoslada F. Montalbán: *Historia de la Iglesia católica*, BAC, Madrid, 1964.

[213] B. Llorca Vives: *Adopcionismo*, en GER, vol. I, págs. 246–248, Rialp, Madrid, 1979.

[214] A. Lobato: *El Pensamiento de Santo Tomás de Aquino para el Hombre de Hoy, vol. I,* El Hombre en Cuerpo y Alma, EDICEP, Valencia, 1994.

[215] L. Lohn: *De Verbo Incarnato Hominum Redemptore,* Aedea Universitatis Gregorianae, Romae, 1930.

[216] J. L. Lorda: *El hombre Creado a Imagen de Dios,* http: mmf.campus-virtual.com, Pamplona.

[217] J. L. Lorda: *Antropología Bíblica: de Adán a Cristo,* Palabra, Madrid, 2005.

[218] E. Ludwig: "Chalcedon and its Aftermath: Three Unresolved Crises", *Laurentianum,* 27 (1986) 98–120.

[219] E. D. Lynn: *Christ's Redemptive Merit. The Merit of its Causality according to St. Thomas,* Universidad Pontificia Gregoriana, Roma, 1962.

[220] S. Lyonnet: "Le Dogme de la Rédemption dans l'Apocapyse", *Bul. Lit. Eccl.,* 58 (1957) 65–92.

[221] A. Malachi Martin: *The Jesuits,* Touchstone edition, New York, 1988.

[222] L. Malfre: *Le Dogme de la Rédemption Pendant les XI Premiers Siècles,* Typographie de Victor Bertout, Montauban, 1869.

[223] G. Mansini: "Rahner and Balthasar on the Efficacy of the Cross", *The Irish Theological Quarterly,* 63 (1998) 232–249.

[224] F. Marinelli: "Dimensione Trinitaria dell'Incarnazione", *Divinitas,* 13 (1969) 271–343.

[225] F. Martín Hernández: *Semiarrianismo*, en GER, vol. XXI, págs. 148–150, Rialp, Madrid, 1979.

[226] E. Masure: "La Psychologie de Jésus et la Métaphysique de l'Incarnation", *L'Année Theolog.*, 1948 (9) 5–20.

[227] L. F. Mateo–Seco: *Sacerdocio de Cristo y Sacerdocio Ministerial en los Tres Grandes Capadocios*, en Teología del Sacerdocio, vol. IV, págs. 175–201, Aldecoa, Burgos, 1972.

[228] L. F. Mateo–Seco: *Estudios de la Cristología de Gregorio de Nisa*, Eunsa, Pamplona, 1978.

[229] L. F. Mateo–Seco: *Diodoro de Tarso*, en GER, vol. VII, págs. 772–773, Rialp, Madrid, 1979.

[230] L. F. Mateo–Seco: *Monotelismo*, en GER, vol. XVI, págs. 232–235, Rialp, Madrid, 1979.

[231] L. F. Mateo–Seco: *Teología de la Liberación*, en GER, vol. XXV, págs. 1139–1146, Rialp, Madrid, 1979.

[232] L. F. Mateo–Seco: *G. Gutiérrez, H. Assmann, R. Alvés: Teología de la Liberación*, Emesa, Madrid, 1981.

[233] L. F. Mateo–Seco: "Muerte de Cristo y Teología de la Cruz", *Cristo, Hijo de Dios y Redentor del Hombre. III Simposio Internacional de Teología*, L. F. Mateo–Seco et al. (dirs.), Pamplona (1982) 699–747.

[234] L. F. Mateo–Seco: "Teología de la Cruz", *Scripta Theologica*, 14 (1982/1) 165–180.

[235] L. F. Mateo–Seco: "María, la Nueva Eva, y su colaboración en la Redención según los Padres", *Estudios Marianos*, 50 (1985) 51–69.

[236] L. F. Mateo–Seco: "El Futuro de la Teología de la Liberación", *Scripta Theologica*, 22 (1990) 195–211.

[237] E. May: *Ecce Agnus Dei! A Philosophical and Exegetical Approach to John 1, 29.36*, Cath. Univ. of America, Washington D. C., 1947.

[238] J. McIntyre: *S. Anselm and his Critics. a Re-Interpretation of the Cur Deus Homo*, Oliver and Boyd, London, 1954.

[239] D. van Meegeren: *De Causalitate Instrumentale Humanitatis Christi Iuxta Thomae Doctrinam, Expositio exegetica*, Dekker and Van de Vegt, Nijmegen, 1940.

[240] T. Melendo: "Metafísica de la Dignidad Humana", *Anuario Filosófico*, XXVII/1 (1994) 15–34.

[241] A. A. Mens: *Calcedonia, Concilio de*, en GER, vol. IV, págs. 682–684, Rialp, Madrid, 1979.

[242] A. A. Mens: *Constantinopla, Concilios de*, en GER, vol. VI, págs. 320–321, Rialp, Madrid, 1979.

[243] A. A. Mens: *Éfeso, Concilio de*, en GER, vol. VIII, págs. 356–359, Rialp, Madrid, 1979.

[244] E. Mersch: *Le Corps Mystique du Christ. Etudes de Thélogie Historique*, Paris, 1951.

[245] M. A. Michel: *Hypostase*, en DTC, vol. VII, págs. 370–437, Les éditions Letouzey et Ané, Paris, 1903–1925.

[246] M. A. Michel: *Hypostatique (Union)*, en DTC, vol. VII, págs. 437–568, Les éditions Letouzey et Ané, Paris, 1903–1925.

[247] M. A. Michel: *Incarnation*, en DTC, vol. VII, págs. 1445–1539, Les éditions Letouzey et Ané, Paris, 1903–1925.

[248] M. A. Michel: *Intuitive (Vision)*, en DTC, vol. VII, págs. 2351–2394, Les éditions Letouzey et Ané, Paris, 1903–1925.

[249] M. A. Michel: *Jésus–Christ*, en DTC, vol. VIII, págs. 1108–1411, Les éditions Letouzey et Ané, Paris, 1903–1925.

[250] M. A. Michel: *Science de Jésus Christ*, en DTC, vol. XIV, págs. 1626–1665, Les éditions Letouzey et Ané, Paris, 1903–1925.

[251] M. A. Michel: "La Grâce Habituelle du Christ est–elle Susceptible d'accroissement?", *L'Ami du Clergé*, 64 (1954) 761–762.

[252] M. Miguéns Angueira: *Tentación I. Tentaciones y Ayuno de Cristo*, en GER, vol. XXII, págs. 204–206, Rialp, Madrid, 1979.

[253] J. A. Möhler: *L'Unità nella Chiesa. Il Principio del Cattolicesimo nello Spirito dei Padri della Chiesa dei Primi tre Secoli*, Città Nouva, Roma, 1969.

[254] M. A. Monge: *Leoncio de Bizancio*, en GER, vol. XIV, pág. 174, Rialp, Madrid, 1979.

[255] J. Morales: *El Misterio de la Creación*, Eunsa, Pamplona, 1994.

[256] S. Muñoz Iglesias: "La concepción virginal de Cristo en los Evangelios de la Infancia", *Estudios Bíblicos*, 37 (1978) 213–241.

[257] S. Muñoz Iglesias: *Los Evangelios de la Infancia, 4 vols.*, BAC, Madrid, 1986–1990.

[258] G. L. Müller: *Dogmática. Teoría y práctica de la teología*, Herder, Barcelona, 1998.

[259] F. X. Murphy y P. Sherwood: *Constantinople II et III*, Orante, Paris, 1974.

[260] J. C. Murray: *The Infused Knowledge of Christ in the Theology of the 12th and 13th Centuries*, Windsor, 1960.

[261] J. S. Nadal y Cañellas: *Eutiques*, en GER, vol. IX, págs. 580–581, Rialp, Madrid, 1979.

[262] J. S. Nadal y Cañellas: *Monofisismo*, en GER, vol. XVI, págs. 216–221, Rialp, Madrid, 1979.

[263] J. H. Nicolas: *Synthèse Dogmatique*, ed. Univesitaires Fribourg, Beauchesne, Paris, 1986.

[264] G. Odasso: "Il Segno dell'Emmanuele nella Tradizione dell'Antico Testamento", *Theotokos*, 4 (1996) 151–188.

[265] J. Olmedo: *Utrum Secundum S. Thomam Gratia Sanctificans Animae Christi sit Absolute Summa*, Typis So. Gra. Ro, Romae, 1944.

[266] A. Orbe: *Hacia la Primera Teología de la Procesión del Verbo, I/2*, Roma, 1958.

[267] A. Orbe: "La Definición del hombre en la Teología del siglo II", *Gregorianum*, 48 (1967) 522–576.

[268] A. Orbe: *Cristología Gnóstica. Introducción a la Soteriología de los Siglos II y III, 2 vols.*, BAC, Madrid, 1976.

[269] A. Orbe: "Errores de los Ebionitas (Análisis de Ireneo: Adversus Haereses, V, 1, 3)", *Marianum*, 41 (1979) 147–170.

[270] A. Orbe y M. Simonetti: *Il Cristo. I: Testi Teologici e Spirituali dal I al IV Secolo, ed. de A. Orbe: II; Testi Teologici e Spirituali in lingua greca dal IV al VII Secolo, ed. de M. Simonetti*, Mondadori, Milán, 1985–1986.

[271] I. Ortiz de Urbina: "La Struttura del Simbolo Constantinopolitano", *Orientalia Christiana Periodica*, 12 (1946) 275–285.

[272] I. Ortiz de Urbina: *Nicea y Constantinopla*, Eset, Vitoria, 1969.

[273] I. Ortiz de Urbina: *Nicea, Concilios de*, en GER, vol. XVI, págs. 806–809, Rialp, Madrid, 1979.

[274] L. Ott: *Manual de Teología Dogmática*, Herder, Barcelona, 2009.

[275] P. Parente: *Sacerdozio di Cristo*, en Enciclopedia Cattolica, vol. X, págs. 1540–1543, Ente per l'Enciclopedia Cattolica e per il Libro Cattolico, Città del Vaticano, 1948–1954.

[276] P. Parente: *Redenzione*, en Enciclopedia Cattolica, vol. X, págs. 615–624, éd. Vaticana, Città del Vaticano, 1953.

[277] V. M M. L. Navarro R. Lázaro Pedrosa: *Nuevo Diccionario de Catequética*, San Pablo, Madrid, 1999.

[278] L. Penagos: "La Doctrina del Pecado Original en el Concilio de Trento", *Miscellanea Comillas*, 4 (1945) 127–274.

[279] Ch. Pesch: *De Verbo Incarnato*, Herder, Friburgo, 1909.

[280] E. Peter: *Socino, F.*, en GER, vol. XXI, págs. 529–530, Rialp, Madrid, 1979.

[281] M. G. Pillet: *Adoptianisme*, en DTC, vol. I, págs. 403–425, Les éditions Letouzey et Ané, Paris, 1903–1925.

[282] A. Piolanti: *Dio–Uomo*, Libreria Editrice Vaticana, Roma, 1964.

[283] C. Pozo: *El Credo del Pueblo de Dios*, BAC, Madrid, 1968.

[284] C. Pozo: *María en la Historia de la Salvación*, BAC, Madrid, 1974.

[285] C. Pozo: "La Concepción Virginal del Señor", *Scripta de Maria*, 1 (1978) 131–156.

[286] C. Pozo: *Teología del Más Allá*, BAC, Madrid, 1992.

[287] F. Prat: *La Teología de San Pablo*, Jus, México, 1947.

[288] D. Prümmer: *Fontes Vitae S. Thomae Aquinatis, Notis Historicis et Criticis Illustrati*, Privat, Toulouse, 1911.

[289] H. Quilliet: *Descente de Jésus aux Enfers*, en DTC, vol. IV, págs. 567–573, Les éditions Letouzey et Ané, Paris, 1903–1925.

[290] S. Ramírez: *Teología Nueva y Teología*, Ateneo, Madrid, 1958.

[291] S. Ramos Mejía: *La Cuestión Del "Sufrimiento" De Dios. Una Aproximación al Pensamiento Teológico Contemporáneo*, Excerpta e Dissertationibus in Sacra Theologia Vol. XLVIII, n. 4, Pamplona, 2005.

[292] J. M. Revuelta: *Sabelio y Sabelianismo*, en GER, vol. XX, pág. 581, Rialp, Madrid, 1979.

[293] L. Richard: *Le Dogme de la Rédemption*, Bloud et Gay, Paris, 1932.

[294] A. Riesgo Terrero: *Macedonio y macedonianos*, en GER, vol. XIV, págs. 672–674, Rialp, Madrid, 1979.

[295] E. Ripoll Perelló: *Egipto (misr) VII. Religiones No Cristianas*, en GER, vol. VIII, págs. 389–392, Rialp, Madrid, 1979.

[296] J. F. Rivera: *Elipando de Toledo*, Toledo, 1940.

[297] J. Riviére: *Rédemption*, en DTC, vol. XIII, págs. 1911–2004, Les éditions Letouzey et Ané, Paris, 1903–1925.

[298] J. Rivière: *Le Dogme de la Rédemption. Essai d'Étude Historique*, V. Lecoffre, Paris, 1906.

[299] J. Rivière: "Sur les Premières Applications du Terme "satisfactio" à l'Oeuvre du Christ", *Bulletin Littéraire Ecclesiastique*, 25 (1924) 361–365.

[300] J. Rivière: *Le Dogme de la Rédemption. Étude Théologique*, Lecoffre, Paris, 1931.

[301] J. Rivière: *Le Dogme de la Rédemption. Études Critiques et Documents*, Bureau de la Revue, Louvain, 1931.

[302] J. Rivière: *Le Dogme de la Rédemption au Début du Moyen Âge*, J. Vrin, Paris, 1934.

[303] J. Rivière: "Théologie du Sacrifice Rédempteur. Un Témoignage d'Origène", *Bulletin de Littérature Ecclésiastique*, 45 (1944) 3–12.

[304] J. Rivière: "Expiation et Rédemption dans l'Ancient Testament", *Bull. Lit. Eccl.*, 47 (1946) 3–22.

[305] J. Rivière: "Le Mérite du Christ d'Après le Magistère de l'Eglise", *Recherches de Science Religieuse*, 21 (1947) 53–68.

[306] J. Rivière: *Le Dogme de la Rédemption dans la Théologie Contemporaine*, Chez M. le chanoine Lombard, aumônier au Bon-Sauveur, Albi, 1948.

[307] J. Rivière: "Le Mérite du Christ d'Après le Magistère de l'Eglise",
       Recherches de Science Religieuse, 22 (1948) 213–239.

[308] J. Rivière: *Le Dogme de la Rédemption. Essai d'Étude Histori-
       que*, Nabu Press, Paris, 2010.

[309] P. Rodríguez: *Realeza de Cristo*, en GER, vol. XIX, págs. 714–
       716, Rialp, Madrid, 1979.

[310] J. Rolland: "La Grace Capitale du Christ", *Vie Spirituale*, 19
       (1929) 281–306.

[311] P. de Rosa: *Rahner's Concept of 'Vorgriff': an Examination of
       its Philosophical Background and Development*, Tesis Doctoral,
       Oxford University, Oxford, 1988.

[312] A. Royo Marín: *Jesucristo y la Vida Cristiana*, BAC, Madrid,
       1961.

[313] F. Ruello: *La Christologie de Thomas d'Aquin*, Beauchesne, Pa-
       ris, 1987.

[314] J. Ruhof: *La Sainteté Substantielle du Christ dans la Théologie
       Scolastique. Histoire du Problème*, Ed. St. Paul, Fribourg, 1952.

[315] F. Ruiz: *El Estatuto Ontológico del Alma después de la Muerte*,
       Santiago de Chile, 2002.

[316] F. Ruiz: *Santo Tomás de Aquino versus A. Gálvez. Parte I: Exis-
       tencia de un Problema*, Memorándum, Madison, 2008.

[317] G. Sabatino: *La Dottrina del Sacerdozio de Cristo in S. Cirillo
       Alessandrino*, Pontificia Facoltá Teologica S. Luigi, Avellino,
       1949.

[318] J. M. Salgado: "La Science du Fils de Dieu fait Homme. Prises de Position des Pères et de la Pré–scholastique (II–XII Siecle)", *Doctor Communis*, 36 (1983) 180–286.

[319] H. Santiago Otero: "La Libertad de Cristo según la Doctrina de San Anselmo de Canterbury", *Salmanticensis*, 14 (1967) 209–215.

[320] H. Santiago Otero: "La libertad de Cristo, según las enseñanzas de San Buenaventura", *Revista Española de Teología*, 36 (1967) 29–37.

[321] H. Santiago Otero: "La Libertad de Cristo a la Luz de la Doctrina de Santo Tomás", *Divinitas*, 13 (1969) 403–415.

[322] H. Santiago Otero: *El Conocimiento de Cristo en Cuanto Hombre en la Teología de la Primera Mitad del Siglo XII*, Eunsa, Pamplona, 1970.

[323] E. Sauras: *El Cuerpo Místico de Cristo*, BAC, Madrid, 1956.

[324] E. Sauras: *Cuerpo Místico. II Teología*, en GER, vol. VI, págs. 854–857, Rialp, Madrid, 1979.

[325] J. A. Sayés: *La Resurrección de Jesús y la Historia. Problemática Actual*, Facultad del Norte de España, Burgos, 1983.

[326] J. A. Sayés: *Jesucristo, Ser y Persona*, Aldecoa, Burgos, 1984.

[327] J. A. Sayés: *Cristología Fundamental*, Centro de Estudios de Teología Espiritual, Madrid, 1985.

[328] J. A. Sayés: *Cristología Dogmática (para uso de los alumnos)*, Ed. Aldecoa, Burgos, 1988.

[329] J. A. Sayés: *Señor y Cristo*, Eunsa, Pamplona, 1995.

[330] J. A. Sayés: *La Esencia del Cristianismo. Diálogo con Karl Rahner y H. U. von Balthasar*, Ed. Cristiandad, Madrid, 2005.

[331] J. M. Scheeben: *Los Misterios del Cristianismo*, Herder, Barcelona, 1957.

[332] L. Scheffczyk: "La Santidad de Dios, Fin y Forma de la Vida Cristiana", *Scripta Theologica*, 11 (1979) 1021–1035.

[333] J. R. Scheifler: "El Hijo del Hombre en Daniel", *Estudios Eclesiásticos*, 34 (1960) 789–804.

[334] M. Schmaus: *Teología Dogmática. Vol II Dios Redentor*, Rialp, Madrid, 1963.

[335] G. Segalla: *Una Storia Annunciata. I Racconti dell'infanzia in Matteo*, Morceillana, Brescia, 1987.

[336] J. F. Selles: *Propuestas Antropológicas del Siglo XX, 2 vols.*, Eunsa, Pamplona, 2006–2007.

[337] A. D. Sertillanges: *Le Problème du Mal, I: L'histoire; II: La solution*, Aubier, París, 1948 y 1951.

[338] T. J. Shahan: *First Council of Constantinople, en The Catholic Encyclopedia, Volume I*, Robert Appleton Company, 1907.

[339] M. Simonetti: *Il Cristo, II. Testi Teologici e Spirituali in Lingua Greca del IV al VII Secolo*, Mondadori, Milán, 1986.

[340] I. Solano y J. A. Aldama: *Sacrae Theologiae Summa III. De Verbo Incarnato. De B. Maria Virgine*, BAC, Madrid, 1955.

[341] I. Solano y J. A. Aldama: *Sacrae Theologiae Summa IIIA. On the Incarnate Word. On the Blessed Virgin Mary*, Keep the Faith, U.S.A., 2014.

[342] C. Spicq: *L'Epître aux Hébreux, vols. I y II*, Gabalda, Paris, 1952.

[343] C. Spicq: *Dieu et l'Homme Selon le Nouveau Testament*, Paris, 1961.

[344] C. Spicq: *Teología Moral del Nuevo Testamento, 2 vols.*, Eunsa, Pamplona, 1972.

[345] J. Stöhr: "Reflexiones Teológicas en Torno a la Libertad de Cristo en su Pasión y Muerte", *Cristo, Hijo de Dios y Redentor del Hombre, VV.AA, (III Simposio Internacional de Teología. Universidad de Navarra) Pamplona*, (1982) 809–849.

[346] B. Studer y A. Ortiz: *Dios Salvador en los Padres de la Iglesia: Trinidad, Cristología, Soteriología*, Secretariado Trinitario, Salamanca, 1993.

[347] J. E. Sullivan: *The Image of God. The Doctrine of Saint Augustin and Its Influence*, Priory Press, Dubuque (Iowa), 1963.

[348] S. Szabo: "De Scientia Beata Christi", *Xenia Tomistica*, Roma (1925).

[349] M. A. Tabet: *Introducción al Antiguo Testamento. I. Pentateuco y libros proféticos*, Palabra, Madrid, 2004.

[350] G. Tenpelman: *The Debate on Nature and Grace Between De Lubac and Rahner and the Role of the* "Potentia Obedientialis" *Within it*, Faculteit der Godgeleerdheid, Amsterdam, 2010.

[351] S. Tromp: *Corpus Christi quod est Ecclesia, 3 Vols.*, Univ. Pont. Gregoriana, Roma, 1937–1960.

[352] H. E. W. Turner: *The Patristic Doctrine of Redemption*, Mowbray, London, 1952.

[353] J. M. Urios Grande: *La Cuestión de la Libertad Impecable, Obediente y Meritoria de Cristo a la Luz de Tomas De Aquino*, Eunsa (Excerpta e Dissertationibus in Sacra Theologia Vol. IX n. 1), Pamplona, 1985.

[354] Varios: *Antropologías Europeas del Siglo XX*, "Anales de Filosofía," 39 (2006) 85 ss.

[355] Varios: *Dictionnaire de Théologie Catholique, 30 vols.*, en DVD, ed. Les éditions Letouzey et Ané, 2006, Paris, 1899-1937.

[356] Varios: *The Catholic Encyclopedia, 17 vols.*, Robert Appleton Company; online Edition Copyright © 1999 by Kevin Knight, New York, 1907.

[357] Varios: *Los Presbíteros. A los Diez Años de* Presbiteriorum Ordinis, *(vol. 7 de la Teología del Sacerdocio)*, Ed Facultad de Teología del Norte de España. Burgos, Burgos, 1975.

[358] Varios: *Gran Enciclopedia Rialp, (GER), 24 vols.*, Rialp, Madrid, 1979.

[359] Varios: "Modelos Antropológicos", *Anales de Filosofía*, 37 (2004).

[360] Varios: "Antropologías Europeas del Siglo XX", *Anales de Filosofía*, 39 (2006) 85ss.

[361] F. Velazquez: "De Valore Argumenti Patristici in Theoria Praecepti non Rigorosi Circa Mortem Christi", *Ecclesiastica Xaveriana, Bobotá*, 7 (1957) 99–158.

[362] J. Vidal Taléns: "Actualidad Cristológica que Sostuvo y Alentó en Concilio Vaticano II", *Estudios Trinitarios*, 39 (2005) 219–307.

[363] F. Vigouroux: *Dictionnaire de la Bible, 5 vols.*, Letouzey et Ané ed, Paris, 1912.

[364] P. Vigué: "Quelques Précisions Concernant l'Objet de la Science Acquise du Christ", *Recherches de Science Religieuse*, 10 (1920) 1–27.

[365] P. Vigué: *La psychologie du Christ*, en Le Christ... christologiques, published under the direction of Abbes G. Bardy and A. Tricot, vol. IX, págs. 460–517, Paris, 1932.

[366] V. Vouga: "Jésus et L'Ancien Testament", *Lumière et Vie*, 28 (1979) 55–71.

[367] P. Vuillermet: *Élipand de Tolède*, Brignais, 1911.

[368] F. F. Walvoord: "The Impeccability of Christ", *Bibliotheca Sacra (Dallas USA)*, 118 (1961) 195–202.

[369] E. H. Weber: *Le Christ selon Saint Thomas d'Aquin*, Desclee, Paris, 1988.

[370] R. E. Weingart: *The Logic of Divine Love. A Critical Analysis of the Soteriology of Peter Abelard*, Oxford University Press, Oxford, 1970.

[371] T. Wienandy: *Does God Suffer?*, Notre Dame, 2000.

[372] J. Wilhelm y T. Scannell: *A Manual of Catholic Theology based on Scheeben's "Dogmatik"*, Kegan Paul, Trench, Trubner and Cia, London, 1908.

[373] R. M. Wiltgen: *El Rin desemboca en el Tiber. Historia del Concilio Vaticano II*, Criterio Libros, Madrid, 1999.

[374] B. M. Xiberta: "Llibertad, Indefectibilitat i Merit in Jesucrist", *Criterion*, (1931) 440–416.

[375] B. M. Xiberta: *De Verbo Incarnato I*, Consejo Superior De Investigaciones Cientificas, Madrid, 1954.

[376] B. M. Xiberta: *El Yo de Jesucristo. Un Conflicto entre dos Cristologías*, Herder, Barcelona, 1954.

[377] E. Zoffoli: *"Mistero della Sofferenza di Dio"? Il Penisero di S. Tommaso*, Città del Vaticano, 1988.

Índice General

Índice general